KB166953

습관 구독

인풋 없는 아웃풋의 비밀

습관 구독

인풋 없는 아웃풋의 비밀

초판 1쇄 2024년 6월 25일

지은이 지나 클레오 박사
옮긴이 박영민
발행인 최홍석

발행처 (주)프리렉
출판신고 2000년 3월 7일 제 13-634호
주소 경기도 부천시 길주로 77번길 19 세진프라자 201호
전화 032-326-7282(代) **팩스** 032-326-5866
URL www.freelec.co.kr

편 집 박영주
표지디자인 황인옥
본문디자인 김미선

ISBN 978-89-6540-390-6

이 책은 저작권법에 따라 보호받는 저작물이므로 무단 전재와 무단 복제를 금지하며, 이 책 내용의 전부 또는 일부를 이용하려면 반드시 저작권자와 ㈜프리렉의 서면 동의를 받아야 합니다.

책값은 표지 뒷면에 있습니다.

잘못된 책은 구입하신 곳에서 바꾸어 드립니다.

이 책에 대한 의견이나 오탈자, 잘못된 내용의 수정 정보 등은 프리렉 홈페이지(freelec.co.kr) 또는 이메일(webmaster@freelec.co.kr)로 연락 바랍니다.

지나 클레오 박사 Dr. Gina Cleo 지음 | **박영민** 옮김

프리렉

THE HABIT REVOLUTION

Text copyright © Dr Gina Cleo 2024
Design copyright © Murdoch Books 2024

All rights reserved. No part of this publication may be reproduced,
stored in any retrieval system, or transmitted in any form or
by any means, electronic, mechanical, photocopying, recording or otherwise
without the prior written permission of the Publisher.
Korean translation copyright © 2024 by Freelec

이 책의 한국어판 저작권은 대니홍 에이전시를 통한
저작권사와의 독점 계약으로 ㈜프리렉에 있습니다.
저작권법에 의해 한국 내에서 보호를 받는 저작물이므로
무단전재와 복제를 금합니다.

독자 여러분께.

여러분은 저를 인도하는 빛이자 영감입니다.

이 책을 여러분께 바치게 되어 무한한 감사를 드립니다.

목차

일러두기

지나 클레오 박사가 홈페이지에서 제공하는 자료들의 한국어 번역본을 준비했으니, 필요시 참고 바랍니다. 프리렉 홈페이지 자료실(freelec.co.kr/datacenter)에서 내려받을 수 있습니다.

오리엔테이션

습관의 힘

나도 모르게 날 조종하는 강력한 실이 있다?!

운전 연습 첫날을 기억하시나요?

아마 열쇠가 어디 있는지 찾으려 더듬거렸을 테고, 거울마다 연거푸 확인했을 것이며, 발을 가속 페달 말고 브레이크 페달 위에 올려뒀나 쳐다보고서야 겨우 발을 움직여서, 차를 앞으로 천천히 굴리기 시작했을 것입니다. 제한속도를 조금이라도 초과할까봐 전전긍긍하면서 말이지요.

현재 시점으로 빨리 돌려보죠. 지금은 아마 목적지에 다 도착해서는 뒤늦게 '내가 어떻게 여기까지 왔지? 운전한 기억이 없어요.'라고 생각할지 모릅니다. 운전은 이제 자동화된 행동, 즉 습관이 되었기 때문입니다.

한때 엄청난 정신적 에너지와 집중력을 요했던 운전이라는 과제는, 이제 무의식적이고 자동적이며 습관적인 행위가 되었습니다. 여러분의 두뇌는 이전에 수차례 해 본 차를 움직이는 방법을 기억하고 있죠. 따라서 이미 수행 방법을 아는 작업에 정신적 에너지를 사용하는 대신 두뇌의 자동화 영역으로 익숙한 운전 동작을 이동시켰고, 그 결과 운전은 본능적이고 무의식적 행위로 바뀐 겁니다.

신발끈 묶는 법을 처음 배우던 때를 생각해 보세요. 저의 부모님이 토끼 귀가 한쪽 구멍에 들어갔다가 반대편으로 튀어나온다는 사랑스럽고 엉뚱한 노래를 가르쳐 주셨던 것이 기억납니다. 제가 직접 해 보겠다며 엉터리로 신발끈에 손가락을 묶거나 손을 놓으면 바로 풀리고 말 희한한 매듭을 짓다가 가족 나들이가 늦어졌던 기억도 납니다. 신발끈을 성공적으로 묶는 법을 배우려면 많은 연습, 여러 차례의 실패 그리고 동원할 수 있을 만큼 많은 뇌 세포가 필요했었죠. 이제 저는 아무 생각 없이 신발끈을 묶습니다. 그러면서 보통 다음 계획을 세우거나 열쇠와 지갑을 찾아 방을 둘러보고 있지요. 운전할 때와 마찬가지로 제 두뇌는 신발끈을 묶는 익숙한 동작을 뇌의 자동화 영역으로 옮겨 본능적이고 무의식적으로 수행합니다. 이것이 바로 습관입니다.

건강한 식사를 하고, 규칙적으로 운동하며, 숙면을 취하고, 생산적인 하루를 보내는 삶을 상상해 보세요. 이 모든 일은 자동적으로 일어나기 때문에 힘들이지 않고도 할 수 있습니다. 이것이 바로 건강한 습관을 중심으로 삶을 창조하는 힘입니다. 일단 습관 변화 이론을 이해하고 이를 구현하는 방법을 배우게 되면, 건강부터 웰빙, 사고방식, 재정문제, 사람 관계 또는 생산성 향상 등 삶의 모든 영역에 이를 적용할 수 있습니다.

혹시 새로운 습관을 시작하거나 오래된 습관을 버리겠다는 목표를 세웠는데 실패하셨나요? 다이어트 요요나 휴대전화 스크롤 또는 알람 미루기를 멈추려 노력하고 있나요? 아니면 어떤 일을 하려 했는데 자신도 모르게 다른 일을 하고 있는 경우가 있나요? 그렇다면 '습관 구독' 코스에 잘 찾아오셨습니다. 습관을 바꾸면 여러분이 원하는 장기적인 목표 달성 및 유지에 분명 큰 힘이 됩니다. 그렇지만 아마 여러분은 지금까지 성공적으로 습관을 바꾸는 과정을 배운 적이 없을 것입니다.

어릴 적 저는 조부모님이 제2형 당뇨병 때문에 식사 때마다 힘겨워하시는 것을 지켜보며 자랐습니다. 다른 가족들과는 다른 종류의 식사를 드셨고, 우리가 디저트로 달달한 빵과 아이스크림을 먹는 동안 무설탕 젤리를 드실 수밖에 없었죠. 우리 이집트 문화권에서 음식은 꽤 중요한 위치를 차지합니다. 축하할 일이 있으면 무조건 잔치를 벌이죠. 음식이란 그 자체로 사랑을 표현하는 언어입니다. 잔치 없는 삶은 무의미하다는 것이 우리 가족의 가치관이었으므로, 잔치란 많을수록 좋다고 생각해 왔습니다. 이런 가족 문화에서 조부모님이 나머지 가족과 전혀 다른 음식을 드셨다는 것이지요(뭐, 무설탕 젤리야 괜찮을지 모르겠지만, 아무것도 들어가지 않은 빵과 아이스크림이라니요)! 제가 안타까운 것은 할아버지와 할머니가 잔치나 음식을 즐기지 못하셔서라기보다 더 나은 삶의 질을 즐기시지 못하기 때문이었죠.

조부모님과 같은 경험을 하는 사람들을 돕고 싶다는 바램으로, 저는 생명의학 학사 학위와 영양학 및 식이요법학 석사 학위를 취득했습니다. 임상영양사로서 사람들이 건강 목표를 달성하고 자신감을 회복하도록 도울 수 있어 매우 기뻤지요. 저는 다양한 병원에서 일했고 개인 병원을 운영하기도 하며 제 일을 사랑했지만, 환자의 변화가 오래 가지 못한다는 것을 깨닫기 시작했습니다. 환자들이 몇 주나 몇 달 지나지 않아 병원으로 되돌아와, 지난번에 이미 열심히 노력해 달성했던 목표를 처음처럼 다시 세우고 있었으니까요. 처음엔 제 자신을 탓하며 형편없는 임상영양사라고 생각했습니다. 어쩌면 음식에 대한 저의 애정 때문에 객관적인 조언을 주지 못했을지도 모릅니다. 다른 임상영양사들도 이럴까? 내가 도대체 뭘 잘못했을까?

저는 환자들이 오래 지속되는 변화를 얻게 하자고 결심했고, 증거 기반 전략을 찾기 시작했습니다. 방법을 찾기 위해 의학 문헌을 파고든 끝에, 제 인생을 바꾼 무언가를 읽게 되었습니다. 바로 목표 달성과 행동 변화를 위한 그 많고 다양한 시도는 실패할 확률이 압도적이라는 것이었습니다. 그 목표가 체중 감량이든, 몸매 관리든, 물 더 마시기든, 금연 혹은 금주든, 더 잘 자기나 디지털 디톡스든 간에, 대부분 사람은 이전의 낡은 패턴과 습관으로 돌아가 버렸습니다. 목표는, 당연 이루지 못하고요.

읽었던 모든 자료에서 인간은 목표 설정에는 매우 능숙하나 그 목표를 장기적으로 유지하는 데에는 그다지 뛰어나지 않다는 사실을 반복적으로 보여주고 있었습니다. 결코 임상영양사인 제 탓이 아니었던 거지요. 목표 달성을 위한 노력과 실패 사이를 오가는 '요요 생활'은 제 환자들뿐 아니라 이 지구상의 대부분 사람에게 일어나고 있습니다. 실제 체중을 감량한 사람 대부분은 몇 달 혹은 몇 년에 걸쳐 자기 체중으로 되돌아갑니다.[1] 1월에 세운 새해 결심도 마찬가지로 2월이 되면 까맣게 잊어버리죠.

이런 사실을 알게 된 지 얼마 지나지 않아, 저는 개인 진료를 잠시 멈추고 연구를 시작하기로 결심했습니다. 해답을 얻고 싶었고, 특히 지속 가능한 해결책을 간절히 원했으며, 사람들이 오래 지속되는 성공을 이루게 하고 싶었습니다. 그렇게 4년 후, 저는 습관 변화에 관한 박사 학위[2]를 취득하고 습관 연구자가 되었습니다.

장기적 변화에 관한 모든 논문을 손에 닿는 대로 읽었습니다. 행동 이론, 심리학, 사회학, 신경과학, 신경심리학 및 공중 보건 개입에 관한 논문 수백 건을 독파했지요. 성공 전략이란 전략은 모조리 한 방향, '습관 변화'를 가리

켰습니다. 장기적 목표 달성 방법으로서 입증된 유일한 전략은 바로 습관을 바꾸는 것입니다. 다시 말해, 습관을 바꾸기 위해 일상에서 규칙적이고 달성 가능하며 조그만 변화를 실행하는 것이야말로 지속 가능한 성공을 보장하는 데 있어 과학적으로 입증된 유일한 시스템임을 의미합니다. 놀랍지 않습니까!

박사 과정에 있으면서 동료들과 저는 이 이론을 검증하기 위해 임상 시험을 설계하고 실행해 보았습니다. 당시 진행했던 한 연구[3]에서 우리는 체중 관리에 초점을 맞추어 다이어트를 하려다 여러 번 실패했던 인근 지역 사람들을 참가자로 모집했습니다. 이들을 세 그룹 중 하나에 무작위로 배정했는데, 이는 참가자들의 습관 변화가 시간이 흐른 뒤에도 감량된 체중을 유지하는 데 정말 도움이 되는지 확인하기 위함이었습니다. 첫 번째 그룹은 습관을 '형성하게' 했습니다. 매일, 되도록 자주 반복할 10가지 목록을 주었는데, 마음챙김 식사하기, 식사 루틴 유지하기, 하루 10,000보 걸으려고 애쓰기 등이 포함되었습니다.

두 번째 그룹은 습관을 '파괴하도록' 했습니다. 즉, 무작위로 고른 일을 아무 날짜나 시간대에 수행하게 했습니다. 평소와 다른 길로 출근하게 하거나, 새로운 장르의 음악을 듣거나, 오랫동안 헤어진 친구에게 연락하는 등의 일이었으며, 모두 체중 관리와는 아무런 관련이 없었습니다.

마지막 그룹은 대기자들로 이루어진 통제 그룹(대조군)으로서, 추후 다른 두 그룹과 결과를 비교하여 실험 개입이 어떤 영향을 미쳤는지 확인할 수 있게 했습니다. 12주 후에 습관 형성 그룹과 습관 파괴 그룹 참가자들의 체중 감량은 비슷했습니다(약 3kg). 이 정도의 체중 감량은 기존의 라이프스타일 프로그램을 통한 달성치와 상당히 비슷하므로 새삼스럽지 않았고, 우리는 참가자들이 이 체중을 어떻게 '유지'하는지에 주목했습니다. 일반적으로 사람들은 체중 감량 프로그램이 끝나면 곧바로 체중을 회복하기 시작합니다. 우리는 이것을 "체중 회복의 나이키 스우시Nike Swoosh(나이키 로고)"라고 부릅니다. 체중이 감소했다가 다시 회복되는 것이죠(이자가 붙듯 더 증가하기도 하면서요). 사람들이 식이 요법과 운동 요법을 엄격하게 따랐든, 체중 감량 약물을 복용했든 상관없이, 체중 회복은 장기적으로 보아 거의 불가피한 일입니다.

그러나 놀라울 만치 흥분되는 사실이 있었습니다. 습관 형성 그룹과 습관 파괴 그룹의 참가자들이 모두 연구 기간 동안 감량한 체중을 유지했을 뿐만 아니라 연구가 끝난 후에도 1년이 다 되도록 계속해서 체중을 줄여 나갔다는 것입니다.

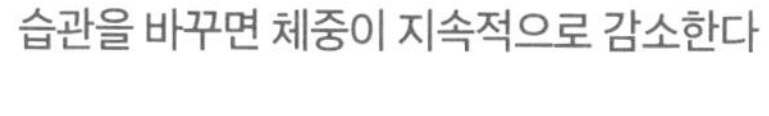

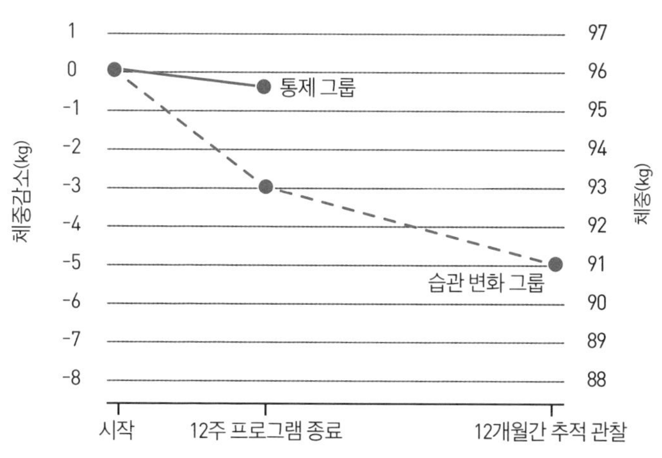

습관 형성과 습관 파괴에 개입되는 기본 메커니즘이 다름에도 불구하고 두 그룹(위 그래프에서 '습관 변화 그룹'으로 표시)의 참가자는 상당한 체중 감량

을 달성하고 그것을 유지했습니다. 새롭고 건강한 습관을 형성하는 것은 오래된 습관을 파괴하는 것만큼이나 효과적이었던 셈입니다. 우리는 새로운 습관을 형성할 때마다 동시에 오래된 습관을 파괴합니다. 또 오래된 습관을 파괴할 때는 그 자리를 새로운 습관이 차지하게 되지요. 참가자들이 이렇게 멋진 결과를 얻은 이유는, 근본적으로 이 연구가 습관을 바꾸고 나아가 잠재의식적 행동을 변화시키는 데 초점을 맞추었기 때문입니다. 즉 일관성을 형성하고, 자동성을 촉진하며, 행동 유연성을 높이고, 자기 통제 기술을 향상시키는 데 중점을 둔 것입니다. 이러한 목표에 필요한 도구는 앞으로 차차 설명해 나갈 예정입니다.

행동과학 역사상 이런 연구 결과는 없었습니다. 연구자들은 연구 종료 시 체중 감량 참가자들이 체중 감량 상태를 유지할 때도 흥분을 감출 수 없었습니다. 하지만 그들이 연구 종료 후에도 오랫동안 감량 체중을 유지함은 물론, 심지어 더욱 감량해 나가는 모습을 보는 것은 더없는 과학적 혁신이었습니다. 저는 매우 엄숙한 연구센터 복도에서 춤을 추기도 했어요. 그렇습니다. 인간은 더 이상 요요 다이어트나 목표 달성 시도와 실패라는 끊임없는 사이클을 반복하며 살 필요가 없습니다.

습관 변화 프로그램 참가자의 경험을 제대로 이해하기 위해, 몇몇 연구 참가자를 개별 인터뷰했습니다.[4] 인터뷰에서 참가자들이 들려주는 이야기가 습관 변화의 장기적 특징을 다룬 논문의 주장을 확증해 줄 것이라 생각했죠. 한 분은 새로운 행동이 자동화됨을 느끼기 시작했다고 합니다. 이는 연구자들이 요청한 일들이 습관이 되고 잠재의식으로 바뀌었기 때문에, 참가자들이 (더 이상 그럴 필요가 없는데도) 그 행동을 여전히 하고 있음을 스스로 깨닫지 못했음을 의미합니다. 습관 형성 그룹 참가자들은 연구가 끝난 후에도 여전히 식사 때 주의를 기울이고, 식사 루틴을 유지하며, 하루 10,000보 걷기를 목표로 삼았습니다. 마찬가지로 또 다른 집단인 습관 파괴 그룹 참가자들은 여전히 일상을 바꾸고 이전에 한 번도 해 본 적이 없는 무작위적인 행위를 연습했습니다. 무엇보다 가장 멋진 일은 정신적 에너지나 의지력을 전혀 사용하지 않고 이 모든 일을 해냈다는 것입니다. 잠재의식이지요.

우리 연구는 의학 분야 톱 저널에 게재되었고, 불과 몇 시간 만에 언론에 포착되었지요. 다음 순간 저는 전 세계 주요 뉴스 매체와 끝없이 인터뷰를 하고 있었습니다. 그리고 지금까지 200개가 넘는 언론 기관과 인터뷰를 했습니다. 마침내 제가 찾고 있던 답, 즉 인간의 목표 달성 방식에 혁명을 일으킬 수 있는 지속 가능한 장기적 해답을 찾았고, 이것을 세상과 공유하게 되어 너무나 기뻤습니다.

여기서 '혁명revolution'이라는 단어는 가볍게 사용한 것이 아닙니다. 습관 바꾸는 법을 배우는 것은 인생을 혁신하는 확실한 방법이기 때문이죠. 이 책의 제목을 《The Habit Revolution(습관 혁명)》이라 명명한 이유입니다. 혁명은 진정한 변화입니다. 급진적이거나 철저한 변화, 새로운 체계를 위해 사회 질서를 뒤집는 것, 또는 현 상태에서 벗어나 새롭고 다른 방향으로 나아가는 것을 의미하지요. 이 모든 정의가 여기 적용되어 여러분의 삶에 지속적인 변화를 가져올 것입니다.

습관 형성의 이론과 실제를 수년 동안 공부하고 연구하면서, 저는 습관 변화가 많은 사람의 삶에 혁명적 변화를 가져오는 것을 직접 목격할 수 있었습니다. 그중 제 삶에서 가장 기억에 남는 시간을 소개해 드릴까 합니다. 과학 지식을 일상생활에 부지런히 적용한 덕에 큰 좌절을 극복할 수 있었던 경험입니다.

습관 연구를 본격적으로 시작한 2014년 봄, 저는 '꿈에 그리던 이상형'을 만나게 되었답니다. 룸메이트와 저는 셰어 하우스의 빈 방을 임대하기로 결정한 후, '여성 전용'이라는 광고를 온라인에 올렸습니다(낯선 사람이라도 여성이라면 문제가 덜 생길 것이라 생각했었죠). 몇 주 동안 여러 명이 방을 보러 오긴 해도 계약이 성사되지 않던 어느 날, 방을 보고 싶어 하는 어떤 남자에게 전화를 받았습니다. 친절하고 부드러운 목소리를 가진, 키가 크고 잘생긴 사람이었어요. 그는 그 주에 바로 이사왔지요.

우리는 처음부터 정말 잘 맞았고, 동거인에서 친구 그리고 연인으로 발전하기까지 얼마 걸리지 않았죠. 우리 사랑은 열정적이고 짜릿했으며, 낭만적인 노래 가사 속 사랑 이야기 같았습니다. 결국 셰어 하우스에서 나와, 우리만의 보금자리를 구해 환상적인 전망이 펼쳐진 곳에서 결혼식을 올렸지요. 꿈만 같은 일상이었어요.

뭔가 이상해지기 시작한 것은 1년도 채 되지 않았을 때입니다. 감정적으로나 육체적으로나 남편은 멀게만 느껴져, 마치 연기 같았어요. 그 사람이 눈에 보이긴 하지만, 닿을 수는 없었습니다. 반응도 없었고 감정을 공유할 수도 없었죠. 유난히 외로웠던 어느 토요일 오후, 저는 우리 관계를 고통스럽게 무너뜨린 엄청난 배신을 예기치 않게 알게 되었습니다. 그동안 애써 엮어 온 내 인생이 풀어헤쳐지는 것을 눈앞에서 보며 아무것도 할 수 없었습니다. 모조리 이해되지 않았지만, 동시에 모든 것이 이해되었습니다. 새로운 사실을 알수록 숨을 쉴 수 없었고, 제가 미쳐 가는 것 같았죠. 내 인생이 그럴 수는 없었습니다.

자신의 미래가 어떻게 펼쳐질지 모르는 불안감과 지나온 모든 추억을 의심하게 되는 것은 전혀 다른 문제였습니다. 잘 안다고 생각했던 소설에서 왜

인지 전혀 다른 이야기가 펼쳐지는 것 같았지요.

심리치료사인 에스더 페렐Esther Perel은 저서 《우리가 사랑할 때 이야기하지 않는 것들The State of Affairs》에서 배우자의 외도가 큰 불안을 야기하는데, 인간 정신 중 가장 안정적이고 믿을 수 있는 부분이라 여기는 과거에 대한 기억마저 공격하기 때문이라고 합니다.[5] 한때 진실이라 믿었던 것을 더 이상 신뢰할 수 없는데, 당장 내일 어떻게 될지에 대한 불안감이 생기는 것은 당연하지 않겠습니까?

인간이란 의미를 부여하는 존재이므로, **일관성 있는 이야기**coherent narrative에 의존해 미래의 행동과 감정을 예측하고 조절하게 됩니다. 안정적 자아개념을 형성하는 일관성coherence이야말로 습관이 생기는 전제 조건입니다. 지속적이고 꾸준하며 예측 가능하기 때문이지요. 일관성이 결여된 저는 남편뿐만 아니라 자신조차 낯설게 느끼게 되어 버렸습니다.

외상 사건traumatic event*은 세상을 공정하고 안전하며 예측 가능한 곳으로 보던 인간의 인식을 바꾸어 놓습니다. 트라우마(외상)는 심신의 모든 측면에 영향을 미쳐 만성 신체 질환, 정신 질환 및 약물 관련 문제가 발생할 가능성을 높입니다. 또한 타인과 정서적 유대를 맺고 개방적 태도를 갖는 능력 또한 해칩니다. 트라우마는 두뇌의 감정 중추인 편도체의 활동을 증가시켜 더 큰 공포 반응을 일으키는 동시에 이성적 사고와 추론을 담당하는 전전두엽 피질의 활동을 감소시킵니다. 그걸로 충분하지 않다면, 트라우마는 해마 기능을 손상시켜 과거와 현재를 구분 짓는 기억과 학습 과정에 영향을 미칩니다.

* 외상 사건은 신체적, 정서적, 영적 또는 심리적인 해를 끼치는 사건입니다. 괴로운 일을 경험한 사람은 신체적으로 위협을 받거나 극도로 겁을 먹을 수 있습니다. 그는 외상 사건에서 회복하고 정서적, 정신적 안정을 되찾기 위해 지원과 시간이 필요할 것입니다. (매튜 볼랜드 & 재클린 카파소, 헬스라인, healthline.com/health/traumatic-events)

뒤죽박죽된 두뇌 때문에 저는 두려움이 커지고 이성적이지 못했으며, 외상 사건과 그 이전 일을 구분하지 못했습니다. 아, 대혼란의 상태였지요.

인간이란 의미를 부여하는 존재이므로,
일관성 있는 이야기coherent narrative를 통해
미래의 행동과 감정을 예측하고 조절하게 됩니다.

저는 재현flashbacks, 악몽, 불면증, 극심한 두려움 등 외상 후 스트레스 장애PTSD* 증상을 겪었습니다. 처음엔 모든 사소한 것이 트라우마 반응을 일으키는 것 같았죠. 집 진입로에 차가 들어올 때 나는 돌멩이 소리(택배 기사는 방문할 때마다 집 뒤로 뛰어가는 저를 보고 놀랐을 거예요), 검은 차, 커피향…… 저를 괴롭히는 기억에서 영원히 헤어나지 못할 것 같았죠. 전조등 불빛 앞에서 얼어붙은 사슴처럼 늘 불안했고, 팜플로나Pamplona 황소 달리기 축제 한가운데서 길을 잃은 아이처럼 매순간 겁에 질려 하루를 보내곤 했어요.

마음이 산산이 부서져 아무것도 할 수가 없었고 제 자신조차 돌보지 못했습니다. 우리는 아침엔 대개 침대에서 일어나 화장실 가고 샤워하고 양치질한 후 옷을 입는 것 같이, 일련의 습관 행동을 하게 됩니다. 이런 각각의 행동은 더 작은 미시적 동작들로 이루어져 있습니다. 기상하는 행위는 알람을 끄고 이불을 갠 후 발을 바닥에 디디는 일련의 과정입니다. 샤워 후 몸을 말리는 행위는 수건을 손에 들고 신체 부위를 매일같이 비슷한 순서로 닦는 것을

* 한때 쉘 쇼크라고 불렸던 외상 후 스트레스 장애(PTSD)는 심각한 신체적 해악이나 위협이 있었던 외상 또는 끔찍한 사건을 경험하거나 목격한 후에 발생할 수 있는 심각한 상태입니다. PTSD는 강렬한 공포, 무력감 또는 공포를 유발하는 외상 후 시련의 지속적인 결과입니다. (스미사 반다리, 'Posttraumatic stress disorder', WebMD, 2022.08.31., webmd.com/mentalhealth/post-traumatic-stress-disorder)

뜻합니다. 어쩌다 보니 이런 익숙함을 저는 몽땅 잃어버렸고, 가장 기본적인 일상도 더 이상 평범하지 않았습니다. 아무것도 정상적이지 않았고, 확실한 것도 안전한 것도 없었기 때문이죠.

과거 저는 10년간 섭식 장애와 싸워야 했고, 결국 스스로의 습관을 이해하고 바꾸는 것이 다시 일어서 회복하는 열쇠라는 사실을 깨달았습니다(자세한 내용은 나중에 좀 더 말씀드리겠습니다). 기본적인 일상생활을 다시 배우는 지금, 저의 두뇌는 열심히 적응하고 있습니다. "지나야, 오늘은 양치질만 하면 돼." 스스로 다독이며 시작해 보았습니다. 그러려면 정신적 에너지를 모아야 한답니다. 양치질하는 모든 단계를 생각하며 밟아야 했습니다. 그렇게 지루한 일을 마치고 나면 완전히 지쳐서 다시 침대로 기어 들어가기 일쑤입니다. 다음 날, "좋아, 오늘은 양치질도 하고 샤워도 하는 거야. 그리고 나서 침대에 들어가." 스스로에게 말하고 샤워하는 순서를 하나씩 새로 익혀 나갔습니다. 양치질은 전날보다 조금 더 수월했고, 그렇게 하루하루 점점 더 쉬워진다는 것을 깨달았습니다. 제 두뇌는 기본 일상생활을 다시 배우고 있었고, 습관을 다시 한번 제 삶에 쌓아가고 있었습니다.

점차 습관을 하나씩 되찾으면서, 스스로 식사를 준비하고 다시 헬스장으로 가 운동을 하며 차를 몰고 출근하게 되었지요. 매일 꾸준히 건강한 습관을 실천하는 단순한 행위는 (마치 건강한 습관 들이기에 관심없던 사람인양) 제가 인생에서 가장 불안정했던 시기에 삶을 재구성하는 데 도움이 되었습니다(건강한 습관 들이기를 예전부터 강조했던 사람이었음에도 말이죠). 저는 신체적, 정신적 습관을 바꾸기 위해 꾸준히 노력했습니다. 두려운 생각이 들면 얼른 바꾸고, 생각이 많아지면 평온을 되찾으려 했습니다. 이 엄청난 타격에 굴복하지 않겠다고 단단히 결심했죠. 다시 사랑하고 신뢰하며 진정으로 마음을 열 수 있는 상태에 이르기를 바랬습니다. 그리고 성공했습니다. 습관적인 사고 패턴(스스로를 보호하기 위해 만들어 온 것이지요)에 도전하여 다르게 바꿈으로써 말이지요.

태풍 같은 이 일이 있은 지 몇 년 후, 저는 미치Mitch를 만났고 멕시코로 가 결혼식을 올렸습니다. 저는 빨간색 레이스 드레스를 입었고 미치는 솜브레로를 얹은 흰색 멕시코식 정장을 입었지요. 바다와 사막이 만나는 언덕에서 진행한 결혼식은 정말 매혹적이었습니다.

안정된 삶으로 되돌아가려면 습관 되찾기 이상의 것이 필요했습니다. 트라우마 치료, 노출 치료(이건 정말 힘들었어요), 심리 치료 등, 이름에 '치료'란 단어가 들어가고 심리학자를 동반하는 일은 모두 해 보았어요. 불편함을 참고 계속 앉아 있는 법, 내 안의 불안이 가라앉을 때까지 몸으로 느끼는 법 등을 배웠습니다. 호흡법을 비롯한 여러 전략으로, 며칠 동안 지속되던 트라우마 반응을 몇 초로 줄이는 방법을 알게 되었습니다.

제가 적용했던 핵심 원칙은 제 습관 강좌에서 수년 동안 가르쳤던 것이며, 여기에서도 잘 설명하고 있습니다. 그 원칙은 바로 **행동을 통해 동기 부여하기, 신호-반응 연결고리 구축하기** 그리고 큰 변화에 도전하기보다 **작고 쉽게 달성할 만한 변화 추구하기**입니다. (특히 마지막 원칙은 저 같은 '모 아니면 도'식 사람에게는 어렵지만 효과가 뛰어나지요.) 지금의 저는 두려움과 불안에 사로잡혔던 그 사람이 아닙니다. 트라우마 이전의 저로 완전히 회복하진 않았지만, 분명 엄청나게 먼 길을 돌아 '나'를 찾아왔으니까요. 저는 '내 삶'을 재정립하고, '나 자신'을 새로 세우고, '내 정체성'을 새로 정의했습니다.

직접 겪은 이런 삶의 경험에 더해 수많은 사람이 자기 인생을 바꾸는 모습을 지켜보면서, 저는 습관 변화의 힘으로써 사람들에게 최고의 잠재력을 발휘하는 법을 가르치는 일에 큰 열정을 느꼈습니다. 이제는 기업 행사나 학회에서 강연하고, 직접 설립한 '습관 변화 연구소Habit Change Institute'에서 습관 코치 인증 교육 과정을 운영하며 하루하루를 보냅니다. 또 일반인들이 주어진 대로 살아가는 것이 아니라 직접 설계한 삶을 살아가도록 하는 습관 변화 프로그램도 함께 운영하고 있답니다.

이 책은 트라우마 회복을 돕는 셀프 가이드로 쓴 것은 아니지만, 여기 설명된 원칙은 삶을 재건하고 자신감을 회복하는 데 큰 도움이 될 것입니다. 습관 하나하나를 새로 형성하여 여러분이 원하는 삶을 만들어 가는 방법을 알려주는, 증거에 기반한 실용적 매뉴얼이기 때문이죠.

사실 우리가 살면서 하는 일은 대부분 반복적이고, 간혹 특별한 경우를 제외하고는 늘 같은 일을 하게 됩니다. 이는 오히려 우리에게 유리하게 작용할 수 있습니다. 미래가 어떻게 될지는 알 수 없더라도 습관을 바꾸어 나를 변화시키고, 회복하고, 되찾을 수 있는 힘은 다름아닌 나 자신에게 있으니까요.

이 책을 여러분들의 개인 습관 코치라고 생각해 보세요. 각 세션에서는 습관을 좋은 쪽으로 영원히 바꾸기 위해 알아야 할 모든 것을 안내합니다. 목표를 습관으로 바꾸어, 자동차를 운전하듯 자동적·본능적으로 빈틈없이 수행하는 방법을 배우게 됩니다. 여러분은 자기 행동의 동기, 의지력 부족의 원인, 습관 형성의 원리 그리고 목적 달성에 필요한 추진력에 대해 이해하게 될 것입니다.

우리가 살면서 하는 일은 대부분 반복적이고,
간혹 특별한 경우를 제외하고는 늘 같은 일을 하게 됩니다.

세션들은 여러분을 변화의 여정으로 인도할 수 있도록, 순서에 맞춰 신중하게 구성되어 있습니다. 우선 습관의 본질과 습관 형성의 이유, 행동과 습관의 차이점에서 시작합니다. 그런 다음 습관을 유발하는 요인에 대해 알아보겠습니다. 일단 유발 요인을 이해하면 습관을 분석하여 영원히 바꿀 수 있기 때문입니다. 이러한 기본 사항을 다룬 후, 습관을 새로 만들고 오랜 습관을 버릴 수 있는 방법을 실생활에 즉시 적용할 수 있도록 알려드립니다. 그리고 습관을 바꿀 때 두뇌에서 어떤 놀라운 과정이 일어나는지, 의지력이 아닌 두뇌 능력을 어떻게 사용해 변화를 유지할 수 있는지 살펴보겠습니다. 마지막으로는 동기 부여의 마스터 방법, 실제로 해낼 수 있는 효과적 목표를 설정하는 방법, 좌절의 순간에 해야 할 일에 대해 다룰 것입니다.

이 책의 모든 내용은 과학적 증거에 기반을 둡니다. 제가 평생 연구한 내용뿐 아니라, 전 세계 수백 명 연구자들의 연구 성과도 담겨 있습니다.

각 세션의 말미에 있는 활동 과제를 모쪼록 직접 해 보시기 바랍니다. 각 활동은 자신에 대해 더 잘 이해하고 진정으로 원하는 목표를 생각할 기회가 되고, 새로운 습관을 만들고 오래된 습관을 깨는 일을 포함해, 습관을 바꾸는 과정으로 여러분을 이끌 것입니다. 활동을 직접 해 보는 것은, 자신의 삶을 통제하고 살고 싶은 삶을 창조하는 과정에서 중요한 단계입니다.

여러분이 함께해 주셔서 정말 기쁩니다. 그럼 시작해 볼까요?

세션 1

습관의 정의

이것도, 저것도 다 습관이라니,

대체 정체가 뭔가요?

우선 **습관**habit이 무엇인지부터 정의해 보겠습니다. '습관'이라는 단어는 흔히 '나쁜'이라는 수식어가 붙어서 부정적인 의미를 담습니다. 손톱 물어뜯기, 흡연, 과도한 소셜 미디어 스크롤 등을 언급할 때 그렇죠. 하지만 습관이란 본래 도덕적 기준으로 옳고 그름을 가리는 것이 아닙니다. 습관 자체는 좋거나 나쁜 것이 아니라 중립적인 것이지요. 어떤 습관은 목표를 향해 나아가게 합니다. 우리가 '좋다'고 부르는 습관, 이를테면 규칙적인 운동이 그렇죠. 또 어떤 습관은 우리를 목표에서 멀어지게 하는 '나쁜' 습관일 수 있는데, 충분한 수면을 확보하지 않는 생활 태도가 그 예입니다. 왼손이 아닌 오른손으로 문을 여는 것(또는 그 반대)과 같은 습관은 '좋은' 것도 '나쁜' 것도 아닙니다. 이러한 습관은 우리 삶에 아무런 득실이 없으며 단지 삶을 좀 더 효율적으로 만들 뿐입니다.

마찬가지로 어떤 사람에게는 '좋은' 습관이라도 다른 사람에게는 '나쁜' 습관이 될 수 있습니다. 케이크를 먹는 것은 상황과 목표에 따라 긍정적일 수도 부정적일 수도 있어요. 섭식 장애에서 회복 중인 사람이라면 케이크 먹기가 한 걸음 발전한 행위겠지만, 제2형 당뇨병 환자에게는 그렇지 않습니다. 이렇게 다양한 모습으로 나타나는 습관은, 알고 보면 단순히 잠재의식적인 행동이나 일련의 행동, 또는 정신적 반응, 심지어 감정적인 반응이나 믿음일 뿐입니다.

행동behavior을 쉽게 한 문장으로 정의하자면 "어떤 사람이 다양한 상황에서 취하는 전반적 품행이나 특정한 상황에 대응하여 취하는 특정 행위"라고 할 수 있습니다. 다시 말해, 행동은 의식적인 행위action입니다. 예를 들면 한 장소에서 다른 장소로 신경 써서 이동하거나, 새로운 음식을 요리하거나, 회의에 참여하는 것 등입니다.

행동과 달리, 습관을 정확하게 정의하려면 더 많은 설명이 필요합니다.

고대부터 19세기에 이르는 옛 작가들은 습관을 후천적 '성향propensity'으로 묘사했습니다. 이 성향이란 선호도, 반복적 행동 패턴, 선천적 감수성, 주변에 대한 개방성 또는 자발성readiness 등으로 설명할 수 있습니다. 습관은 고전적 조건화를 통해 형성되는데, 이 과정에서 원래 중성이던 자극이 반복적인 학습을 거쳐 특정 반응과 서로 결합됩니다. 우리가 일관성 있는 맥락(동일한 시간이나 장소, 또는 특정 감정, 사회적 상황, 이전 행동에 대한 반응 등)에서 행동을 반복할 때, 두뇌는 행동과 맥락 사이의 신경 경로를 생성합니다. 동일한 맥락에서 같은 행동을 더 많이 반복할수록 신경 경로가 더 강해지면서 결국 맥락-행동 연상은 두뇌에 깊이 새겨지고, 그 후로 특정 맥락이 주어지면 연관된 행동이 촉발되게 됩니다.

따라서 '습관'이란 "반복 수행을 통해 형성된 맥락-행동 연상 작용에 따라, 특정 맥락에 노출되었을 때 행동 본능을 유발하는 메커니즘"으로 정의됩니다다. 간단히 말해, 특정 맥락에서 일관된 잦은 반복을 통해 자동적으로 되풀이해 일어나는 행동입니다.

시간이 지나면 의식적으로 생각할 필요 없이 맥락만으로도 반응이 일어날 수 있습니다. '습관적 행동'은 이런 메커니즘에 의해 발생하는 행동을 말합니다.

이 이론에 대해 좀 더 자세히 살펴본 다음 이 개념이 일상생활에서 어떻게 작용하는지 보여드리겠습니다.

습관 루프

습관은 **신호, 루틴, 보상**이라는 3가지 핵심 요소로 이루어져 있으며, 이를 '**습관 루프**habit loop'라고 합니다.

- **신호**cue란 여러분이 취하는 행동에 대한 맥락 또는 자극입니다. 물리적 공간, 일과 시간, 감정적이거나 사회적인 상황, 혹은 이전의 행동 등이 신호가 될 수 있습니다. 습관은 항상 신호에 의해 시작됩니다.
- **루틴**routine이란 신호에 의해 시작되는 습관이며, 행동 그 자체를 가리킵니다.
- **보상**reward이란 습관을 실행함으로써 얻는 이익이나 만족감입니다. 보상은 습관을 계속 반복하도록 동기를 부여하죠. 긍정적 보상은 행동을 강화하는 보상 체계를 만들어 '다음에 이 신호를 만나면 똑같은 행동을 하라'고 두뇌에 지시합니다.

예를 들어, 매일 저녁 집에 도착하면 쿠키를 먹는다고 가정해 보세요. 여러분은 이 쿠키를 정말 맛있어 합니다(이것이 보상입니다). 집에 도착해 처음으로 쿠키를 먹었을 때, 집에 도착한 것(신호)과 쿠키를 먹는 것(루틴) 사이에 정신적 연결고리가 만들어졌습니다. 이 행동(귀가 후 쿠키 먹기)을 반복할 때마다, 루프가 강화되어 '귀가 = 쿠키 먹기'라는 정신적 연결고리가 굳어집니다. 습관이 형성되었습니다.

결국 여러분이 집에 도착하는 것을 생각만 해도 학습된 루틴이 자동으로 실행되기에 이릅니다. 집에 가는 것은 쿠키를 먹는다는 뜻입니다! 이렇게 학습된 루틴은 기본값이 되어 다른 선택지는 여러분의 머릿속에서 사라지게 된답니다.

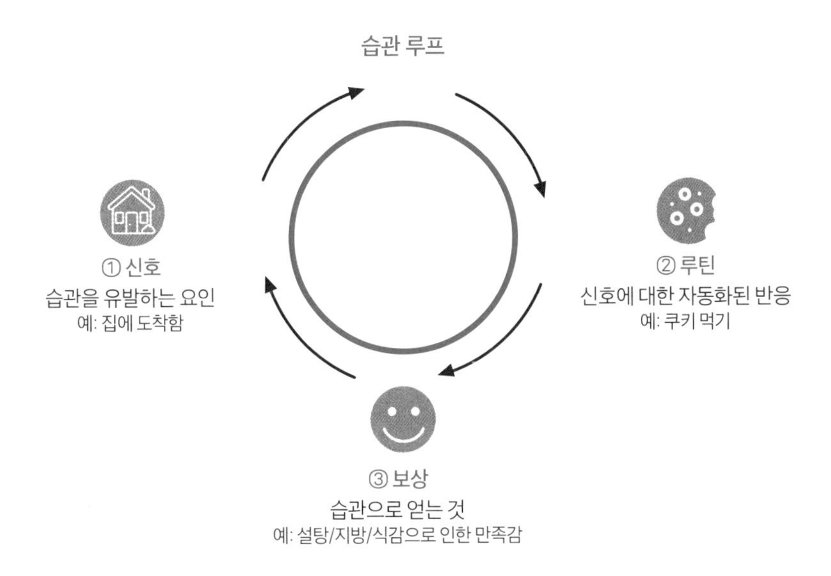

보통 어떤 행동을 지속적으로 반복하면 습관이 생긴다고 알고들 있는데, 반만 맞는 말입니다. 습관은 **같은 맥락**에서 행동을 반복할 때 형성되는 것입니다. 습관 루프의 세 핵심 요소인 신호, 루틴, 보상을 모두 포함할 때에만 습관이 됩니다.

여러분이 쿠키를 매일 먹진 않겠지만, 다른 사람들처럼 무의식적으로 매일 반복하는 습관이 있을 겁니다. 매일 아침에 똑같은 메뉴를 먹거나 샤워 후 매번 같은 순서로 몸을 말리고, 사무실이나 가게에 갈 때는 항상 똑같은 장소에 주차할지도 모릅니다. 철학자이자 심리학자인 윌리엄 제임스William James는 습관의 신봉자였습니다. 20세기에 제임스는 사람들이 매일 잠에서 깨어나 잠자리에 들 때까지 하는 행동의 99~99.9%가 자동적이고 습관적이라고 주장했습니다.[1] 보다 최근 연구에서는 인간 활동의 43~70%가 습관적이라고 추정했답니다.[2] 수백 가지 습관이 우리 삶의 방식을 구성하고, 밥 먹기와 잠자기부터 사랑하는 사람과 대화하기, 옷 입기, 운전하기, 일하기, 퇴근 후 운동하거나 와인 한 잔 하기에 이르기까지 우리의 일상 행동들에 영향을 미칩니다. 우리가 무심코 시간이나 주의력, 돈을 쓸 때, 그 방식은 주로 습관적인 것이지요. 습관은 바로 우리 일상생활의 보이지 않는 설계도입니다.

습관은 어떻게 생겨날까?

개인마다 습관이 다른 이유가 궁금하실 것입니다. 어떤 사람은 아침마다 꾸준히 운동하는 반면, 늦잠 자기를 좋아하는 사람들이 있지요. 일어나자마자 무조건 커피를 마시는 사람도 있지만, 늦은 오전이 되어서야 커피를 입에 대거나 아예 차나 물만 마시는 사람들도 있습니다. 습관의 패턴은 우리 삶의 이야기와 복잡하게 얽혀 있어, 우리가 어떤 선택을 해 왔으며 무엇을 소중하게 여기는지를 드러냅니다. 우리 습관은 우리의 삶에 대해 이야기합니다. 지금 이 순간뿐 아니라 몇 달 또는 몇 년 전의 삶까지 알려주지요. 왜냐하면 습관의 대부분은 한때는 의도적 행동이었기 때문입니다. 아마도 당시 우리가 목표를 이루려고, 혹은 불편한 감정을 억제하거나 편의성, 생산성 또는 웰빙과 같은 원하는 결과를 얻기 위해 의식적으로 선택하고 노력했을 행위들입니다.

다시 강조하겠습니다. 우리가 매일같이 자동적으로 수행하는 행동인 습관은, 한때는 의도적 행동이었습니다. 이런 습관은 우리 두뇌의 반성적 영역에서 시작되었지만 결국 뇌의 충동 영역으로 옮겨 갔습니다.

어느 날 아침 기운이 없어 출근해서 커피를 내리기로 했다고 칩시다. 커피는 때마침 여러분이 찾던 에너지를 빠르게 충전해 주었습니다. 나른함은 가라앉고, 더 잘 집중하게 되었습니다. 다음 날 아침 출근해 다시 커피를 내리기로 결심했고, 그 다음 날에도, 그 다음 날에도, 그 다음 날에도 똑같은 행동을 했습니다. 여러분의 두뇌는 출근을 신호로, 커피 내리기를 반응으로 하는 신호-반응 연상 관계를 형성했습니다. 이 관계를 반복할수록 신호-반응 연상이 더 강력해지면서, 커피를 마시는 습관은 굳어지고 자동화됩니다.

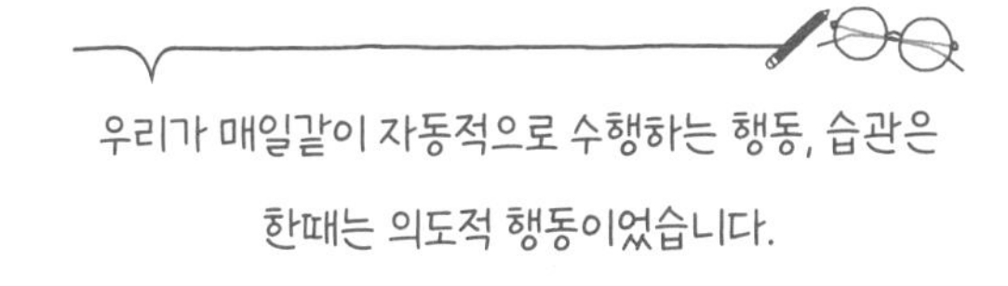

출근 후 활력을 얻으려는 의도에서 시작된 커피 마시기는 어느덧 자동화된 습관이 되었습니다. 이제 맥락(이 경우 출근)을 생각만 해도 커피 내리기 습관이 촉발되어, 각성하려던 원래 의도는 불필요해졌습니다. 여러분이 나른하지 않은 날에도 출근하자마자 습관적으로 커피를 내리게 된다는 것을 의미합니다. 마찬가지로 많은 사람이 배가 고프지 않아도 정오에 점심을 먹는 것은 단순히 프로그램화된 습관입니다. 어떤 사람들은 늘 정해진 길로 출근을 합니다. 더 빠르고 효율적인 방법이 있어도 말이지요.

파스타 만드는 과정을 생각해 보세요. 전통적으로 우리는 큰 냄비에 물과 소금을 넣고 끓을 때까지 기다린 다음 파스타를 넣고 가끔 저으면서 원하는 수준으로 익히는 방법을 배워 왔습니다. 이 요리법은 효과적이었고 여러 세대에 걸쳐 이어져 내려왔지만, 다른 대안이 훨씬 더 나을 수 있습니다. 소스 및 기타 재료와 함께 파스타를 한 냄비에 요리하는 '원팟(원팬) 파스타' 요리법은 어떨까요? 이렇게 하면 시간과 에너지, 물을 절약할 수 있으며, 파스타면이 소스의 풍미를 더 쉽게 흡수하게 됩니다. 덤으로 설거지 거리도 줄어들지요.

이런 장점에도 불구하고 많은 사람이 전통적인 방식을 고수합니다. 변화에 대한 이러한 저항은 오래된 습관이 주는 편안함과 친숙함에서 비롯된 것일 수도 있고, 새로운 것을 시도하거나 과거에 효과가 있었던 것에서 벗어나기를 꺼리기 때문이기도 할 겁니다. 우리는 기존의 일상에 익숙해져 있어서, 분명한 이점에도 불구하고 변화해야 할 설득력 있는 이유를 찾지 못할지도 모릅니다.

우리에게는 이미 생각할 거리가 너무 많기에, 저녁 식사 준비 같은 일상적인 일에 대해 곰곰이 생각하고 싶지 않은 것이 당연합니다. 우리 두뇌는 인지 처리 능력에 한계가 있으므로 가능한 한 자동 조종 장치로서 작동하려 합니다.

습관, 최고의 하인? 최악의 주인?

습관 과학 분야에서 설명하는 습관 형성은, 행동의 통제가 목표 의존적 방식에서 상황 의존적 방식으로 전환되는 과정입니다. 처음에는 특정 목표를 달성하기 위해 수행한 행동이, 나중에는 본래 목표 없이도 신호에 반응하여 자동적으로 수행되는 거지요. 습관은 특정 맥락에서의 반복 수행을 통해 발달하는데, 이는 특정 상황에서 특정 행동을 하면 기억 속에서 신호-반응 연상이 강화됨을 의미합니다. 따라서 습관 수행 과정에는 특정 신호에 행동 통제를 맡기는 일이 포함됩니다. 신호-반응 연상 관계가 강화될수록 습관은 더 깊이 뿌리내립니다. 우리 두뇌는 새로운 신경 연결과 경로를 생성하고, 습관을 반복할 때마다 이 연결을 강화합니다. 신경 경로가 강해질수록, 습관은 최소한의 노력과 인지적 자원만으로도 수행 가능해지게 되어 자동적이며 무의식적으로 일어납니다.

습관은 있다/없다로 나뉘는 이분법적 개념이 아닙니다. 습관은 강약의 연속선상에서 강도에 따라 다양한 형태로 존재합니다(더 습관적이거나 덜 습관적일 수 있지요). 본질적으로 일관된 맥락에서 특정 행동을 더 많이 반복할수록 그 행동은 여러분의 삶에 더욱 깊숙이 자리잡습니다. 이 과정은 신경과학에서는 **헤비안 학습**Hebbian learning으로 알려져 있습니다.

헤비안 학습의 원리는 하나의 뉴런(신경세포)이 활성화되고 이어서 다른 뉴런이 활성화되면 첫 번째 뉴런이 두 번째 뉴런에 연결되어 짝으로 활성화될 가능성이 높아진다는 것입니다. 인간이 학습하는 방식이지요. 이 학습 이론은 어릴 적 개에게 물린 경험이 어째서 개에 대한 두려움을 생기게 할 수 있는지를 설명합니다. '개' 뉴런이 활성화된 다음 '통증' 뉴런이 활성화되어 개와 통증이 연결되기 때문입니다. 캐나다의 가장 저명한 신경 심리학자 도널드 헵Donald Hebb이 제안한 이 이론은 "함께 발화되는 뉴런은 함께 활성화된다."라는 문구로 보통 요약됩니다.[3] 귀가는 쿠키 먹기와 연결되고, 출근은 커피 마시기와 연결됩니다. 이것이 바로 우리 삶에서 습관이 형성되고 강화되는 방식입니다.

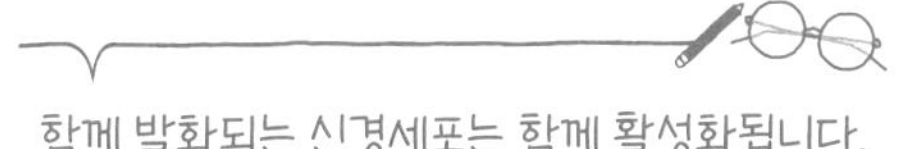

함께 발화되는 신경세포는 함께 활성화됩니다.

어떤 기술을 익힌다고 생각해 봅시다. 그 기술을 실행할 때마다 함께 발화되는 신경세포가 있으며, 이 세포들의 연결은 점점 더 강해집니다. 한동안 기술을 연습해 이런 신경세포 간 연결이 강화되어 왔다면, 기술이 잘못되었더라도 수정하는 일은 어려워집니다. 연습한다고 완벽해지는 것은 아니지만, 연습은 행동을 고착화시킵니다. 고착화된 행동은 수백 번 반복되었기 때문에 대개 자동이며, 자동화된 행동은 우리 의지를 무시할 수 있습니다. 따라서 어떤 행동을 반복할수록 우리의 의지가 행동에 미치는 영향력은 줄어들고, 자동화된 두뇌 시스템이 더 많은 통제권을 갖게 됩니다.

습관은 의도, 동기, 의식적 통제 또는 인식이 없어도, 최소한의 인지적 노력만으로 어떤 행동을 자동적으로 유도합니다. 만약 더 이상 하지 않겠다고 굳게 다짐한 오래된 어떤 행동을 반복해서 하고 있는 자신에게 좌절감을 느낀 적이 있다면, 습관이란 게 무릎반사처럼 작동해 여러분의 의도를 무시하고 자동적으로 나타난다는 사실을 이해하실 것입니다. 습관은 이렇게 최고의 하인이거나 최악의 주인일 수 있습니다. 물론 우리는 습관을 깰 수 있습니다. 사실 원치 않는 습관을 버리는 것은 매우 중요한 삶의 기술이며, 이것이 바로 [세션 6]에서 이 방법을 집중적으로 다루는 이유입니다.

습관이 우리 행동을 자동화한다는 사실의 좋은 점은 일단 건강한 습관을 만들면 지속적인 동기 부여나 자제력이 없이도 장기적으로 지속될 가능성이 높다는 것입니다. 여러분 역시 적은 노력으로도 일찍 일어나 규칙적으로 운동하고 건강하게 식사하는 사람이 될 수 있습니다.

습관의 핵심, 자동성

얼마 전 자동차 판매장에서 새 차 하나를 시험 운전한 적이 있습니다. 정문 앞, 제 곁에 서 있던 딜러가 휴대폰 버튼을 누르더군요. 주차장에 있던 차가 스스로 움직여 우리 바로 앞에 완벽하게 멈추었습니다. 차 안에는 아무도 없었고, 버튼 하나로 저절로 움직였던 것입니다. 침착하려 했지만 속으로는 '세상에, 정말 굉장하다!'라며 놀랐습니다. 다시는 평행주차를 걱정하거나, 좁은 주차공간에서 비집고 나갈 걱정할 필요가 없겠다는 상상을 하게 되었죠.

오토파일럿Autopilot은 운전자의 지속적인 수동 입력 없이 차량이나 기계의 작동을 제어하는 시스템을 말합니다. 이러한 시스템은 일반적으로 항공기에서 안정적인 비행 경로를 유지하고, 고도를 조정하며, 특정 상황에서 기체를 착륙시키는 데 사용됩니다. 오토파일럿 시스템은 항공기나 차량의 위치, 속도 및 방향에 대한 정보를 수집한 다음 알고리즘과 사전 프로그래밍된 지침을 사용하여 해당 정보를 처리하고 제어 장치를 조정함으로써 원하는 코스나 궤적을 유지합니다. 운전자 또는 조종사는 버튼을 눌러 오토파일럿 모드를 활성화하여 사전에 프로그래밍된 시스템에 운전을 맡길 수 있습니다.

오토파일럿은 인간의 습관과 매우 유사하게 작동합니다. 습관 유발 요인trigger을 만나면 우리 두뇌는 학습된 반응에 대한 기억을 가져와, 습관 활성화와 관련해 사전에 프로그래밍된 신경 경로를 자극합니다. 신호는 버튼과 같고, 습관은 오토파일럿 모드와 같습니다.

습관의 자동적 성격을 '**자동성**automaticity'이라고 합니다. 습관 자동성은 습관이 무의식적으로 수행되는 정도를 말합니다. 자동성은 습관적인 행동을 얼마나 거침없이, 쉽고 수월하게 할 수 있는가로 생각할 수 있습니다. 양치질하기, 샤워 후 몸을 말리기, 신발끈 묶기 등의 일을 쉽게 수행한다면, 자동성 상태에 있는 것이지요.

어느 정도의 기간 동안 동일한 맥락에서 행동을 반복하면, 행동이 더욱 자동화되어 수행하는 데 필요한 인지적 노력은 줄어듭니다. 일단 습관이 형성되고 나면, 자동성은 그 습관의 근본 축이 됩니다. 자동성은 우리 삶에 긍정적 영향과 부정적 영향을 모두 미칠 수 있습니다. 건강한 습관은 긍정적이고 만족스러운 삶을 살게 합니다. 우리는 잘 먹고, 잘 자고, 규칙적으로 운동하고, 일에서 능력을 발휘하고 좋은 인간 관계를 유지하는 동시에, 인지적 자원을 절약해 다른 작업에 사용할 수 있습니다. 반면, 해로운 습관은 심신의 건강 악화 또는 미루는 태도와 같은 부정적인 결과를 초래할 수 있습니다.

자동화는 같은 습관에도 이중적인 영향을 미칠 수 있습니다. 익숙한 길로만 출퇴근하는 경우를 생각해 봅시다. 같은 길을 여러 번 운전하다 보면 별다른 의식이나 노력 없이도 목적지에 도착합니다. 이 습관은 다른 작업을 위한 인지 자원을 확보한다는 점에서 유익할 수 있지만, 너무 안일해져서 도로의 잠재적인 위험에 주의를 기울이지 않아 위험에 처할 수도 있습니다.

습관 유발 요인에 직면하는 순간 두뇌는 관련 반응을 기억에서 바로 불러오는데, 이를 신호-반응 연상이라고 합니다. 자동성을 갖는다는 것은 우리 두뇌가 반응 방법을 계산하는 데 에너지를 소비할 필요가 없다는 뜻입니다. 습관이란 숙고 없이, 신호에 대한 반응으로서 즉각 나타나는 행동이라는 개념과 일치합니다.

습관이 자동성을 갖게 되면 행동은 **목표와 무관**해지는 경향이 있는데, 왜냐하면 우리가 의도치 않아도 심지어 우리 의도와 반대로 작동할 수도 있기 때문입니다. 습관은 **무의식적**입니다. 의식적으로 알아차리지 않고도 발생하고, 자각할 수도 없습니다. 습관은 **효율적**입니다. 애쓰는 주의력이나 정신적 처리과정을 요하지 않고 신속하게 실행되는 것이 보통입니다. 그리고 아마 가장 중요한 점은 습관이 **신호 기반**이라는 것입니다. 신호 기반이란 습관이 주변 환경에 특정 요소가 존재하거나 인식되기만 해도 직접적으로 촉발될 수 있다는 의미입니다.

자동성 개발과 파괴

어떤 행동을 무의식적으로 힘들이지 않고 하게 된다면, 여러분은 그 습관이 자동성 수준에 이르렀음을 알게 되겠지요. 자동성 수준에 이른 습관은 하지 않을 때 뭔가 이상하게 느껴지기도 합니다. 전화벨이 울렸는데 평소에 대답하던 대로 하지 않고 '인사'라고 답해야 한다고 상상해 보세요. 여러분이 전화를 받는 평소 방식은 수년에 걸쳐 몸에 밴 자동화된 습관일 가능성이 높습니다. '인사'라고 전화를 받으면 기분이 이상하겠지요. 마찬가지로 평소 쓰지 않던 손으로 숟가락을 잡거나 반대쪽 손목에 시계를 착용하는 것을 상상해 보세요. 색다른 방식으로 일을 처리할 때, 그곳에 물 흐르듯 자연스러운 흐름은 없습니다. 두뇌는 변화를 알아차립니다. 자동성이 없다는 뜻이죠.

따라서 우리가 필요한 습관은 자동성을 키우고, 없애고 싶은 습관은 자동성을 제거하는 것을 목표로 삼아야 합니다. 우리는 건강한 생활방식이나 생산성 향상과 같은 바람직한 습관이 쉽고 자연스러워지길 희망합니다. 마찬가지로 그렇지 않은 습관은 자동화되지 않아 쉽게 나타나지 않길 바랍니다. 습관이 쉬울수록 우리 삶에 뿌리내릴 가능성이 더 높기 때문입니다. 흡연이나 과음 같은 습관은 노력과 에너지가 많이 필요해 행동으로 옮기기 쉽지 않길 원합니다. 우리는 바람직하지 않은 행동에 대해서 통제력과 의식적 결단력을 갖고 싶어 하지요.

영국의 한 연구에서 성인 약 50명의 흡연 습관을 조사한 적이 있습니다.[4] 연구가 시작되기 두 달 전, 영국 정부는 술집에서 흡연을 금지했었습니다. 술을 마시면서 담배를 피우는 습관이 있었던 흡연자들은 금지 사항을 준수하려고 했음에도 불구하고 술집에서 흡연을 했다고 응답했습니다. 몇몇 흡연자들은 술을 마시면서 담배에 불을 붙이기 시작하는 "자신을 발견했음"을 밝혔습니다. 습관 자동성은 이러한 '행동 실수'의 가능성을 예측합니다. 이는 연구 참가자의 음주 중 흡연 습관이 더 자동화될수록, 또는 흡연 습관이 강할수록, 의도하지 않게 담배를 피울 가능성이 더 높다는 것을 의미합니다. 또한 의식적으로 동기를 부여할 의도를 갖는다 하더라도, 습관이 행동을 좌지우지함을 보여줍니다.

이 연구에서 주목할 만한 또 다른 점은 이전 연구와 마찬가지로 흡연자들이 흡연과 관련된 신호에 **주의 편향**을 보였다는 점입니다. 주의 편향은 특정 유형의 자극을 다른 자극보다 우선적으로 처리하려는 경향을 말합니다. 이런 주의 편향은 우리가 이미 지니고 있는 특정한 사고방식에 몰입할 때 다른 대안을 생각해 보지 못하는 이유를 설명합니다. '선택적 청력'이라는 용어를 들어 보셨다면, 주의 편향을 '선택적 습관 유발'과 비슷한 개념으로 생각해 보세요.

여러분의 두뇌에도 컴퓨터와 마찬가지로 검색 기능이 있어 관련된 것을 찾아줍니다. 두뇌는 여러분이 집중하는 것에, 더 중요하게는 동일시하는 대상에 의해 프로그래밍되어 있습니다. 그런 이유로, 우리가 새 차를 구입하면 갑자기 같은 종류의 차가 도로에서 더 자주 보이고, 새 옷을 사면 비슷한 옷을 입은 사람들이 눈에 띄기 시작하는 겁니다. 이는 또한 시끄럽고 붐비는 방에 있어도 자신의 이름이 호명되는 것을 들을 수 있는 이유이기도 합니다.

이 필터가 어떻게 작동하는지 보려면, 지금 여러분이 계신 곳에서 주변을 얼른 살펴보고 빨간색에 집중해 보세요. 아주 조그만 부분이라도 빨간색이 있기만 하면 눈에 확 띌 것입니다. 직접 해 보세요!

이 영국 연구에 참여한 흡연자들은 흡연 습관을 일으켰던 신호를 무의식적으로 '찾고' 있었습니다. 이 연구 결과는 우리가 일상 습관을 촉발하는 신호를 어떻게 경험하는지 보여주며, 그에 따라 습관의 강도가 우리가 유발 신호에 '주의를 기울이는 정도'에 의해 예측될 수 있음을 알려줍니다. "집중하면 끌어당긴다."란 격언은 의심스럽게 들리지만 과학적 증거가 이 말을 증명하고 있습니다. 합리적인 범위에서, 우리는 우리가 집중하는 것에 절대적으로 매력을 느낍니다.

습관의 특성

습관 연구자들은 습관에는 핵심 특성이 3가지 있다고 이야기합니다.

① **오래된 반복**

② **높은 수준의 자동성**

③ **일관된 맥락에서 유발됨**[5]

이러한 특성을 이해하면 습관과 행동을 구분할 수 있습니다. 습관을 고치려면 행동을 고칠 때와는 다른 전략과 접근 방식이 필요합니다. 습관을 바꾸려면 습관을 유발하는 신호와 습관 보상(후반 세션에서 살펴보게 될)을 파악해야 하는 반면, 행동을 바꾸려면 단순히 의도적인 결정을 내려 변화를 꾀하면 됩니다. 자신의 행위가 습관인지 행동인지 알게 되면, 변화를 위한 적절한 전략을 구현할 수 있습니다.

1. 반복 Repetition

우리는 한 번만 하고 마는 행위를 습관으로 보진 않습니다. 습관은 반복적으로 해 온 행위나 생각, 반응을 말합니다. 우리는 그것들이 무엇인지 알고 있으며, 친숙하기도 하죠. 심지어 자기 정체성의 일부로 여기기도 합니다. 예를 들어, 달리기를 자주 한다면 자신을 '달리는 사람'이라고 인식할 터이고, 업무에 많은 시간을 보낸다면 스스로 '워커홀릭'이라고 생각할 수 있습니다. 모든 습관에는 반복의 역사가 있습니다.

여기서 주목해야 할 미묘하고 흥미로운 차이점이 있습니다. 습관 형성에 있어 예측 가능한 누적 효과(일관된 맥락에서 특정 신호에 반응하는 행위를 자주 반복할수록 그 행위가 더욱 자동적이고 습관화되는 것)가 있음에도, 빈도와 반복은 분명 다릅니다. 습관에는 오랜 반복이 있지만, 반복의 빈도에만 의존하는 것은 아니랍니다.

사람들은 드물게 행위하더라도 강한 습관을 갖기도 하는데, 이는 단지 습관을 촉발하는 신호를 드물게 접하기 때문입니다. 예를 들어, 어떤 사람들은 크리스마스 때 교회에 가는 습관이 있지만 크리스마스는 1년에 한 번뿐이므로 이 습관을 매년 한 번만 실천하는 데 그칩니다. 이 행위는 여전히 습관이라 부를 수 있고, 반복의 역사가 있으며, 실천하지 않으면 이상하게 느껴지지만, 자주 발생하는 습관은 아닙니다. 같은 맥락에서 또 다른 예는 기도를 마칠 때 '아멘'이라고 말하는 습관입니다. 매주 교회에 참석하는 사람들은 매주 '아멘'이라고 말하지만, 성탄절에만 교회에 참석하는 사람들은 1년에 한 번만 '아멘'이라고 말하겠지요. '아멘'을 말하는 것은 두 경우 모두 습관적이고 자동적이지만 그 빈도는 상당히 다릅니다.

제게는 매년 같은 장소에서 캠핑하는 것을 좋아하는 친구들이 있습니다. 좋아하는 이 연례 휴가를 놓치지 않으려고 2~3년 전부터 항상 같은 시기에 같은 캠프장을 예약합니다. 캠핑장에 가서는 늘 하던 활동을 합니다. 공원 주변에서 자전거를 타고, 개울에서 카약, 낚시 그리고 수영을 하죠. 매년 비슷한 음식을 싸 가서 비슷한 밥을 해먹고 비슷한 시간을 보냅니다. 제 친구들이 휴가 때 어디로 가는지, 무엇을 하는지는 매우 습관적이지만(오토파일럿과 같죠), 이런 습관은 자주 발생하는 것이 아니라 1년에 딱 한 번만이지요.

여기서 제 이론은 연관된 신호를 접할 때마다 습관적으로 반응하는 한, 자주 실행하지 않더라도 강력한 습관을 만들 수 있다는 것입니다. 가령 토요일 아침에 습관적으로 요가를 하다가 어떤 이유로든 1~2주를 놓치게 되면, 그 신호에 습관적으로 반응할 기회를 놓쳤기 때문에 토요일 아침 요가 습관이 약해질 수 있습니다. 신호에 반응하여 자주 수행할수록 습관이 더 강해지듯이, 신호에 반응한 행위의 빈도가 적어질수록 습관은 약해집니다. 따라서 이전에 한 번 이상 동시에 또는 같은 장소에서 행위를 반복했다면 습관이 될 수 있습니다(아직 습관이 되지 않았다면 말이죠).

2. 자동성Automaticity

앞서 자동성에 관해 언급했지만 다시 한번 설명하고자 합니다. 자동성(습관적 행동의 수월한 정도)이 습관 형성에서 매우 중요한 측면이기 때문이죠. 습관 자동성은 우리가 최소한의 인식만으로, 의식적 의도가 거의 없이 어떤 행위를 수행하는 것으로, 이때 에너지는 거의 필요하지 않습니다.

10대 후반에 저는 체중 감량 노력에 집착했었죠. 살을 빼는 일은 늘 실패했기 때문에 제가 집착한 것을 '노력'이라고 하겠습니다. 과체중은 아니었지만 사춘기에 접어들면서 몸이 급격히 변했고, 엉덩이와 가슴이 갑자기 커진 것이 불만이었습니다. 요즘과 달리 당시에는 굴곡 있는 체형보다 대벌레 같은 마른 몸매를 선호했고, 저는 완벽한 몸매를 갖고 싶었습니다. 체중 감량을 시도하는 다른 많은 사람처럼, 저도 매주 월요일마다 새로 유행하는 다이어트를 시작했습니다. 제가 시도했던 다이어트는 매우 제한적인 것이 대부분이었습니다. 양배추 수프 다이어트, 레몬 디톡스 다이어트(시도했다는 사실조차 인정하기가 부끄럽군요), 키토 다이어트 또는 탄수화물 중독자 다이어트(탄수화물을 하루 한 번만 섭취한다는 걸 생각하면 매우 기만적인 이름이네요) 등이었죠.

시중에 언급되는 다이어트의 종류는 죄다 해 봤다고 자신 있게 말할 수 있습니다. 하지만 저는 매번 감자칩이나 초콜릿 쿠키를 반 봉지쯤 먹다가 다이어트 중이란 사실을 깨닫곤 했습니다. 제 행동을 제대로 인식하지 못했다는 사실 때문에 스스로에게 엄청난 좌절감을 느꼈지요. 자리에서 일어나 감자칩을 찾으려 부엌을 뒤지고 감자칩 봉지를 가져와 연 후에야, 먹는 행위를 시작했을 텐데 말입니다. 정신을 차리고 '잠깐만, 지나야, 식단 목록에 감자칩은 없잖아.'라고 생각할 순간이 너무 많았을 것 같지만, 그런 일은 일어나지 않았습니다. 감자칩 봉지에 팔꿈치까지 쑥 집어넣었을 때, 혹은 다른 사람이 제 방에 들어와 다이어트 그만 뒀냐고 물어볼 때에서야, 제 행동을 깨닫곤 했습니다. 완전히 실패자 같았어요.

당시 제가 단순히 오토파일럿 모드로 행동하고 있었음을 이제 저는 알게 되었습니다. 오후에 간식을 집어먹는 행위는 제가 아무 생각 없이 힘들이지 않고 했던 고도로 자동화된 일이었습니다. 습관이었지요.

결정을 내린 후 어떤 일이 일어나기를 희망하고, 그 일이 일어나도록 행동을 통제하는 것이 어떤 느낌인지 우리는 잘 알고 있습니다. 그러나 습관의 메커니즘에 대해 곰곰이 생각하기란 어렵습니다. 습관적인 행동의 결과를 관찰할 수는 있지만, 그 메커니즘은 주로 의식적 인식 밖에서 발생하기 때문이지요.

어떤 신입사원의 이야기입니다. 출근 첫날, 사무실 문손잡이를 시계 방향으로 돌리면 잠긴다는 안내를 받았습니다. 이 경고에도 불구하고 신입사원은 실수로 문손잡이를 시계 방향으로 돌리고야 말았고, 결국 동료 한 명이 몇 시간 동안 사무실에 갇히게 되었습니다. 엄청난 첫인상을 남긴 신입사원이 되었죠! 사실, 이 사건에는 숨겨진 사정이 더 있었습니다. 그 신입사원 집에 똑같은 종류의 손잡이가 있었는데, 시계 방향으로 돌리면 문이 열렸던 것입니다. 이 사실을 알고 나서야 다른 직원들은 이 신입사원을 덜 비난하게 되었습니다. 집에 있는 동일한 문손잡이가 반대 방향으로 작동한다는 정당성이 없었다면 신입사원은 자신의 부주의에 대한 책임을 크게 졌을지도 모를 일입니다. 생각이나 의도 없이도 습관적 행동이 나타난다는 것을 보여주는 사례입니다.

3. 맥락 신호Context-cued

습관의 마지막 주요 특징은 일관된 맥락에서 촉발된다는 사실입니다. 습관 루프는 신호, 즉 유발 요인trigger에서 출발해, 습관이 되는 루틴과 보상으로 이어집니다. 다시 말해 습관은 항상 유발 요인에 의해 시작하므로, 유발 요인은 습관의 필수적 사전 조건입니다. 유발 요인이 없으면 습관도 없다는 뜻이지요.

우리의 일상 행동 중 절반 가량이 동일한 맥락에서 일어나는 것으로 관찰되었습니다. 즉, 우리는 같은 시간, 같은 장소, 또는 특정 행동 이후에 어떤 행위를 하는 경향이 있습니다.[6] 하루 중 비슷한 시간에 식사를 하고, 같은 길로 산책하지요. 우리 삶은 원하든 원하지 않든 습관을 유도하는 신호로 가득 차 있습니다.

앞서 언급한 흡연 연구에서, 연구자들은 참가자들이 술집에서 무심코 담배를 피울 가능성이 어느 정도인지 알고 싶었습니다. 기본적으로 연구진이 측정한 것은 신호-반응 연관성의 강도였는데, 술집이 신호였고 흡연이 루틴 반응이었습니다. 연구 결과는, 참가자의 행동 실수 가능성이 일일 흡연량 같은 흡연 의존도의 전형적인 지표가 아니라, 음주와 흡연 사이의 습관 연상 강도에 의해 결정된다는 것이었습니다.

이 연구에서 우리가 알 수 있는 것은 인간이 훌륭한 목표와 의지를 갖더라도, 환경에 의해 촉발되는 자동적 습관 반응이 좋은 뜻으로 세운 계획을 쉽게 무너뜨릴 수 있다는 점입니다. 신호-루틴 연관성이 강할수록 습관은 강해집니다.

실망하기는 이릅니다. 이 사실을 충분히 인식한 채로 탄탄하게 계획을 세우고 강한 의도를 가진다면, 어떤 원치 않는 습관이라도 고칠 수 있으니까요.

습관을 알아보는 방법

여러분이 하는 일이 습관인지 궁금하다면, 다음과 같이 스스로에게 물어보세요. "내가 전에 이런 일을 해 본 적이 있는가?", "이 행위는 자연스럽거나 자동적으로 느껴지는가?", "이 행위는 같은 시간이나 같은 장소에서 일어나는가, 혹은 어떤 행동이나 특정 느낌 이후에 따라 일어나는 것인가?"

습관 강도 측정

'행동 자동성 자가진단 지표SRBAI, self-reported behavioural automaticity index'라는 척도를 사용해 여러분의 습관이 갖는 강도를 측정해 볼 수도 있습니다.[7]

행동 자동성 자가진단 지표

나는 X라는 습관을 할 때	매우 동의하지 않는다	동의하지 않는다	보통이다	동의한다	매우 동의한다
	1	2	3	4	5
자동적으로 한다					
의식적으로 기억할 필요 없이 한다					
의도적으로 생각하지 않고 한다					
깨닫지 못하는 사이에 시작하고 있다					

측정하려는 모든 습관마다 각 질문에 답하세요. 각 습관의 평균 습관 강도 점수를 계산하려면 해당 습관의 총점을 5로 나눕니다. 전체 점수는 1~5점 사이이며, 점수가 높을수록 습관의 강도가 강하다는 것을 나타냅니다. 1점은 습관이 전혀 없음, 2점은 약한 습관, 3점은 보통 습관, 4점은 강한 습관, 5점은 매우 강한 습관에 해당됩니다.

예를 들면 다음과 같습니다.

나는 반려견과 산책할 때	매우 동의하지 않는다	동의하지 않는다	보통이다	동의한다	매우 동의한다
	1	2	3	4	5
자동적으로 한다				V	
의식적으로 기억할 필요 없이 한다					V
의도적으로 생각하지 않고 한다				V	
깨닫지 못하는 사이에 시작하고 있다			V		
점수			3	8	5

총점 = 3 + 8 + 5 = 16, 그다음 5로 나누기 16 ÷ 5 = 3.2

계산 결과 습관 강도 점수가 3.2인데, 이는 반려견 산책이 보통 강도의 습관임을 의미합니다. 이 지표는 새로운 습관을 만들고 오래된 습관을 버리려 할 때 습관의 강도를 측정하는 좋은 방법입니다.

습관과 중독의 차이

습관과 중독은 모두 규칙적으로 반복되는 행동 패턴이지만, 우리가 어느 정도 통제할 수 있는지, 우리 삶에 얼마나 영향을 미치는지에 따라 차이가 있습니다.

아시다시피, 습관은 같은 맥락에서 너무 자주 반복되어 자동적으로 이루어지는 행동이므로, 의식적인 사고나 노력이 거의 또는 전혀 필요치 않습니다. 이와 달리 중독은 인생에 부정적인 결과를 가져오더라도 통제할 수 없다고 느끼는 강박적인 행동입니다. 중독은 신체적 또는 심리적일 수 있으며, 약물 남용, 도박 또는 충동적 쇼핑과 같은 다양한 행동으로 나타납니다. 습관은 긍정적일 수도 부정적일 수도 있지만, 중독은 거의 항상 부정적이며 사람의 삶에 해를 끼칩니다.

도파민은 뇌의 보상 중추에서 작동하며 신경 또는 뇌세포 간 통신을 촉진하는 신경전달물질입니다. 이 보상 시스템은 습관과 중독 모두에서 핵심적인 역할을 하지만, 그 작동 방식은 다릅니다.

습관의 맥락에서 도파민은 보람 있고 즐거운 행동을 할 때 방출됩니다. 도파민 분비는 행동을 강화하여 앞으로도 그러한 행위를 반복할 가능성을 높입니다. 시간이 지남에 따라 뇌는 그 행위를 도파민의 즐거운 방출과 연관시켜 습관으로 굳혀 갑니다.

중독의 맥락에서도 도파민은 비슷한 역할을 하지만 몇 가지 중요한 차이점이 있습니다. 누군가가 마약 사용이나 도박 같은 중독된 행위를 할 때, 도파민은 습관과 비교해 훨씬 더 높은 수준으로 방출됩니다. 이렇게 높아진 도파민 분비는 더 강한 쾌감이나 보상을 주어 중독 행위를 더욱 강화하고, 중단하기 어려운 지경에 이릅니다. 후반 세션에서 인간 행동을 주도하는 도파민과 보상 시스템에 대해 더 자세히 다루겠습니다.

지금 기억할 것은 습관과 중독이 뚜렷이 구별된다는 점입니다. 습관은 중독이 아니며, 모든 중독이 습관은 아닙니다. 중독이 습관의 일부 특성을 보이긴 하지만 말이죠. 여러분은 양치질에 중독된 것이 아닙니다. 그건 단지 일상적인 습관일 뿐입니다.

요약

* 습관은 동일한 맥락에서 지속적인 반복을 통해 자동적으로 이루어지는 반복적 행동입니다.
* 습관에는 3가지 핵심 요소, **신호**, **루틴**, **보상**이 필요합니다. 이를 습관 루프라고 합니다.
* 처음에 의도적으로 시작한 습관은 반복을 통해 자동화된 행동으로 변합니다.
* 습관은 **오래된 반복, 높은 수준의 자동성, 일관된 맥락**이라는 3가지 주요 특성을 갖습니다.
* 행동 자동성 자가진단 지표$_{SRBAI}$로 습관의 강도를 측정할 수 있습니다.
* 습관과 중독 모두 규칙적으로 반복되는 행동 패턴이지만, 개인의 통제 수준과 삶에 미치는 영향이라는 두 측면에서 차이가 있습니다.

여러분의 습관

습관은 자동적이기 때문에 항상 인식할 수는 없습니다. 자신의 습관을 더 잘 이해하고 자각하기 위해서는 자동으로 수행하는 행위를 되돌아보고 그 행위가 발생하는 시간과 장소 및 맥락을 파악하는 것이 좋습니다. 습관과 그 유발 요인을 정확히 파악하면 자동적 행위를 훨씬 더 효과적으로 제어할 수 있습니다.

노트나 일지를 사용하여 다음 질문에 응답하세요.

원하는 습관

현재 여러분이 만족하는 습관을 3가지 적어 보세요. 그런 다음 해당 습관의 유발 요인을 찾아보세요.

- **습관**: 나는 10분간 명상을 한다
- **유발 요인**: 밤에 잠자리에 드는 시간

원치 않는 습관

현재 여러분이 고치고 싶은 습관을 3가지 적어 보세요. 그 습관을 유발하는 요인을 함께 적어 보세요.

- **습관**: 나는 배가 고프지 않아도 간식을 먹는다
- **유발 요인**: 심심하거나 외로움을 느끼는 시간

세션 2

습관의 쓸모

인간에게 습관은 왜 생겼나요?

우리는 역동적이고 복잡하며 끊임없이 변화하는 세상에서 우리 관심을 끌기 위해 경쟁적으로 쏟아지는 정보에 맞닥뜨리며 살고 있습니다. 이러한 환경에서 제대로 살아가기 위해 우리는 시각, 후각, 청각, 미각, 촉각 등의 감각에 의존해 주변 환경과 주변에서 일어나는 일을 알아차리려 노력하지요. 감각은 우리가 세상을 인식하는 방식을 구축합니다. 인간의 감각은 특별합니다. 스무 살이던 저는 인간생물학 강의 시간에 감각 뉴런과 운동 뉴런의 복잡한 구조에 매료되어 눈물을 흘리기도 했답니다. 인체가 내부적으로 기능하고 외부 환경과 상호 작용하는 능력은 정말 놀라울 따름입니다.

예를 들어, 우리 눈은 매초 1MB가 넘는 데이터를 처리하는데, 이것은 분당 500페이지 분량의 정보나 백과사전 전체를 읽는 것과 같습니다. 우리는 100미터 떨어진 곳에서 지르는 소리를 들을 수 있고, 10미터 떨어진 곳에서 속삭이는 소리를 구별할 수 있습니다. 이 글을 쓰고 있는 동안에도 세탁기 돌아가는 소리, 밖에 내리는 빗소리, 새소리와 귀뚜라미 소리, 키보드 두드리는 소리, 제 발치에서 졸고 있는 강아지 메이시Macy의 사랑스런 코골이 소리가 들립니다.

익숙한 냄새 한 번만 맡아도 1,000분의 1초 안에 어린 시절의 기억을 떠올릴 수 있으며, 우리 피부에는 온도, 압력, 질감, 통증에 대한 중요한 정보를 주는 400만 개 이상의 수용체가 있습니다. 인간은 이용 가능한 모든 정보를 한 번에 처리할 수 없기 때문에, 우리 두뇌는 감각이 제공하는 방대한 양의 정보를 필터링하고 해석하고 이에 반응하는 효율적인 방법을 개발했습니다. 우리는 자신에게 중요한 것, 믿는 것과 두려워하는 것, 집중하는 것을 두뇌에 제공함으로써(의식적이든 무의식적이든) 스스로 필터를 만듭니다. 결과적으로 두뇌는 자신에게 친숙한 것이나 가치로운 것, 즐겁거나 보람 있는 것, 위험하거나 해를 끼칠 만한 것, 특이하고 흥미롭거나 참신한 정보에 우선순위를 둡니다. 이런 선택적 필터링 시스템은 감각을 통해 초당 수천 비트bit나 유입되는 정보 중에서 우리가 한 번에 처리할 수 있는 정보가 3~4비트 정도에 불과하다는 것을 의미합니다.[1]

우리 두뇌는 정보 과부하에 취약하여 뻔한 정보도 간과하기 쉽습니다. 우리가 세상을 경험하는 방식은 우리의 지각과 주의를 통해서입니다. 지각은 주변 환경을 인식하게 하고, 주의는 관련성 있고 적절한 정보에 집중하게 합니다. 즉각 집중할 필요가 없는 정보는 우리 주의력의 주변부에 남거나 뇌의 무의식적이고 습관적인 부분으로 밀려나게 됩니다. 효율적으로 하루 일과를 보내려고 우리는 습관에 의존합니다. 열쇠를 쥐고, 차를 차도로 빼고, 운전하여 출근하는 행동이 반복되면 두뇌는 각각의 행동을 자동 습관으로 전환시킵니다. 이 일련의 과정이 자리잡으면, 행동이 더 유연해지고 실수할 가능성이 줄어듭니다.

현대 심리학의 아버지 윌리엄 제임스William James가 제안한 것처럼 우리는 자동성의 원리를 유리하게 활용할 수 있습니다. 무의식이 일상적 작업을 더 많이 처리하게 함으로써, 의식은 더 중요한 문제에 집중할 여유를 갖게 됩니다. 습관이 거의 없는 사람은 자신이 하는 모든 일에 의식적 사고와 노력을 투입해야 하므로 우유부단함에 시달릴 수 있습니다.

습관은 우리 신경망이 반복되는 맥락을 '기억'하여 익숙한 상황에 직면했을 때 자동 반응을 촉발하는 수단으로 작용합니다. 이런 의미에서 습관은 인간 세상에 내재된 혼돈과 무상함에 대한 자연의 해결책이라고 볼 수 있겠지요.

이점 1. 습관은 인지적 에너지를 보존한다

아시다시피, 습관이 굳어지면 의식적 행동이 잠재의식적 행동으로 전환됩니다. 우리 두뇌는 매일 35,000개 이상의 결정을 내리기 때문에 이런 전환을 하는 것이죠.[2] 모든 결정 하나하나에 의식적으로 고민해야 한다면, 우리는 금방 방전되어 제대로 기능하지 못함은 물론이고 일상생활을 영위하는 것도 거의 불가능해질 것입니다.

서 있다가 의자에 앉는 간단한 행위를 해 보세요. 여러분은 아마 별다른 생각 없이 이 행위를 했을 테고, 이는 지극히 정상적입니다. 너무 많이 앉아 보았기 때문에 두뇌는 앉는 작업을 잠재의식의 영역으로 옮겨 두었습니다. 하지만 모르는 사이에 여러분의 두뇌는 엉덩이를 그 자리에 앉히기 위해 수많은 결정을 내리고 있습니다. 여러분이 하는 일은 '나는 앉을 거야.'라고 생각하는 것뿐이나, 두뇌는 발을 어디에 놓을지, 의자를 어떻게 잡을지, 잡는다면 어느 손을 써야 할지, 어떤 속도로 앉을지 등 일련의 결정을 내리기 시작합니다. 회사에선 우아하게 앉다가, 혼자 있을 땐 꽈당하고 바닥에 엉덩방아를 찧을 수도 있겠죠.

두뇌는 의자에 앉은 몸이 편안하도록 조정하는 방법, 상황에 맞게 자세를 변경하는 방법, 다른 사람의 시야를 가리지 않는지 확인하는 방법, 다른 사람과 너무 가까이 앉아 있는지 또는 너무 멀리 앉아 있는지 평가하는 방법을 생각합니다. 이런 모든 결정에는 더 작은 단위의 결정사항이 있습니다. 예를 들어 발을 어디에 놓을지 정하려면, 앉기 전에 각 발이 가리키는 방향, 앉을 때 몸의 각도, 발가락에 가해질 압력의 정도 등 매우 많은 것을 결정해 두어야 합니다.

자리에 앉는 행위를 하는 데 필요한 모든 결정을 의도적으로 생각해야 한다면, 엉덩이가 의자에 닿기도 전에 결정 피로를 겪을 것입니다. 습관 형성은 이 같은 미세하고 복잡한 과정을 자동화하여, 우리 뇌가 지루한 세부 사항을 의식적으로 생각할 부담을 덜어줌으로써 잘 연습된 행동의 실행을 간소화합니다.

습관은 인지적 지름길로, 규칙적인 일상 작업을 원활히 수행토록 하는 한편 추론과 실행 기능을 절약하여 더 복잡한 사고와 행동을 위해 사용하게 해줍니다. 습관 형성은 에너지를 보존하는 자연스러운 과정입니다. 그 덕택에 우리 두뇌는 습관적인 행동에 대해서는 의식적으로 생각할 필요 없이, 저녁 식사 계획이나 다음 휴가지 선택 등 다른 문제를 자유롭게 고민할 수 있답니다.

이점 2. 습관은 자연스러운 생활 리듬을 만든다

낯선 도시로 이사했다고 상상해 보세요. 직장과 집이 모두 새롭습니다. 모든 것을 새로 발견해야 합니다. 나다니는 데 가장 좋은 길, 식료품을 사기 좋은 현지 상점, 동네 가게 안 상품들의 위치, 인맥을 쌓을 이웃 사람을 찾아야 하죠. 익숙함에서 멀어진 삶을 살고 있기 때문에 하루를 보내는 것이 예전만큼 원활하지 않을 것입니다. 한때 쉬웠던 간단한 일들도 이제는 노력과 신중한 생각이 필요합니다. 때로 혼란스럽고 지치거나 심지어 좌절감을 느낄 수도 있습니다. 얼마간의 시간과 많은 시행착오 끝에 여러분은 결국 가장 좋은 출근 경로를 찾아내고, 취향에 맞는 카페를 발견하고, 슈퍼마켓 농산물 코너로 직진할 수 있으며, 동네 식당에서 친구들을 만나게 되겠죠. 효과가 있는 방법과 없는 방법을 파악해 가면서 새로운 습관을 형성하는 것은 기분이 좋습니다. 일상이 점차 '정상'으로 느껴지기 시작하고 삶은 예전처럼 흐르기 시작합니다.

습관은 깨어 있는 동안의 연속성 감각에 중요한 역할을 합니다. 여러분은 여러 사건의 자연스러운 흐름으로 습관을 경험할지 모르지만, 실제로는 어디에 앉을지, 어떻게 움직일지, 어디로 갈지, 무엇을 가져갈지, 어디를 볼지, 무엇을 말할지 등 수천 가지의 작은 결정을 끊임없이 내리고 있습니다.

차 한 잔을 만드는 것과 같이 단순한 작업도 하나의 뭉쳐진 동작입니다. 실제로는 주전자 전원을 켜고, 머그잔을 잡고, 잔 안에 티백을 넣고, 끓는 물을 붓는 등의 여러 작업을 수행합니다. 이런 행동을 더욱 세분화할 수도 있습니다. 예를 들어, 오른손이 찬장을 열 때 왼손으로 주전자 전원을 켜고, 왼손이 찬장을 닫을 때 오른손이 머그잔을 잡는 식으로 말이죠.

각각의 습관은 서로 얽히고설키며 하나의 유연한 동작으로 어우러지는 자연스러운 리듬을 만들어냅니다. 습관을 사건의 자연스러운 흐름으로 경험하면서 우리는 의식적인 결정을 덜 해도 되는 장점을 얻습니다.

이러한 자연스러운 흐름이라는 개념은 운동선수들 사이에서 널리 사용됩니다. 운동선수들은 경기 당일 예상되는 조건을 모방해 훈련에서 재현함으로써 자연스러운 흐름을 만들기 시작합니다. 그러면 두뇌는 주변에서 일어나는 다른 일이 아닌 경기나 행위에 집중하게 됩니다.

역도 선수들은 역기까지 걸어가 자세를 잡는 연습을 하며, 경기 당일 예상할 수 있는 온도와 소리를 흉내 내고, 심지어 같은 음식을 먹고 같은 음악을 듣습니다. 세레나 윌리엄스Serena Williams는 샌들을 신고 테니스 코트로 가서, 신발끈을 같은 방식으로 묶고, 경기 도중에는 특정 순간에 특정 횟수(첫 번째 서브 전 5회, 두 번째 서브 전 2회)로 공을 튕깁니다. 이 행위는 모두 의도적이며, 윌리엄스에게 가장 중요한 것, 즉 승리에 집중할 수 있도록 주의 산만 요소를 제거해 경기 수행을 최적화하려는 목적입니다.

오직 우리가 새롭거나 중요한 상황에 직면했을 때만 신중한 선택이 필요합니다. 그런 순간에 우리는 습관적 흐름에서 벗어나 중대한 결정을 내리게 되는데, 그러기 위해서는 집중하여 인지적 자원을 주어진 상황에 모아야 합니다. 반면 습관이 자리를 잡았다면 의식적 주의력이 필요 없습니다.

이점 3. 습관은 효율을 높인다

프랑스 심리학자이자 철학자인 레옹 뒤몽Léon Dumont은 습관을 신경계에 남겨진 각인으로 설명합니다. 마치 모래 언덕을 따라 흐르는 물이 모래에 자국을 남기는 것과 비슷하죠.[3] 이렇게 남은 자국은 이후에 물이 흐를 때 효율적인 통로가 됩니다. 습관 형성은 우리가 행동하고 생각하는 데 효율성을 불어넣습니다. 이 효율성은 우리가 습관 유발 요인을 만났을 때, 손쉬운 선택지인 습관 행동을 고르게 합니다. 반면 노력이 필요한 다른 행동은 취하지 않게 되지요.

예를 들어, 일어나자마자 휴대폰을 확인하는 습관을 고치고 싶다면(기상이 신호가 되고 휴대폰 확인이 습관적 반응입니다), 휴대폰 확인을 못 하게 하는 장벽을 세워야 합니다. 그렇지 않으면 휴대폰을 집어 들고 자동적으로 스크롤을 시작할 것입니다. 휴대폰을 다른 방에 두거나 비행기 모드로 설정해 두었다가 나중에 푸는 방법을 택할 수 있겠죠. 우리 습관은 효율적이기 때문에 보통 쉽게 적용되는 기본값입니다. 마찬가지로 매일 운동하는 건강한 습관을 길러 왔다면, 운동하기가 기본값이 되어 손쉽게 일어나 준비하고 움직일 수 있습니다.

몇 년 전, 저는 아침에 일어나자마자 운동하는 습관을 들였습니다. 그 당시 저는 가장 의욕 넘쳤고 방해 요소가 적었습니다. 회의에 얽매이거나 너무 피곤해서 운동을 소홀히 할 위험이 없었죠. 이제 저는 침대에서 일어나자마자 옷장으로 가 생각 없이 운동복 세트를 고를 수 있습니다. 눈을 감고도 말이지요. 여러분에게도 마찬가지로 다소 반사적인(즉, 반사적으로 발생하는) 수많은 습관이 있습니다. 여러 단계를 깊이 생각할 필요 없이 모닝 커피를 내릴 수도 있고, 인지적 노력을 거의 하지 않고 일상적인 아침 일과를 진행할 수도 있습니다.

요약

* 우리는 에너지를 아끼고 흐름을 개선하며 효율을 높이려고 습관을 형성합니다. 습관이 없다면, 더 강한 집중력과 인지적 자원이 필요할 것입니다.
* 습관은 **인지적 지름길** 역할을 하여, 우리가 추론 능력과 실행 기능을 여타 사고 활동 및 행동에 쓰면서도, 효율적으로 일상생활을 해내도록 합니다.

세션 3

습관 vs. 의도

내 안의 수많은 '나'들이
매일 싸웁니다.

의도와 습관은 우리 행동을 지배하는 두 힘입니다. 동시에 독립적으로 작동하는 이중 중앙 처리 장치가 있는 컴퓨터처럼, 우리도 2개의 두뇌 시스템(이중 처리 시스템)이 있다고 생각하면 됩니다. 처음으로 어떤 일을 할 때는 의도와 관심, 계획이 필요합니다. 비록 그 일을 수행하기 직전에 계획을 세웠더라도 말이죠. 일관된 맥락에서 그 행동이 반복되면 행동 통제력이 의도에서 자동 반응(습관)을 활성화하는 신호로 이동하며, 그에 따라 효율성은 높아지고 생각은 적어지게 됩니다.

의도intention는 우리가 가진 신념과 태도, 가치, 사회적 맥락, 근본적인 감정에 의해 좌우됩니다. 이는 곧 생각과 성찰을 요구하는 **반성적 뇌**reflective brain입니다. 반면에 습관은 과거의 행동 및 학습된 신호-반응 간 연관성에 의해 주도됩니다. 인간의 **충동적 뇌**impulsive brain입니다.

반성적(의도) 뇌는 눈과 이마 바로 뒤에 있는 전전두엽 피질prefrontal cortex에 있습니다. 반성 시스템은 신중하고 논리적인 결정을 내리는 역할을 담당하며, 추론과 문제해결, 이해, 충동 조절, 인내에 핵심적 역할을 합니다. 전전두엽 피질은 목표 중심적 선택을 통해 우리의 행동에 영향을 미칩니다.[1] 예를 들어, 배가 부르면 식사를 중단하고, 충분한 수면을 위해 제 시간에 잠자리에 들거나, 신체적·정신적 건강 유지를 위해 몸을 움직이라고 지시합니다. 우리는 새로운 기술을 배우거나 지식을 습득할 때, 반성적 뇌 시스템에 크게 의존해 기억 속 새로운 시냅스 연결(뉴런 사이의 연결)을 형성합니다. 이 시스템은 에너지와 노력이 필요합니다.

충동적(습관) 뇌는 뇌의 중앙에 위치한 기저핵basal ganglia으로 구성됩니다. 이 시스템은 감정과 기억, 패턴 인식의 발달에 중요한 역할을 합니다. 충동 시스템은 신호-반응 연관성에 의존해 매우 자동적으로 작동하므로, 성급하고 즉흥적이며 쾌락을 추구하는 행동을 주도합니다. 예를 들어, 기저핵은 쿠키가 맛있다며 한 상자를 통째로 먹게 하거나, 집에서 건강한 식사가 기다리고 있는데도 직장에서 힘든 하루를 마치고 집으로 가는 길에 포장을 하게 하고, 갑자기 고가의 물건(가령 최신 텔레비전)을 구매하게 합니다. 이런 충동 시스템은 반사적으로 작동하므로 에너지나 인지적 노력이 필요하지 않습니다.

행동의 힘

의도의 영향력이 강하면 습관의 영향력은 약해지고, 그 반대의 경우도 마찬가지입니다. 따라서 우리가 강한 의도를 가지고 있을 때 습관의 강도는 약해지고, 습관보다는 의도에 부합하는 행동을 하게 됩니다. 반대로 특정 행동을 수행하려는 의도가 약할 때는 습관의 강도가 강해져 의도보다는 습관에 따라 행동할 가능성이 더 높습니다. 이런 현상을 '**의도-행동 격차**intention behavior gap'라고 하는데, 어떤 일을 하려고 했으나 결국 다른 일을 하게 될 때 발생합니다. 때로는 좌절감을 느끼기도 하지요. 의도가 강할수록 습관의 지배력은 약해지고, 의도가 약할수록 습관의 힘은 더욱 강해집니다.

그렇기 때문에 삶의 변화를 꾀할 때 목표 세우기가 강력한 전략이 되기도 합니다. 목표는 기본적으로 우리에게 의도를 따져보고 그 목표를 왜 이루려는지 이유를 살펴보게 하며, 이 과정은 다시 의도를 더욱 강화시킵니다. 예를 들어, 새해 결심은 단순히 그 해 동안의 우리 의지를 나열하는 행위일 뿐입니다. 명확한 의지 없이는 기존 습관이 계속해서 우리의 행동을 좌우할 것이며 우리 삶은 그대로 유지될 것입니다. 일상은 매일 반복되므로, 혁신이나 개발, 개선, 색다른 일을 함으로써 얻는 독특한 신선함, 목표 달성에서 느끼는 성취감 등을 만날 여지가 없지요. 두뇌 에너지를 보존하고, 자연스러운 흐름을 만들며, 효율성을 촉진하기 위해 건강한 습관을 기르는 것이 중요한 것처럼, 자신과 삶을 지속적으로 개선하려면 의도를 갖는 것이 중요합니다.

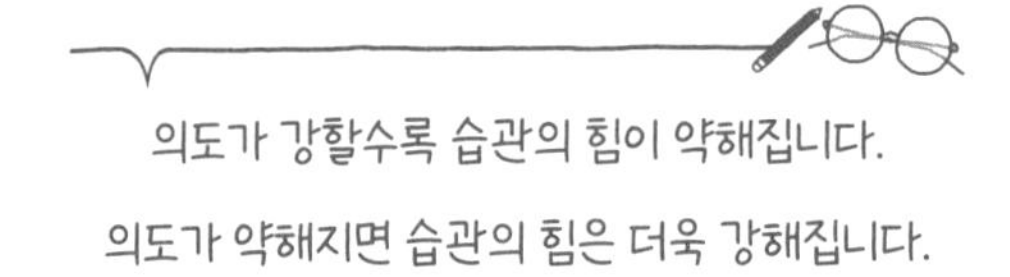

건강한 습관을 두뇌의 자동 영역에, 우리의 의도는 반성 영역에 배치하여 각 영역의 행위를 마음대로 선택할 수 있다면 얼마나 좋을까요? 건강한 식습관과 운동, 명상, 훌륭한 수면 루틴 및 생산성을 자동 영역에 두게 되겠지요. 전략적 사고와 독특한 경험, 재미, 놀이와 같은 활동은 의도 및 반성 영역에 남겨 둘 것입니다. 이런 이상적 상황에서, 우리는 마주하는 모든 의사 결정 지점마다 습관을 위한 왼쪽 버튼과 의도를 위한 오른쪽 버튼 중 적합한 두뇌 버튼을 눌러 선택한 경로로 행동을 유도할 수 있을 것입니다. 그러나 현실은 훨씬 더 복잡합니다. 행동이 습관에 따르지, 의도에 따르지 여부에 영향을 미치는 요인이 많고, 이런 결정은 의식적으로 통제할 수 있는 것이 아니기 때문입니다.

반성적 뇌Reflective Brain

과거의 행동은 자주 해서 습관화되었을 때 미래의 행동에 큰 영향을 미치는 반면, 보다 신중한 과정을 겪는 의도적 행동은 드물게 수행되는 행동을 예측하는 데 중요한 역할을 합니다. 예를 들어, 새로운 도시, 새로운 직업, 새로운 레스토랑과 같은 낯선 상황에 처하게 되면 의도의 영향력이 커져 의식적이고 신중한 결정을 내릴 가능성이 더 커집니다. 반성적 뇌 시스템은 용량이 제한적이어서 주의가 산만하거나 각성 수준이 높을 때 잘 기능하지 못합니다. 중요한 문서를 읽고 있는데 뒤에서 아이들이 시끄럽게 한다고 생각해 보세요. 집중하기가 어려워지죠.

이 책을 집필하는 저는 복잡한 신경과학 문헌을 읽은 후 그 내용을 실용적이고 소화 가능한 언어로 설명하고 있습니다. 이 과정은 반성석 뇌 시스템에서 일어나고 있는데, 외부 소음에 더욱 민감해지더군요. 집중력을 유지하려면 이메일과 전화 알림을 끄고 혼자 조용히 방에 앉아 있어야 합니다. 심지어 방음 헤드폰을 착용하고 빗소리 오디오를 듣고 있습니다. 빗소리가 백색소음 역할을 해 다른 외부 방해 요소를 없애기 때문입니다. 이런 조치를 취하지 않으면 아주 사소한 소음에도 집중력이 흐트러져 흐름을 잃게 됩니다. 마찬가지로 저는 좁은 공간에 주차할 때엔 차 안 음악 볼륨을 낮춥니다. 주차에 집중하고 방해 요소를 없애려는 반성적 두뇌의 일입니다.

충동적 뇌 Impulsive Brain

반면에 시간적 압박을 받거나 익숙한 환경에 있을 때 과거의 행동을 반복한다면, 습관의 경향이 강화되어 자동적이고 충동적이며 무의식적 행동으로 이어지게 될 것입니다. 충동적 뇌 시스템은 이미 형성된 습관에 의존하며 이상적이지 않은 조건에서도 작동합니다. 음주(알콜), 스트레스, 피로함, 정서적 또는 육체적 피로, 배고픔, 시간적 압박, 수면 부족, 부정적인 감정(우울, 불안) 등은 반성적 뇌의 기능을 감소시키고 충동적 뇌 활동을 증가시킵니다.

제 친구 제이미는 최근 새 강아지를 얻었습니다. 강아지나 아기를 키운 적이 있다면 처음 몇 주(아기의 경우 몇 달)가 감정적으로나 육체적으로 부담스러울 수 있다는 것을 알고 계실 것입니다. 잠도 못 자고, 새로 들어온 어린 생명을 돌보느라 일상이 중단되기도 하지요. 제이미의 강아지는 사랑스럽기 그지없지만, 방광이 너무 작아 밤마다 문밖으로 여러 번 내보내야 했습니다. 몇 주 동안 제이미는 너무 지친 상태였고, 불면증으로 인해 그의 몸은 에너지가 풍부한 고탄수화물 음식을 갈망하게 되었습니다(제이미의 선택은 페이스트리였어요). 제이미는 결국 자칭 '아빠 몸매'가 되었지요.

어느 날, 제이미는 자동차 정비소에서 차량 점검을 기다리고 있었습니다. 벽에는 자동차 스피커로 휴대폰 음악을 재생할 수 있는 최신 핸즈프리 블루투스 하드웨어가 전시되어 있었습니다. 제이미는 두 번 고민 없이 단지 휴대폰을 연결하지 않고 음악을 듣기 위해 엄청 비싼 핸즈프리 시스템을 구입하고 말았죠. 여기서 아이러니한 지점은 제이미가 동네에서 가장 저렴한 정비소를 찾는 데 몇 시간을 소비했는데도 핸즈프리 키트에 서비스 가격의 세 배를 썼다는 것입니다(그는 이 물건이 필요 없다고 인정했어요). 이러한 충동 구매는 피로가 쌓인 상태에서 충동적 뇌 시스템이 주도한 결과입니다.

여러분도 아마 여러 가지로 공감하실 거예요. 서두를 때에는 침착함을 유지하기가 더 어렵고, 지치거나 스트레스를 받을 때에는 건강한 선택을 하기가 더욱 힘듭니다. 충동적 뇌가 통제권을 장악하면 익숙한 습관으로 돌아가거나 즉각적 만족을 추구하는 쪽으로 행동하게 됩니다.

충동성은 반복되는 문제에 대한 해결책을 신속하게 찾아야 할 때나 업무가 너무 많아서 중요한 결정을 위해 인지 에너지를 보존해야 할 때 유용할 수 있습니다. 하지만 충동성은 바람직하지 않거나 심지어 해로울 수도 있습니다. 가령 임상진료지침에 따르면 인후염 치료 시, 의사는 환자에게 인후통이 일주일 정도 지속될 수 있음을 안내하고 약물 치료보다는 자가 관리를 통해 증상을 다스릴 것을 권하도록 되어 있습니다. 그러나 의사들은 습관적으로 항생제를 처방하곤 합니다. 시간적 압박이나 피로와 같은 어려운 조건에서 일하는 의사의 경우에는 더욱 그렇습니다. 항생제가 감기에 전혀 효과가 없음에도 불구하고 말이죠.

의료 전문가를 대상으로 한 연구에서는, 많은 요인이 의료진의 판단과 그 판단이 충동적 뇌와 반성적 뇌 시스템 중 어느 쪽에서 작동하는지에 영향을 미친다고 합니다.[2] 그런 요인의 예로는 긴 근무 시간, 직원 부족, 어려운 문제가 있는 환자, 의료 응급 상황 등이 있습니다. 이 상황에서 수행되는 검사 결과의 해석, 진단, 처방, 조언으로 구성된 매우 복잡한 작업은 인지적 자원에 크게 의존하며, 결국 충동적인 뇌 시스템의 활성화를 촉진하게 됩니다. 다른 요인을 더 꼽자면 시간 압박, 배고픔 그리고 경험을 들 수 있는데, 특히 경험이 증가하며 이루어지는 임상 행위의 행동 반복(습관 형성을 촉진함)은 반성 시스템의 기능을 저하시키고 충동 시스템의 사용을 증가시킵니다.

한 흥미로운 연구에 따르면 수감자들은 이른 아침에, 혹은 판사가 점심 시간을 보낸 후에 가석방이 허용될 가능성이 더 높은 것으로 나타났습니다. 사실 이런 변수는 법적 결정과 관련이 없어야 하는데도 그렇습니다.[3] 연구진은 경험이 풍부한 판사 8명이 내린 1,112건의 사법 판결을 살펴보았습니다. 각 판사는 하루에 14~35건의 사건을 연속으로 심의했고, 매 사건에 대한 심의는 약 6분간 진행했습니다. 연구진은 판사들이 아침 식사를 하고 하루 업무를 시작할 때나 점심시간을 갖고 복귀했을 때 수감자에게 유리한 판결이 나올 확률이 가장 높은 것을 발견했습니다. 하루가 시작될 때 판사들은 사건의 약 65%에 대해 유리한 판결을 내렸지만, 점심식사 전 각 심리 세션이 진행될 때마다 이 수치는 점차 0에 가깝게 떨어졌습니다. 판사들이 점심시간을 보낸 후에는 그 비율이 약 65%로 다시 뛰어올랐습니다. 판사들은 판결을 거듭하면서, 특정 수감자의 범죄 경중, 수감 기간, 성별, 인종과 상관없이 현상 유지(가석방 기각) 쪽에 기울어진 판결을 내리는 경향을 보였습니다. 다시 말해 만일 여러분이 (불행하게도) 판사 앞에 서게 된다면, 여러분 사건의 순서가 처음 3건 중 하나일 때 마지막 3건일 때에 비해 석방될 확률이 2~6배 더 높다는 이야기입니다.

판사들이 식사 후에 더 관대한 이유는 음식이 정신적 자원을 보충하는 데 도움이 되기 때문입니다. 우리는 이 세션의 후반부에서 스스로의 정신적 자원을 보충하는 방법에 대해 더 깊이 파고들 것입니다.

반성-충동 모델RIM

'**반성-충동 모델**RIM, reflective-impulsive model'이란 반성적 뇌와 충동적 뇌라는 두 시스템이 동시에 작동하는 방식을 제안하는 사회 행동 이론입니다. 이 이론에 따르면, 충동 시스템은 늘 활성화되어 있는 반면, 반성 시스템은 기본적으로 비활성화된 상태이지만 필요에 따라 활성화될 수 있다고 합니다. 즉 충동적/습관적 상태가 인간의 보통 상태이며, 필요할 때만 신중하고 의도적인 사고를 한다는 뜻이지요. 이 이론을 생각하면, 저는 피아노 연주자의 모습이 떠오릅니다. 연주자는 곡의 어떤 순간에는 양손으로 연주하다가 또 다른 순간에는 한 손만으로 연주하곤 하지요. 마찬가지로 인간은 반성적 뇌와 충동적 뇌 시스템을 동시에 사용하기도 하지만, 둘 중 하나만 사용하기도 합니다. 낯설고 복잡한 작업을 수행하거나 새 기술을 배울 때에는 반성 시스템을, 익숙한 행동을 할 때는 충동 시스템을 사용합니다. 두 두뇌 시스템의 상호 작용은 상승효과(시스템이 동시에 작동하는 경우)를 낼 수도 있고, 서로 상반되는 길항효과(시스템이 반대되는 경우)를 일으킬 수도 있습니다.[4]

상승작용의 예는 숙련된 혈액원 간호사가 환자에게서 혈액을 채취하는 장면에서 볼 수 있습니다. 환자에게서 수천 번 혈액을 채취한 경험이 있는 간호사는 채혈에 대해 생각할 필요가 없기 때문에 반성 시스템을 사용하지 않고 환자의 팔에서 채혈할 수 있습니다. 익숙하고 자동적인 작업이지요. 하지만 정맥이 잘 보이지 않는 환자도 있을 수 있습니다. 이 경우엔 간호사가 반성 시스템을 작동해 충동 시스템을 지원하게 됩니다. 보이지 않는 정맥을 찾는 데 집중해야 하는 간호사는 자동적으로 혈액 채취를 할 수는 없지만, 그 외의 작업을 수행할 때에는 충동 시스템에 의존할 것입니다.

반면에 길항작용은 반성적 뇌와 충동적 뇌 시스템이 양립 불가능한 목표를 두고 충돌할 때 발생합니다. 예를 들어, 이른 아침 달리기를 하려고 알람을 설정해둔 사람을 생각해 보세요. 알람이 울리면 끄고 더 자고 싶은 유혹을 느끼겠지요. 한편 반성 시스템은 침대에서 일어나 계획한 대로 달리기를 하게끔 유도합니다. 내적 갈등은 유혹과 투쟁의 감정으로 이어질 수 있습니다. 달리고도 싶지만 늦잠을 자고도 싶죠. 이런 반성적 뇌-충동적 뇌의 다툼을 극복하는 방법은, 알람을 반복해서 끄려는 생각을 멈추고 침대에서 나와 앉아 반성적 사고에 집중하는 것입니다. 달리기로 얻을 좋은 점을 생각해 보거나 달리기 후 좋아질 기분을 떠올려 봅니다. 우리 모두가 배울 수 있는 정신적 연습 방법입니다.

RIM은 인간의 반성 시스템이 마치 사람이 지나가야 켜지는 센서 조명과 같다고 설명합니다. 의식적이고 의도적인 사고가 필요할 때만 반성적 뇌 시스템을 사용하게 되지요. 따라서 습관적 행동이 반응의 기본값이 되어, 인간은 주로 습관에 따른 반응을 하게 됩니다. 우리가 습관을 무시하고 곰곰이 생각하며 자제력을 발휘해야 하는 상황이 발생하지 않는다면 말이지요.[5]

그렇다면 우리의 행동은 반성적 뇌와 충동적 뇌 중 어느 한쪽에 따라서만 결정되는 걸까요? 자, 두 시스템과 행동에 관련해 개인적으로 겪은 이야기를 들려드리겠습니다. 30대 초반에 저는 4년 정도 파워리프팅을 했는데, 그 4년은 결국 제 몸이 파워리프팅에 적합하지 않다는 사실을 깨닫는 데 소비한 것이었습니다. 파워리프팅, 스트롱맨(근력 육상 경기), 레슬링 같은 스트렝스 스포츠strength sports는 팔다리가 짧고 몸집이 크며 근육을 쉽게 강화할 수 있는 신체에 가장 적합합니다. 하지만 저는 팔다리가 길고 뼈대가 얇은 데다 키도 꽤 큰 편이죠. ('기다란 지렛대 지나long-lever gina'란 별명이 붙을 정도로요.)

파워리프팅은 스쿼트와 벤치 프레스, 데드리프트 3종목을 각각 3차례 시도하여, 최대 중량을 달성하는 스포츠입니다. 무거운 역기를 올바른 기술을 사용하여 들어올리는 것이 핵심이죠. 파워리프팅 선수가 되진 않겠지만, 훈련은 좋았습니다. 무거운 역기를 들어올리면서 얻은 회복력이 제 삶의 다른 측면으로 퍼져나가 정신력이 전반적으로 좋아졌거든요.

파워리프팅을 시작했을 때, 저는 덤벨과 바벨을 구분할 수 없을 정도였습니다. 훈련이 끝날 무렵에는 소규모 지역 대회에 출전해 데드리프트에서 체중의 두 배 이상을 들었죠. 대회 당일 봤더니, 제 체급 참가자가 저 혼자더군요. 나 자신과 경쟁하는 셈이었습니다. 다른 참가자들은 저보다 20~50kg쯤 더 무거운 체급이었어요. 말하자면 제 신체는 이 스포츠에 적합하지 않은 거지요.

데드리프트는 체육관에서 가장 복잡한 리프트 방법으로, 주요 근육군 발달을 목표로 하는 포괄적인 복합 운동입니다. 올바른 자세로 데드리프트를 수행하려면, 발 위치와 바벨 그립, 무릎 굽힘, 가슴과 등의 각도, 턱 위치, 등 지지대, 복근 및 둔근 등을 생각해야 합니다. 전 과정에서 호흡 기술에도 세심한 주의를 기울여야 함은 말할 필요도 없죠. 이 모든 행위를 하고도 아직 데드리프트 바를 바닥에서 들어올리는 행위가 남았습니다. 데드리프트 자세를 완벽하게 갖추는 데 약 2년이 걸렸습니다. 처음 시작했을 때에는, 발의 위치나 바 그립, 호흡 등 두세 가지에만 집중할 수 있었고 나머지 부분은 흐트러졌었지요. 바를 바닥에서 들어올리기 직전, 코치는 제가 신경 써야 할 모든 요소를 안내했습니다. "무릎 구부리고, 엉덩이 내리고, 광배근 힘주고, 숨 참고, 그립 꽉 쥐고, 턱 내리고, 가슴 들어올리고, 심호흡하고, 들어올리세요." 란 식으로 말이죠. 시간이 흐르면서, 셀 수 없이 많은 연습으로 결국 저는 코치의 신호 없이도 정확한 자세로 데드리프트를 할 수 있게 되었습니다.

한때 매우 높은 인지적 집중을 요했던 기술이 점차 습관이 되고, 자연스러운 데드리프트 자세가 몸에 배게 되었습니다. 이렇게 효율성이 높아지니, 인지적 주의가 거의 없어도 데드리프트 동작을 잘 수행하게 되었습니다. 그런

데 여기에는 반전이 있습니다. 데드리프트는 몇 번이나 반복하더라도 완전히 자동화될 수는 없습니다. 습관적 측면이 생기더라도, 단순한 행동에 비해 의식적인 사고가 항상 어느 정도 필요한 복잡한 동작이기 때문입니다. 반면에 걷기는 단순한 행동이기 때문에 대부분 자동으로 이루어질 수 있습니다.

제 데드리프트 경험을 설명한 이유는, 의도적이든 습관적이든 간에 인간의 행동이란 것이 항상 깔끔하게 구분되는 것이 아니라는 점을 강조하기 위함입니다. 때로는 두 요소가 혼합되기도 하며, 일부 행동은 다른 행동에 비해 두뇌의 두 시스템 중 한쪽에 더 치우치기도 한답니다.

요약

* 인간 행동을 지배하는 힘에는, **의도**(반성적)와 **습관**(충동적)이 있습니다.
* 반성적 뇌 시스템은 느리고, 노력이 필요하며, 의도적이고, 의식적이며, 분석적이고, 사색적이며, 논리적이고, 결정적이며, 추론적이고, 자기 통제적이고, 이성적입니다. 우리의 의도적 행동을 담당합니다.
* 충동적 뇌 시스템은 빠르고, 노력이 필요 없으며, 습관적이고, 충동적이며, 무의식적이고, 직관적이며, 반응적이고, 즉흥적이며, 반사적입니다. 우리의 자동 습관을 담당합니다.
* 의도가 강할수록 습관의 강도는 약해지고, 의도가 약할수록 습관의 강도는 강해집니다.

세션 4

습관 유발 요인

✦

이제 습관 시작 스위치를 누르세요!

저는 단 것을 아주 좋아합니다. 친구들은 제가 숟가락을 놓는 순간부터 8초를 세곤 하는데, 곧 디저트를 찾을 저를 놀리는 거지요. 그래도 자제하려고 노력합니다. 바닷가나 여행지에서 젤라또를 먹는 걸 제외하면, 제가 평소 디저트를 마음껏 즐기는 유일한 곳은 주유소였습니다. 주유하러 들를 때마다 카운터에 있는 초콜릿 바를 생각 없이 집어들곤 했답니다. 그리고 주유소를 나서 다음 장소로 운전해 가면서 먹는 거죠. 이 모든 과정은 아주 무의식적으로 일어났습니다. 그때가 몇 시쯤인지, 초콜릿을 먹고 싶은지 여부는 중요하지 않았습니다. 주유소에 간다는 것은 초콜릿 바를 사 먹는다는 뜻이었죠.

그러던 어느 날, 세차를 하다가 저에게 초콜릿 바 문제가 있음을 깨달았습니다. 운전석 문 사이드 포켓에 초콜릿 포장지가 가득했는데, 범인은 바로 저였죠. 초콜릿을 좋아하는 건 사실이지만, 초콜릿을 먹는 때를 제가 선택하고 싶지, 초콜릿이 저를 선택하게 하고 싶지 않았어요. 생각 없이, 무의식적으로, 반사적으로 먹던 방식은, 스스로를 통제할 수 없다는 저의 부족함을 드러냈습니다.

박사 학위 과정 초기에 저는 습관과 관련된 모든 것에 관심을 두고 있었습니다. 하루는 책상에 앉아 신호, 루틴, 보상의 습관 루프를 살펴보는데, 머릿속에 갑자기 종이 울렸어요. 제 초콜릿 습관은 오로지 주유소 방문이 발단이었죠. 그 순간, 습관 유발 요인의 힘과 영향력을 깨달았습니다. 그건 초콜릿 습관 고치기가 어려워서라기보다, 초콜릿 습관이 얼마나 무분별하고 자동적으로 생겨났는지 알아차렸기 때문이었죠. 저는 제 행동조차 인식하지 못한 채, 어느 순간 주유를 하고 있었고 다음 순간 초콜릿 바를 먹고 있었습니다. 이 습관은 제가 신중하게 선택한 것이 아니라, 그저 자동으로 촉발된 것입니다. 결국 습관이란 유발 요인과 행동 간 잘 정립된 연관성 위에서, 행동이 유발 요인에 의해 좌우되는 과정입니다.

습관 유발 요인Habit Trigger이란?

유발 요인trigger이란 습관이 일어나게 하는 외부 또는 내부 신호를 말합니다. 아침 알람 소리처럼 단순한 자극부터 특정 상황에서의 불안과 같은 복잡한 감정까지 다양합니다.

습관 유발 요인은 "습관을 수행하려는 자동 충동을 유발하는 사건event"으로 정의됩니다. 이것은 습관을 작동시키고, 유발하고, 야기하고, 일으키고, 초래하고, 만들고, 부추기고, 자극하고, 발화시키고, 이끌어내고, 도발하고, 촉발하고, 활기를 띠게 하거나 신호를 보내는 것으로 알려져 있습니다. 참고로, 우리는 '유발 요인trigger'과 '신호cue'라는 단어를 같은 의미로 사용하겠습니다.

앞서 살펴보았듯이 흡연자들, 특히 금연하려는 흡연자들은 환경적 신호가 흡연 재발을 유도하거나 사고 과정과 일상생활을 방해한다고 말합니다. 이런 사람들이 꼭 담배를 피우고 싶어서 불을 붙이는 게 아닙니다. 담배를 피우는 것은 그들이 모닝 커피, 점심 시간, 친목 모임, 음주 같은 특정 환경적 자극에 대한 반응으로써 흡연을 습관적으로 연관시켜 왔기 때문입니다.

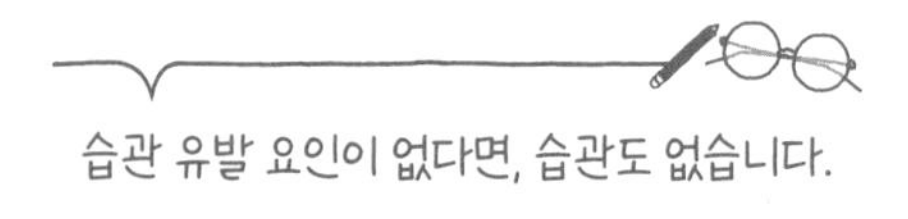

습관 유발 요인은 습관과 행동을 구별 짓는 중요한 요소입니다. 모든 습관은 유발 요인에서 시작되는 반면, 행동은 유발 요인 없이 의도적으로 실행됩니다. 유발 요인은 습관을 만들고 깨는 데 있어 가장 중요합니다. 유발 요인이 없으면 습관도 생기지 않기 때문이죠. 따라서 긍정적인 습관을 지속하려면 반드시 자신의 습관 유발 요인을 이해해야 합니다. 원치 않는 습관을 유발하는 요인을 식별하고 바꿈으로써 그 습관을 중단시키거나, 새롭고 바람직한 습관을 형성하도록 두뇌를 재구성할 수 있습니다. 이번 세션에서는 다양한 습관 유발 요인 유형과 작동 방식, 그리고 이런 지식을 유익하게 활용하는 방법에 대해 자세히 살펴봅니다.

주요 습관 유발 요인 5

연구에 따르면, 거의 모든 습관 유발 요인은 다음 5가지 범주 중 하나에 속합니다.

① 시간

② 장소

③ 이전 사건이나 행위

④ **감정 상태**

⑤ **사회적 상황**

이 5가지 요인은 외부 신호와 내부 신호를 모두 포함합니다. 시간, 장소, 이전 사건, 사회적 상황과 같은 외부 유발 요인은 관찰이 가능합니다. 반면에 감정이나 생각, 피곤함, 배고픔 등의 신체적 감각과 같은 유발 요인은 우리 내면에서 비롯됩니다.

1. 시간

인간의 생체주기 리듬circadian rhythm(인체 시계)과 사회적 규범 때문에 시간은 강력한 습관 유발 요인이 됩니다. 일어나기, 커피 마시기, 운동하기, 출근하기, 식사하기, 잠들기 같은 일상적 행동은 보통 비슷한 시간대에 일어나는 경우가 많습니다.

제가 사는 호주 퀸즐랜드Queensland에서는, 상점과 카페들이 일찍 시작해 일찍 마칩니다. 카페의 경우 오전 6시에 시작해 오후 2~3시면 끝나죠. 그러나 어떤 나라의 카페는 오전 10~11시에야 문을 여는 대신 자정까지 영업합니다. 이 사실은 세계 곳곳의 친목 방식을 다르게 만듭니다. 퀸즐랜드에서 친구들은 이른 아침에 모여 함께 식사하거나 커피를 마실 수 있지만, 유럽에서라면 점심을 먹으며 수다를 떨지도 모릅니다.

시간은 객관적이고 예측 가능하며 매일 발생하므로 유용한 습관 유발 요인으로 작용합니다. 시간 관련 습관으로는 매일 아침 같은 시간에 일어나기, 정해진 시간에 식사하기 등이 있습니다.

저는 아침형 인간이라, 일찍 일어나서 하루를 시작하는 것을 좋아합니다. 시간 유발 요인은 오전 5시 30분인데, 이때 일어나 가벼운 운동을 합니다. 비슷한 시간에 식사하는 버릇이 있어서, 아침 식사는 오전 8시쯤, 점심은 정오, 저녁은 오후 6시쯤 먹습니다. 간식은 그 사이사이 먹곤 하지요.

습관 유발에 시간을 이용하려면, 알람 설정, 캘린더 일정 추가 또는 앱 알림으로 시작하세요.

2. 장소

환경이 우리 행동에 큰 영향을 미치므로, 장소는 가장 강력한 습관 유발 요인이 될 수 있습니다. 집이나 사무실, 체육관, 자동차 등 우리가 자주 찾는 장소는 원하든 원치 않든 수많은 습관과 이미 연관되어 있습니다.

소파에 앉으면 아무 생각 없이 휴대폰으로 소셜 미디어를 스크롤하게 되겠죠. 영화관에 가면 팝콘을 사고, 차에 타거나 비행기에 탑승하면 안전벨트를 매게 됩니다. 환경은 우리 행동을 크게 좌우합니다.

장소를 새로운 습관을 기르는 유발 요인으로 활용하려면, 습관 행동이 자리잡기를 바라는 특정 영역에 눈에 잘 띄는 알림을 두세요. 예를 들어, 출근 후 심호흡 5번을 하고 싶다면 사무실 컴퓨터 모니터에 포스트잇을 붙여두고 심호흡을 상기시키는 것이죠. 아침에 약 먹기 습관을 들이려면 아침 차를 끓이는 주전자 옆에 약을 놓아둘 수 있습니다.

과일 섭취를 늘리는 것이 목표라면, 과일을 썰어 준비한 다음 냉장고 문을 열었을 때 가장 먼저 보이는 위치에 올려 놓으세요. 편하고 쉽게 접근할 수 있도록 하는 것이 핵심입니다.

장소를 이용해 습관을 고칠 때에도 이와 같은 전략을 활용할 수 있습니다. 단 방향을 반대로 적용해, 없애려는 행동에 대한 환경 장벽을 만드는 것입니다. 예를 들어, 특정 음식을 배가 고프지도 않은데 무심코 먹는 습관이 있다면, 그 음식을 세탁실이나 창고의 높은 선반처럼 불편한 곳에 놓아 두세요. 여전히 언제든 간식을 가지러 갈 수는 있지만, 손만 뻗으면 닿는 쉬운 곳은 아니지요. 다른 방으로 가 사다리를 잡고 올라가선 맨 위 선반에서 꺼내는 수고를 해야 합니다. 그 불편함 때문에 여러분에게는 생각해 볼 여유가 생기고 불필요한 간식을 줄일 수 있습니다. 이런 장벽을 넘기가 때로는 너무 귀찮아서 아예 간식을 먹으려는 시도 자체를 포기하게 될지 모릅니다.

이번에는 여러분이 집 소파에 앉으면 습관적으로 소셜 미디어를 스크롤하곤 한다고 가정해 보죠. 이럴 경우 소파 반대쪽에 앉거나, 방 반대편에 앉아 보세요. 소파 근처 커피 테이블에 일기장, 책, 취미 용품(스케치북이라든지)을 놓아 두어 휴대폰 대신 집어 들도록 유도할 수도 있습니다.

아니면 돈이 너무 많이 드는 배달 음식 주문 습관을 고치려 할 수도 있을 겁니다. 일단 배달 앱은 지우고, 대신 주방에 들어갈 때마다 보게 되는 냉장고 문에 쉽고 빠르게 만들어 먹을 수 있는 요리 레시피를 인쇄해 붙여 보세요.

환경은 행동을 결정합니다. 책상 위에 사탕 한 통이 놓여 있다면, 하루 종일 손을 뻗어 간식을 먹을 가능성이 높아집니다. 목표에 도움이 되는 환경을 조성하는 것은 바람직한 습관을 형성하는 데 매우 중요합니다.

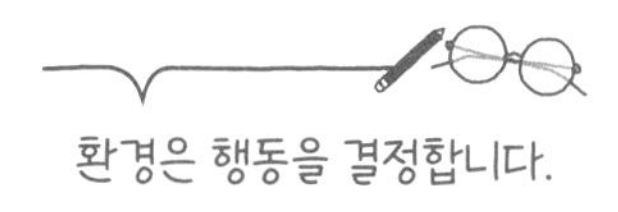

3. 이전 사건이나 행동

습관은 하나의 습관이 다른 습관을 유발하는 네트워크 내에서 서로 얽혀 있는 경우가 많습니다. 특정 습관이 시작되면 나머지 습관이 순차적으로 활성화되는 연쇄 반응도 시작됩니다. 예를 들어, 출근 후 컴퓨터를 켜는 행위는 이메일을 확인하게 되는 유발 요인이 됩니다.

기존 습관 중 상당수는 이전 사건이나 행동에 대한 자동 반응이므로, 이러한 습관이 모여 우리의 일상이 됩니다. 최초로 유발된 행위가 완료되면, 도미노 현상처럼 일상의 나머지 부분이 시작됩니다. 예를 들어, 잠에서 깨면 샤워하고, 옷을 입게 되고, 부엌으로 걸어가, 아침 식사를 하고, 이를 닦은 후, 출근하게 됩니다.

이전 행위를 새로운 습관의 유발 요인으로 활용하는 가장 좋은 방법은 새로운 습관을 이미 규칙적으로 하고 있는 여러 행위에 통합하는 것입니다. 예를 들어, 치실 사용을 시작하려면 양치질을 유발 요인으로 삼을 수 있습니다. 이를 닦는 의식이 신호가 되고, 치실 사용이 새로운 습관이 됩니다.

이전 사건을 유발 요인으로 작용하게 하려면 자연스러운 흐름을 만드는 것이 중요합니다. 새로운 습관과 자연스럽게 맞물리는 일상 행위에 새로운 습관을 연결하세요. 양치질에 치실 사용을 연결하는 편이 좋지, 치아 관리와 연관성이 적은 샤워하기에다 치실 사용을 연결하는 것은 그다지 의미가 없습니다.

4. 감정 상태

우리는 불편한 감정을 피하려고 최선을 다하지만, 때로는 이런 노력이 원치 않는 습관을 키우는 결과를 낳기도 합니다. 예를 들어, 지루하다고 느낄 때 간식을 먹지만 달래야 할 배고픔이 있진 않습니다. 외로울 때 소셜 미디어를 스크롤하지만 진정한 인간 관계를 형성하기보다 잘못된 공동체 의식만 갖게 되기도 합니다. 스트레스를 받을 때 술을 마실지도 모르지만 실제로 문제를 해결해 주지는 않습니다.

우리가 어떻게 느끼는지를 늘 의식적으로 인식하지는 않기 때문에, 감정은 미묘한 유발 요인으로 작용할 수 있습니다. 실제로는 전혀 아닌데도, 저는 지루함을 배고픔으로 쉽사리 착각합니다. 또 비디오 게임이 불안감을 완화해 줄 거라 믿지만 불행히도 그렇진 않습니다. 이런 임시방편은 일시적 안도감을 주지만 실제로 기분이 나아지는 데 도움이 되지는 않습니다. 대부분 기분을 더 나쁘게 하는 경우가 많지요.

감정 유발 요인을 효과적으로 활용하려면 먼저 자신의 감정을 이해하고 파악하여 원치 않는 습관을 유발하는 감정 요인을 바꾸거나 제거해야 합니다. 이 세션의 마지막 활동은 원하는 습관과 원치 않는 습관 모두의 유발 요인을 식별하는 데 도움이 될 것입니다.

감정적 유발 요인에 대한 반응으로 원치 않는 습관 대신 더 건강한 습관이 나오도록 바꿔 보세요. 오늘 당장 시작할 수 있습니다. 스트레스를 줄이고, 인간 관계를 증진하고, 기분을 개선하는 등 자신이 정말로 원하는 것을 스스로에게 건네보는 겁니다. 예를 들어, '심심할 때에는 새로운 팟캐스트를 듣겠다.'처럼 새로운 습관 유발 요인을 만드는 것이죠.

바람직하지 않은 감정을 해소할 긍정적인 조치의 예로는 다음과 같은 활동이 있습니다.

① 운동 - 엔돌핀 방출, 기분 향상

② 심호흡과 명상 - 스트레스 감소, 평온함 증가

③ 감사 표현 - 긍정적 감정 증가, 회복탄력성 향상, 더 강한 관계 형성 가능

④ 일기 쓰기 - 마음챙김, 자기 인식 향상

⑤ 음악 듣기 - 기분 전환

⑥ 사랑하는 사람들과 시간 보내기 - 유대감과 공동체 강화

5. 사회적 상황

정기적으로 교류하는 사람들과 여러분의 사회적 규범에 대한 인식은 습관에 큰 영향을 미칩니다. 직장 동료가 회의 테이블에 음식을 잔뜩 올려 놓는 습관이 있다면, 배가 고프지 않더라도 회의 중에 간식을 먹을 확률이 높아집니다. 배우자가 매일 아침 개를 산책시키러 나간다면, 여러분도 아침 산책 습관이 생길 확률이 높아지겠지요. 그러므로 여러분과 비슷한 인생 가치와 목표를 가진 사람들과 시간을 보내는 것은 습관 형성에 긍정적 영향을 미칩니다.

사회적 책임 또한 바람직한 습관 형성에 중요한 역할을 합니다.[1] 예를 들어, 친구와 함께 요가 수업에 등록하면 혼자서 하는 것보다 꾸준히 참여할 가능성이 훨씬 더 높아집니다.

여러분 주변의 사람들은 여러분의 환경이 됩니다. 음주량이나 늦은 밤 유흥을 줄이려면, 이런 행동을 조장하거나 여러분이 세운 목표와 맞지 않는 사람들과 보내는 시간을 줄이는 것이 좋습니다.

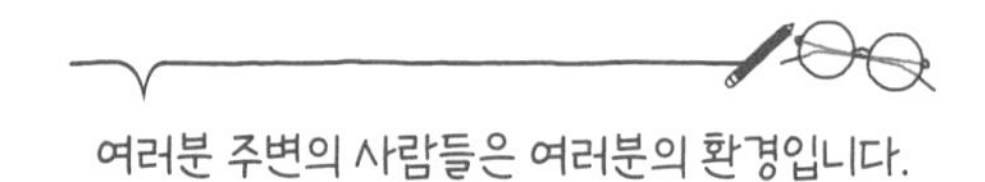

여러분 주변의 사람들은 여러분의 환경입니다.

일상적인 습관을 흔히 유발하는 요인

- 아침 알람 끄기
- 샤워하기
- 양치질하기
- 커피 머신 켜기
- 업무용 가방 내려놓기
- 책상에 앉기
- 컴퓨터 전원 켜기
- 회의실에 들어서기

- 차 한 잔 따르기
- 반려동물에게 먹이 주기
- 신발 신기
- 차에 타기
- 차 시동 걸기
- 직장에 도착하기
- 간식 먹으려는 충동 느끼기
- 컴퓨터 끄기
- 버스, 기차, 트램에 앉기
- 밤에 텔레비전 끄기
- 휴대폰 충전기 꽂기
- 잠자리에 들기

강력한 습관 유발 요인의 특징

연구에 따르면, 가장 강력한 습관 유발 요인은 다음 중 하나 이상의 특징을 보입니다.

① **구체적이다**

② **돋보인다**(명백하다)

③ **일관성 있다**

④ **자동적이다**

⑤ **불가피하다**

효과적인 유발 요인은 우리가 바라는 습관을 실행하도록 계속해서 강력하게 상기시켜 주므로, 새로운 습관을 만들 때 이러한 유발 요인의 특성을 인식하는 것이 중요합니다. 효과적인 유발 요인을 사용하면 습관을 시작하기가 쉬워질뿐더러, 이후에 개선하고 강화하는 것도 빨라질 수 있습니다.

1. 구체적이다

구체적인 유발 요인은 정확하여 잘못 해석될 여지가 없는 요인입니다. 예를 들어, '저녁 식사 후'보다 '저녁 식탁에서 수저를 놓은 후'라는 유발 요인이 더 명확합니다. '저녁 식사 후'는 식사를 마치고 잠자리에 들 때까지의 시간일 수 있고, '저녁 식사를 마친 후'라는 보다 구체적인 유발 요인을 사용하면 그 시간 범위가 식사 직후로 좁혀집니다. 더 구체적인 계획을 세워 실행 시간을 더 짧게 하는 데 도움이 됩니다.

② 돋보인다

돋보이는 유발 요인은 운동화를 현관문 옆에 두는 것과 같이 눈에 띄게 뚜렷하거나 명백한 요인입니다. 운동화를 볼 때마다 운동하겠다는 목표를 떠올리며 산책을 하고 싶은 충동을 느끼게 됩니다. 운동화의 시각적 신호는 규칙적으로 걷는 습관을 갖도록 상기시키는 역할을 합니다.

또 다른 예로는 매일 특정 시간에 보충제나 약을 복용하라는 휴대폰 알람을 설정하는 것입니다. 알람 소리와 알림은 특정 시간에 보충제나 약을 복용하도록 유도하는 두드러진 습관 유발 요인으로 작용합니다.

어느 연구에서 새집으로 최근 이사한 사람들을 관찰했습니다. 연구 참가자를 두 그룹으로 나누어, 한 그룹에는 무료 버스 티켓과 맞춤형 여행 일정 정보를 제공하고, 다른 그룹에는 티켓이나 여행 정보를 제공하지 않았습니다. 연구 결과를 보니, 정보를 제공받은 그룹이 다른 그룹보다 대중교통을 이용할 가능성이 훨씬 더 높은 것으로 나타났습니다. 손에 쥘 수 있는 눈에 띄는 중요한 정보를 얻는 것이 교통 습관을 바꾸는 데 영향력이 있음을 알 수 있습니다.[2]

③ 일관성 있다

일관성 있는 유발 요인이란 신뢰할 수 있는 빈도로 매일(또는 적어도 대부분의 요일) 발생해 언제나 같은 방식으로 일어날 것이라 기대되는 요인입니다. 예를 들어, 매일 발생할 수 있는 요인은 '아침에 옷을 입은 후'이고, 평일에만 발생할 수 있는 요인은 '출근 준비 후'입니다. 일관성 있는 유발 요인에는 우리가 정기적으로 하는 모든 일이 포함되며, 식사하기, 모닝 커피 마시기, 양치질하기 등이 해당됩니다.

4. 자동적이다

자동적 요인은 지속적인 노력 없이도 자체적으로 발생하는 요인입니다. 설정해 두고 잊어버리면 됩니다. '오전 7시에 알람이 울릴 때'처럼 말이지요. 수동적으로 계속 입력할 필요 없이 매일 알람이 울리도록 설정할 수 있습니다. 반복되는 캘린더 알림도 마찬가지입니다.

교대근무를 하는 한 친구는 월요일부터 금요일까지의 일정이 늘 같지 않아서, 재활용품과 쓰레기를 집 앞에 내놓는 것을 따로 기억해야 했습니다. 그래서 '쓰레기 내놓는 날'이라고 매주 반복되는 알람을 휴대폰에 설정해 두었지요.

5. 불가피하다

효과적인 유발 요인은 피할 수 없습니다. 그것은 깨어 있는 시간 동안 환경이나 일상생활 속에서 꼭 만나게 되는 요인이죠. '퇴근하기', '침대에서 일어나기', '배가 고플 때' 등이 그런 예입니다. 배고픈 느낌은 식사 시간이 되었을 때 신체가 보내는 자연스럽고 피할 수 없는 신호입니다. 이 경우, 배고픔을 느끼는 것은 음식을 찾는 불가피한 습관 유발 요인이 됩니다.

요약

* 모든 습관은 항상 유발 요인에 의해 시작되므로, 유발 요인은 새로운 습관을 형성하는 데 중요한 역할을 합니다.

* **시간, 장소, 이전 사건이나 행동, 감정 상태, 사회적 상황** 등 5가지 핵심 유발 요인이 있습니다.

* 효과적인 유발 요인은 구체적이고, 돋보이고, 일관성 있으며, 자동적이거나 불가피합니다.

여러분의 습관을 유발하는 것은 무엇인가요?

노트를 꺼내세요. 다음의 유발 요인에 각각 반응하여 나타나는 습관이 무엇인지 떠오르나요? (유발 요인이 여러 범주에서 발견되어 겹치는 습관이 있더라도 괜찮습니다.)

- 시간
- 장소
- 이전 사건이나 행동
- 감정 상태
- 사회적 상황

신호 모니터링

다음 표를 노트에 옮겨 적어 보세요. 오전 5시를 시작으로 오후 11시까지 기록합니다. 글 쓸 공간을 많이 확보하세요.

이 활동의 목표는 여러분의 일상에서 흔히 볼 수 있는 신호를 발견하는 것인데, 이것을 '**신호 모니터링**cue-monitoring'이라고 합니다.

표를 작성한 후, 해당 정보를 활용하여 신호-반응 연상을 통해 새로운 습관을 만들 수 있습니다(이는 곧 [세션 5]에서 자세히 설명하겠습니다). 지금 여러분의 과제는 평소의 주간 일과를 기록하는 것뿐입니다. 월요일 칸에 기록해 둔 것을 예시로 참고하세요. 다음 단계는 각 활동과 관련된 유발 요인을 적는 것입니다. 시간이나 장소, 직전에 끝낸 활동(이전 행위), 감정 상태 또는 함께 있는 사람이 될 수도 있습니다.

신호에는 기상 시간, 양치질, 아침 식사, 출근 시간, 책상에 앉아 있는 시간, 점심을 먹는 장소, 저녁 시간을 주로 누구와 보내는지 등이 포함됩니다.

필요한 세부 사항을 기억하기 어려울 수 있으므로, 일과가 끝날 때나 주말에 표를 작성하는 것보다 각 신호가 발생하는 즉시 표에 기록하는 것이 가장 좋습니다.

생활 패턴 분석하기

표를 작성한 후 신호 모니터링에서 어떤 패턴이 나타나는지 확인하세요. 패턴을 기록하여 여러분의 삶에서 자주 나타나는 신호와 일상생활의 루틴을 잘 알아차리도록 하세요.

시간	월	화	수	목	금	토	일
오전 5~7시	5:30 기상 6:00 개 산책						
오전 7~9시	7:00 식사 8:00 출근						
오전 9~11시	8:30 도착 9:00 커피						
오전 11시~ 오후 1시	12:00 점심						
오후 1~3시	2:00 회의 3:30 간식						
오후 3~5시	4:30 퇴근						
오후 5~7시	5:00 귀가 6:30 저녁						
오후 7~9시	7:00 점심 준비, TV 시청						
오후 9~11시	9:00 취침 준비						

세션 5

습관 형성 프레임워크

✦

신상 습관이 필요해요.

습관은 우리 삶을 구성하는 요소입니다. 우리가 주변 세상에 대해 생각하고, 행동하고, 반응하는 방식을 형성하는 역할을 하지요. 하루를 시작하는 아침 루틴부터 깨어 있는 시간 동안 내리는 무의식적인 결정까지, 습관은 우리 존재에 지대한 영향을 미칩니다. 우리가 하는 일의 대부분은 습관적으로 하는 행동입니다. 실제로, 깨어 있는 동안 하게 되는 행동 70% 정도가 습관적 행동이라는 연구가 있습니다.[1] 인간은 습관의 동물이며, 오토파일럿 모드로 설정되어 행동하는 경우가 대부분입니다. 연구에 따르면 습관은 행동의 변화를 통해 목표를 달성하려고 할 때, 장기적 성공을 거둘 수 있는 가장 신뢰할 만한 방법입니다. 따라서 여러분의 가치와 열망에 부합하는 건강한 습관을 기르면 삶을 원하는 방향으로 이끌 수 있습니다.

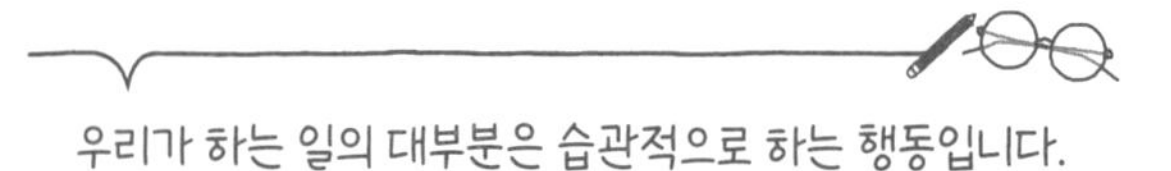

우리가 하는 일의 대부분은 습관적으로 하는 행동입니다.

마냥 희망적으로만 말하지는 않겠습니다. 습관은 놀라운 힘을 발휘하지만 바꾸기 어려운 것도 사실이거든요. 굳어진 습관을 고치든 새로운 습관을 만들든 간에, 습관을 재설계하는 과정은 힘들지 모르지만 그 보상은 엄청날 수 있습니다. 이번 세션에서는 유익한 새로운 습관을 기르는 기술을 살펴보고, 습관을 유지하기 위한 기본 원칙과 전략을 알아볼 것입니다.

건강한 습관을 길러야 하는 이유

건강한 습관을 기르면 건강을 유지하는 데 필요한 노력과 에너지를 줄임으로써 해방감을 얻을 수 있을 뿐만 아니라 다른 일에 노력을 쏟을 수 있는 시간과 정신적 여유를 가질 수 있습니다. 피곤해도 이를 닦는 것과 마찬가지로 이러한 습관은 자연스럽게 몸에 배어, 더 의미 있는 일에 더 많은 에너지를 쏟을 수 있게 합니다.

아직도 건강한 습관 기르기가 삶에 큰 이점이 된다는 것을 확신하지 못했다면, 다음을 읽어 보세요.

- 신체 건강 향상 및 잠재적 수명 연장: 규칙적인 운동, 균형 잡힌 식습관, 적절한 수면 등 건강한 습관은 신체 건강을 향상시키며, 만성질환의 위험을 줄이고 장수 가능성을 높입니다.
- 정신 건강 증진: 명상, 마음챙김, 스트레스 관리와 같은 습관은 정신 건강을 향상시켜 불안, 우울증 및 기타 정신 건강 질환의 위험을 줄일 수 있습니다.
- 에너지 및 생산성 증가: 규칙적인 운동이나 충분한 수면과 같은 습관은 에너지 수준과 집중력을 높여 업무 성과와 생산성을 최적화할 수 있습니다.
- 관계 개선: 적극적 의사소통, 공감, 친절과 같은 습관은 관계를 풍요롭게 하여 개인 생활과 직업 생활에서 더 큰 만족과 행복을 가져올 수 있습니다.

- **자존감과 자신감 향상**: 긍정적인 사고방식과 자기 대화self-talk 습관은 자기 인식을 개선하고 자존감과 자신감을 높일 수 있습니다.
- **자율성 향상**: 건강한 습관은 통제력과 자율성을 제공하여 자신의 삶을 책임지고 목표를 달성하도록 힘을 실어줍니다.

습관 형성 프레임워크

습관 형성을 위한 조언은 결국 간단합니다. 동일한 맥락에서 같은 행동을 일관되게 반복하는 것이죠. 변화를 위한 방법은 간단하지만 항상 쉬운 것은 아니랍니다. 변화하려면 의도적인 행동이 필요하며, 장기적 목표를 달성하기 위해서는 단기적 유혹을 무시해야 하는 경우가 많습니다. 이것이 바로 인생의 궤도를 바꿀 수 있는 방법입니다.

'**습관 형성 프레임워크**habit-formation framework'는 새로운 습관을 만드는 3단계 절차입니다. 이 세션 후반에 살펴보게 될 '새로운 습관을 만드는 5단계'와 혼동하지 마세요. 습관 형성 프레임워크는 습관 형성 과정에 대한 조감도와 같아서 보다 폭넓은 관점을 제시합니다.

습관 형성 프레임워크는 시작, 훈련, 유지라는 3단계로 이루어집니다. 새로운 행동을 시작하고, 그 행동을 반복적으로 훈련하고, 새로 만들어진 행동을 일관성 있게 유지합니다. 이것은 사실 목표를 달성하는 방법이기도 합니다. 달성하려는 목표를 결정하고, 그 목표를 향해 행동을 취한 다음, 유지하는 과정이지요. 적어도 이론적으로는 말입니다.

1. 시작

습관 형성의 첫 번째 단계는 새로운 습관을 일상생활의 일부로 통합하겠다고 의식적으로 결정하는 것입니다. 이 단계는 명확한 습관 목표 설정, 유발 요인 또는 신호 파악, 습관을 꾸준히 실천하기 시작하는 것을 포함합니다.

계획을 세우고, 그 행동을 실천하려는 의도를 분명히 하세요. 예를 들면 "퇴근 후 집에 와서 30분 동안 개를 산책시킵니다." 같은 것이죠.

예전에 목표를 세우고 첫발을 내딛는 어려운 일을 경험한 적이 있으시죠? 첫 산책, 첫 필라테스 수업, 첫 마음챙김 식사, 첫 긍정적 자기 대화까지. 문제는, 우리가 이전에 따랐던 일상생활이 건강과 성공에 도움이 되지 않더라도 우리는 일상에 편안함을 느낀다는 점입니다. 그러므로 이런 일상에서 벗어나는 일을 하는 첫걸음은 힘든 언덕이나 산을 오르는 것처럼 느껴질 수 있습니다. 그 산을 넘으려면 자기 조절 기술이 필요한데, 습관 업계에서는 '의도 형성', '계획 세우기' 및 '의식적 행동 시작' 등으로 부릅니다. 이 모든 용어는 '노력'을 그럴듯하게 부르는 단어일 뿐입니다.

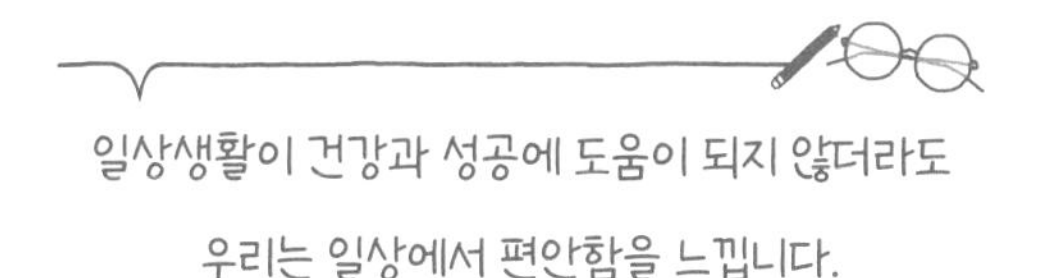

저는 멋진 말로 포장하지 않겠다 했습니다. 행동 변화의 진실에 대한 정보를 드리지 않고서, 따라야 할 몇 가지 단계를 제시하는 것은 무의미할 것입니다. 그래서 저는 과학 문헌과 습관 변화를 시도한 수백 명의 사람들을 관찰한 결과를 바탕으로 가공하지 않은 진실을 알려드리려고 합니다.

살아가는 매 순간 우리는 선택의 기로에 서게 됩니다. 자신에게 정말 중요한 것을 행동으로 옮기고, 말하며, 추구하기로 우리가 결정을 내릴 수도 있지만, 두려움과 안일함에 젖어 기존의 똑 같은 일상이 반복되도록 내버려

둘 수도 있습니다. 그러나 여기 세션을 함께 하고 있는 여러분은 자신의 삶에 긍정적 변화를 가져올 준비가 되었습니다!

2. 훈련

훈련 단계에서는 새로운 습관을 실행하기 시작하고 이를 일상에 통합하기 위해 노력합니다. 여러분이 선택한 상황에서 그 행위를 일관되게 반복하는 것이죠(그럼으로써 맥락 의존적인 반복을 생성합니다).

이 단계는 평소 일상에서 벗어나 다른 일을 하기 때문에, 의지력과 동기 부여가 필요합니다. 동기를 강화하는 가장 강력한 전략은 이 새로운 습관으로 얻을 것으로 기대되는 긍정적인 결과를 떠올리는 것입니다.

예를 들어, 매일 밤 잠자리에 들기 전 10분 명상을 하면 어떤 일이 생길까요? 수면 질 개선, 집중력과 주의력 향상, 과식 감소, 기분 전환, 면역 기능 강화 등[2] 무수히 많은 이점을 상상해 보세요. 이제 명상은 여러분의 시간과 노력을 투자할 만한 가치 있는 일로 보입니다.

이제 여러분 차례입니다. 잠시 시간을 내어 개선하고 싶은 습관을 생각해 보세요. 크든 작든 무엇이든 될 수 있습니다. 일단 바꿀 습관을 생각해 냈다면 그 습관을 실천함으로써 얻게 될, 삶을 풍요롭게 할 모든 좋은 점을 일기나 노트에 적어 보세요. 가령 새로운 습관으로 신체 활동을 늘리는 경우, 그 혜택으로 수면 질 개선, 근력 강화, 체중 관리, 에너지 레벨 향상, 정신 건강 증진 등을 나열할 수 있겠지요. 이렇게 작성한 혜택 목록이 여러분의 가치관과 일치하는지 살펴보세요. 이렇게 곰곰이 생각해 보면 새로운 습관을 기르려는 행동에 대한 동기가 크게 높아질 것입니다. 동기를 강화하는 또 다른 효과적인 전략은 습관 추적입니다. 이에 대해서는 이 세션 후반부에 다루겠습니다. (여기서 살짝 예고하자면, [세션 12]는 오로지 동기에 관한 것입니다!)

새로운 습관을 기르는 데 성공하려면, 여러분 자신과 여러분의 삶에 의미 있는 것을 선택하는 것이 중요합니다. 타인의 압박과 같은 외부 요인으로는 결심을 지속하기 어렵고, 성공하지 못합니다. 동기는 내재적일 수도 있고 외재적일 수도 있습니다. 내재적 동기는 행동에 대한 개인적 관심이나 즐거움, 그리고 그것이 가져다주는 개인적 성취감과 같은 개인적 보상에서 비롯됩니다. 반면, 외재적 동기는 돈이나 인정, 다른 사람을 기쁘게 하거나 처벌을 피하는 등, 외부의 보상을 얻으려는 욕구에서 비롯됩니다. 새로운 습관을 만들려는 동기가 내재적인지 꼭 확인하세요.

관련 연구가 지속적으로 강조하는 것은, 외재적 동기가 행동을 단기적으로만 변화시키는 반면 내재적 동기는 강력한 의도를 형성하고 행동 변화를 지속시킬 가능성이 높다는 사실입니다.[3] 외재적 동기로 시작된 행동은 목적을 위한 수단일 뿐이라 그 행동을 진정으로 실행할 확률이 낮습니다. 예를 들어, 제가 여러분에게 하루 중 걸은 걸음마다 10달러를 준다고 한다면 가능한 한 많이 걸으려는 외재적 동기를 갖게 될 테죠. 그런데 그 제안을 거두면, 평소보다 더 많이 걸으려던 동기는 아마도 사라질 것입니다.

사람들은 외적 보상이 주어질 때보다 스스로 투자하고 성취감을 맛볼 때 더 끈기 있게 목표를 추구하려는 경향이 있습니다. 내재적 동기는 성장 마인드를 북돋아, 단순히 결과에만 집중하기보다 도전 자체를 학습과 성장의 기회로 보는 관점으로 전환하게 합니다. 이로써 목적 의식이 한층 고취될 수 있으며, 행위 자체에 그치지 않고 정서적·인지적으로도 깊이 관여하게 되어 행동과 사고방식 전반에 더 큰 영향을 미치게 됩니다.

앞서 메모해 둔 새로운 습관과 습관에 따른 보상 목록을 다시 한번 살펴보세요. 그리고 다음 질문의 답을 생각해 보고, 답을 추가하세요. 이 새로운 습관을 만드는 일이 나에게 왜 중요한가?

3. 유지

습관 형성 프레임워크의 유지 단계는 습관이 마침내 뿌리내리기 시작하고 제2의 본성처럼 느껴지기 시작하는 단계입니다. 이 단계에 이르기까지 여러분은 신호와 습관 사이의 정신적 연관성(신호-반응 연관성)을 형성해 왔으며, 습관을 반성적 뇌에서 충동적 뇌로 옮기는 데 성공했습니다. 여러분이 선택한 습관은 신호를 만났을 때 최소한의 의식적 사고나 노력만으로도 촉발되어 시간이 지나도 지속됩니다. 습관이 일상에 자연스럽게 통합되는 자동성 수준에 도달한 것이지요.

이제 습관은 일상생활에 자연스럽게 녹아들었고, 여러분은 습관이 삶에 가져오는 지속 가능하며 거의 멈추지 않는 혜택을 계속 누릴 수 있습니다. 장기적 효과를 가져올 습관을 위해 건투를 빕니다.

새로운 습관을 만드는 5단계

습관 형성 프레임워크 3단계 절차를 통과해 습관을 형성하고 이를 유지하는 가장 좋은 방법은, 새로운 습관을 만드는 다음 5단계를 따르는 것입니다.

① 달성하려는 목표를 설정하세요.

② 매일 실천할 수 있는 단순한 행동을 선택하세요. 자신도 모르게 목표를 향해 가고 있을 겁니다.

③ 2단계에서 정한 행동을 언제 어디서 할 것인지 계획하세요. 습관 루프를 사용하여 신호-반응 연관성을 생성하기 위함입니다.

④ 3단계에서 정한 신호를 마주칠 때마다 선택한 습관을 행동으로 옮기세요.

⑤ **습관 추적기habit tracker로 진행 상황을 살피세요.**

그럼 각 단계를 자세히 살펴보겠습니다.

1. 목표 설정하기

달성 가능한 현실적인 목표 세우기는 숙련된 노력이 필요한 기술입니다. [세션 14]에서 이 부분에만 초점을 맞춰 다룰 것입니다. 목표를 설정할 때는 그 목표가 현실성이 있는지, 내재적으로 동기가 부여된 것인지 확인하세요(즉, 외부의 영향보다 개인적 열망에 기반해야 합니다).

2. 단순한 행동 정하기

목표를 달성하려면 여러 가지 행동을 해야 할 겁니다. 예를 들어 수면의 질을 개선하는 것이 목표라면, 취침 시간과 기상 시간을 일정하게 정하고 취침 1시간 전에는 디지털 기기를 보지 않으며 카페인과 알코올 섭취를 조절하는 등의 전략으로 목표를 달성할 수 있지요. 간단하고 실현 가능한 행동을 선택하는 것이 중요합니다. 한 번에 하나의 행동을 수행하는 데 집중하는 것이 좋습니다.

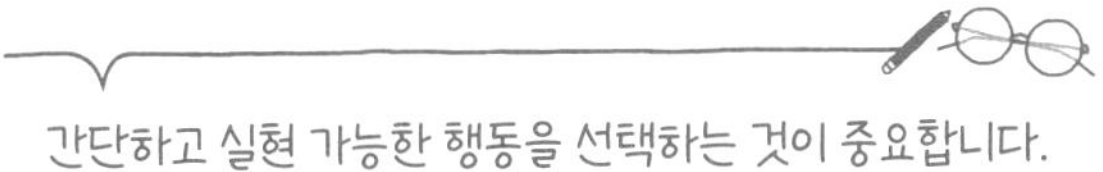

간단하고 실현 가능한 행동을 선택하는 것이 중요합니다.

3. 신호-반응 연결고리 생성하기

이 단계에서는 습관 루프에 따라 신호-반응 연결고리를 생성하기 위해 선택한 행동을 언제 어디서 수행할지 설계합니다. 일관성 유지가 핵심이므로 그 행동을 매일 접할 수 있는 시간이나 장소를 선택하세요. 여기서 신호는 두 부분으로 구성된 연상작용 중 첫 번째 부분입니다. '내가 [신호 X를

만나면] 나는 [행위 Y를 수행한다(이것은 곧 습관이 된다)].'

여러분이 생각한 '내가 …를 하면'은 여러분 삶의 안정적인 루틴이므로 행위를 유발하는 닻이 됩니다. 여러분이 바라는 새로운 습관을 촉발하기 위해 이러한 닻을 사용해야 합니다. 예를 들어, 잠자리에 들기 한 시간 전에 디지털 기기 보는 것을 피하려면, 취침 시간을 오후 9시로 정한 후 시간을 거슬러 와 오후 8시에 모든 디지털 기기를 끄는 것으로 설계하면 됩니다. 이 습관을 들이는 데 도움이 되도록 오후 8시에 알람이 울리도록 설정하거나 그 시간에 스크린이 자동으로 꺼지도록 설정할 수 있습니다.

새로운 습관 들이기에 필요한 유발 요인과 신호를 어떻게 찾을까요? 아이디어를 얻으려면 [세션 4]의 '일상적인 습관을 흔히 유발하는 요인' 목록을 살펴보세요. 잠재적인 유발 요인을 확인했다면, 그 요인과 바라는 습관을 연결하여 신호-반응 연결고리를 만들 수 있습니다. 심리학자들은 이것을 실행 의도라고 부릅니다. 그럼 실행 의도를 다음 공식을 이용해 적어 볼까요?

'내가 [신호]를 하면, 나는 [습관]을 할 것이다.'

- 이를 닦으면, 치실도 사용한다.
- 오전 7시 알람이 울리면, 30분 산책을 한다.
- 커피 머신을 켜면, 강아지 사료를 준다.
- 책상에 앉으면, 심호흡을 5번 한다.
- 베개에 머리를 대면, 감사한 일 한 가지를 떠올린다.

4. 행동으로 옮기기

신호-반응 연결고리를 훌륭하게 설계하여 새로운 습관을 형성하려는 의지를 갖는 것과 그 계획을 실제로 행하는 것은 완전히 별개의 문제입니다. 이 단계는 선택한 습관을 단순히 행동으로 옮기는 것입니다.

인간의 마음은 자연스럽게 설명을 찾도록 되어 있습니다. 시간이나 에너지가 없다는 핑계를 대며 하려던 일이 왜 불가능한지 이유를 만들어내지요. 이러한 경향이 발생하는 까닭은 욕구를 충족하기 위해서는 낯선 상황을 헤쳐 나가야 할 것이라고 우리 두뇌가 예상하기 때문입니다. 낯선 환경은 두뇌에 상당한 인지적 노력을 요구하기 때문에, 두뇌는 익숙한 환경과 일상에 머무르는 것을 선호하는 것이죠. 이러한 인간의 결점을 염두에 두면, 우리는 행동할 큰 힘을 얻게 됩니다.

친숙한 공간에 여러분을 머물게 하려는 두뇌의 노력을 방해하려면, 자기 자신과 자신의 생각을 분리하여 그 사이에 어느 정도 거리를 두어 보세요. 불가능에 대한 핑계를 대려는 마음을 알아차렸다면, 이렇게 생각해 봅시다. '아하! 또 변명을 생각해 냈구나. 너는 지금 익숙한 상태에 머물려는 거야. 어이, 나의 머리야, 고맙지만 그건 필요치 않아. 난 좀 색다른 일을 하려고 해.'

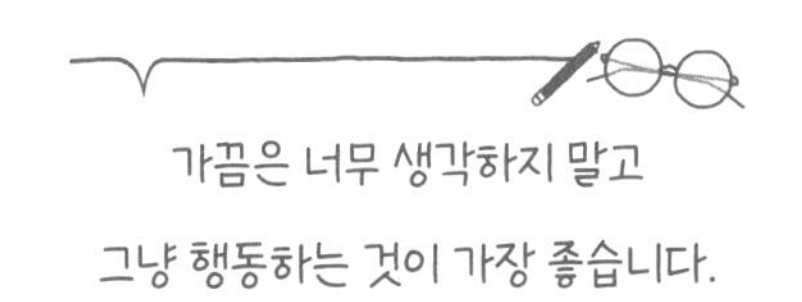

저는 헬스장에 갈 계획을 수도 없이 세우고는, 침대에서 나오지 않는 것이 더 나은 이유를 수백 가지 생각해 냈죠. 너무 덥다, 너무 춥다, 배고프다, 오늘 힘들었다, 지쳤다, 어제 운동했으니 괜찮다 등등. 때로는 너무 많이 생각하지 않고 그냥 행동하는 것이 가장 좋습니다. 이제 저는 벌떡 일어나 운동하러 갑니다. 자신의 생각에 귀를 덜 기울일수록 운동을 계속할 가능성이 높아진답니다. 게다가 운동한 것을 후회한 적도 없죠.

5. 습관 추적기habit tracker로 진행 상황 살피기

'자기 모니터링'이라는 전략으로 '무심한' 정신 상태에서 '마음챙김' 상태로 전환할 수 있다는 연구가 있습니다.[4] **습관 추적기**는 자신의 진행 상황을 모니터링하는 데 매우 중요합니다. 또한 연구 결과, 습관 추적기 사용 덕에 새로운 습관을 수행하는 빈도가 크게 높아져 자동성이 향상되고 습관 형성이 빨라지는 것으로 나타났습니다.

자기 모니터링은 새로운 습관 수행을 기억하게 도와주고 보상을 주기도 합니다. 아이들이 좋은 일을 했을 때 우리가 황금별을 주지 않습니까? 재미있는 점은 어른들도 그런 보상을 좋아한다는 것이죠. 습관 행동을 해냈음을 나타내기 위해 체크 표시를 하면 기분이 좋아지고 그 행동을 다시 하려는 동기가 생깁니다.

습관 추적기 사용은 단순한 기계적 추적이 아닙니다. 동기 부여 강화, 목표 관련 정보 회상 유도, 자기 성찰적 반응 유발 등 다양한 이점이 있지요. 모두 원하는 행동을 더 자주 수행하도록 하는 것들입니다.

자기 모니터링을 통해서만 새로운 습관 형성이 가능하다는 연구들도 있습니다. 어떤 연구에서는 참가자들이 자기 모니터링을 중단하자마자 습관 수행을 중단하기도 했답니다. 한 논문은 총 2,800명이 참가한 19개의 실험 결과를 메타 분석(같은 주제를 다룬 여러 연구 결과를 체계적으로 분석하고 종합하는 신뢰도 높은 연구방법)으로 연구했는데, 자기 모니터링을 사용했을 때 원하는 결과를 달성할 확률이 훨씬 높은 것으로 나타났습니다.[5] 자기 모니터링은 행동으로 옮기기 단계와 서로 밀접하게 연관되어 동시에 이루어지므로, 새로운 습관을 성공적으로 형성하는 매우 중요한 단계입니다.

습관 추적기는 종이 기반, 앱 기반 등 그 형태가 다양합니다(관련 링크는 이 세션 마지막에 있는 활동 참조). 어느 것이든 핵심은 사용하기 편리하고 추적하려는 습관에 대한 마음가짐을 키우는 데 있습니다.

습관 추적기에서 수행 상황을 표시할 때에는 잠시 시간을 내어 자신의 성취를 인정하고 스스로 격려하길 바랍니다. 자신이 선택한 습관 행동을 그날 해냈음을 인정하는 마음챙김의 작은 순간입니다. 이 짧은 순간으로도 두뇌의 보상 중추는 강화되고 앞으로의 노력에 대한 동기도 부여된답니다. 큰 영향을 미칠 거예요. 멋진 말이나 밖으로 들리는 '잘 했어'라는 말일 필요는 없고, 그저 시작한 일을 해냈음을 마음 속으로 인정하는 것으로 족합니다. 축하할 만한 가치가 있기 때문입니다.

보너스 단계: 평가, 재평가, 재설계

새로운 습관 루프가 효과적인지, 여러분이 습관 행동을 습관 유발 요인에 반응하여 꾸준히 수행하고 있는지 알고 싶을 겁니다. 며칠 또는 몇 주 후에(시기는 사람마다 다를 수 있음) 진행 상황을 살펴보고, 필요한 경우 신호-반응 연결고리를 재평가하고 그에 따라 계획을 조정해야 합니다.

이렇게 하려면 습관 추적기를 검토하여 선택한 신호가 여러분이 바라는 습관을 효과적으로 유발하고 있는지, 해당 습관 행동을 꾸준히 실천하고 있는지 확인하세요. 새로운 습관을 꾸준히 유지하고 있다면 아주 좋습니다! 아무것도 조정할 필요가 없네요.

새로운 습관의 빈도가 증가하지 않았다면 습관 루프를 조정해야 한다는 뜻이죠. 신호를 변경해야 할 수도 있고, 선택한 습관 행동이 정말로 현실적이고 달성 가능한 것인지도 재차 평가해 볼 수 있습니다.

시간이 지남에 따라 새로운 습관을 수행하는 것이 더 쉬워질 것이며, 10주 정도 지나면 깊이 생각할 필요 없이 그 습관을 실천하고 있을 겁니다. 제2의 본능처럼 느껴지는 거죠.

이제 준비된 활동을 통해 습관 만들기 5단계에 따른 새로운 습관을 만들어 보세요.

요약

* 습관 형성 프레임워크는 새로운 습관을 기르는 3단계 절차입니다. 바로 새로운 행동 시작, 반복으로 습관 행동 훈련, 일관성 있게 행동 유지입니다.
* 보다 구체적으로, 새로운 습관을 만드는 5단계는 다음과 같습니다.

① 목표를 설정하세요.

② 단순한 행동을 정하세요.

③ 신호-반응 연결고리를 생성하세요.

④ 행동으로 옮기세요. 습관 유발 요인을 만나면 행동합니다.

⑤ 습관 추적기로 진행 상황을 점검하세요.

새로운 습관을 만드는 5단계

목표하는 바를 습관으로 바꾸려면, 습관이길 바라는 단순한 행동을 선택하세요. 날마다 할 수 있는 행동을 선택하면, 목표에 가까워질 수 있습니다. 그런 다음 선택한 습관 행동을 이미 존재하는 신호에 연결지어 신호-반응 연결고리를 만들어 보세요. 이 과정을 차근차근 밟도록 합니다. 각 단계를 습관 일지의 주제어로 활용하여, 새로운 습관을 달성할 방법을 설계해 보세요.

1. 목표 설정하기

달성하고 싶은 목표를 결정하세요. 아이디어를 얻고 싶다면 제 웹사이트 drginacleo.com/post/healthy-habit-examples(한국어 번역본 프리렉 홈페이지 자료실 제공)에서 건강한 습관 목록을 예시로 살펴보세요.

2. 단순한 행동 정하기

목표를 향해 한 걸음씩 나갈 수 있도록 날마다 해낼 수 있는 일을 선택하세요. 이 행동은 결국 여러분의 새로운 습관이 될 것입니다.

3. 신호-반응 연결고리 생성하기

여러분이 선택한 행동을 언제 어디서 수행할지 설계하세요. 일관성 있게 할 수 있어야 합니다. 매일 마주할 수 있는 시간이나 장소를 선택하고, "내가 [X를 만나면], 나는 [Y를 할 것이다]" 형식으로 실행 의도를 작성합니다.

4. 행동으로 옮기기

신호를 마주칠 때마다 선택한 습관 행동을 실천하세요.

5. 습관 추적기로 진행 상황 살피기

새로운 습관을 수행할 때마다 습관 추적기를 사용하여 이를 표시하세요. drginacleo.com/post/habit-tracker(한국어 번역본 프리렉 홈페이지 자료실 제공)을 방문하여 종이 기반 습관 추적기를 다운로드하거나, 습관 추적기 앱 목록을 확인하세요.

보너스 단계: 평가, 재평가, 재설계

며칠 혹은 몇 주 후, 신호-반응 연결고리의 효과를 평가하고 필요에 따라 5단계를 처음부터 시작하거나 그중 한두 단계를 개선해 습관 형성을 재설계할 수 있습니다. 단순히 습관 추적기를 검토하는 것만으로 선택한 신호가 여러분이 바라는 습관을 효과적으로 유발하는지, 그리고 해당 습관을 일관되게 수행하고 있는지 판단하여 신호-반응 연결의 성공 여부를 평가할 수 있습니다. 재설계한 습관 형성 계획을 일지에 다시 적어 넣어, 습관 형성 과정에서 손쉽게 참고하여 실행할 수 있도록 하세요.

세션 6

습관 버리기 4단계

✦

저건 이제 구독 취소하려고요.

"어쩔 수 없어요. 습관이에요." 누구나 한 번쯤 해봤을 말입니다. 습관은 우리가 행동하게 하는 큰 원동력이지만, 오랜 시간에 걸쳐 깊이 뿌리내린 경우에는 바꾸기 어렵지요. 그러나 결단력이나 규율, 효과적 전략이 있다면 아무리 굳어진 습관이라도 깨뜨리고, 새롭고 긍정적인 행동 패턴을 만들 수 있습니다. 이 세션에서는 우리가 원치 않는 행동의 이면에 숨어 있는 과학적 원리를 알아보고, 이러한 습관에서 벗어날 수 있는 강력한 전략을 습득하고자 합니다.

저는 업무의 일환으로 습관에 대해 이야기하는 기업 강연을 자주 합니다. 어떻게 새로운 습관을 기르는 동시에 오래되고 좋지 못한 습관을 버릴 수 있는지에 중점을 두지요. 제가 좋아하는 활동으로 '습관 고백'이 있습니다. 말 그대로 청중이 자신의 삶에서 원치 않는 습관, 목표에 도움이 안 되는 무엇인가를 되돌아보고 주변 사람과 공유하게 하는 겁니다. 이 활동이 좋은 이유는 원치 않는 습관과의 싸움은 우리 모두가 공유하는 보편적인 경험이라는 것을 보여주기 때문입니다. 아무리 성공하고, 똑똑하고, 부유하고, 건강한 사람들이라 할지라도 없애고 싶은 습관이 있습니다. 커피를 너무 많이 마시는 것부터 잠들기 전 한참 동안 하는 휴대폰 스크롤, 지루함이나 불안감으로 인한 폭식까지, 그 사람들의 고난은 보통 사람들의 모습과 닮아 있습니다. 우리 모두 불완전한 인간이며, 버리고 싶은 습관이 있어요. 저도 마찬가지죠! 여러분이 완벽하지 못하다는 사실은 실패의 신호가 아니라 그저 인간이라는 신호일 뿐이며, 더 중요한 사실은 여러분 내면에 여전히 더 많은 잠재력이 있다는 것입니다.

원치 않는 습관을 어떻게 분별할 수 있을까요? 여러분의 습관이 여러분을 어디로 이끌고 있는지 생각해 보세요. 목표를 향해 나아가게 하나요, 아니면 멀어지게 하나요? 지금의 습관을 그대로 유지한 채 살아간다면, 5년 후 또는 10년 후 여러분의 삶은 어떤 모습일까요?

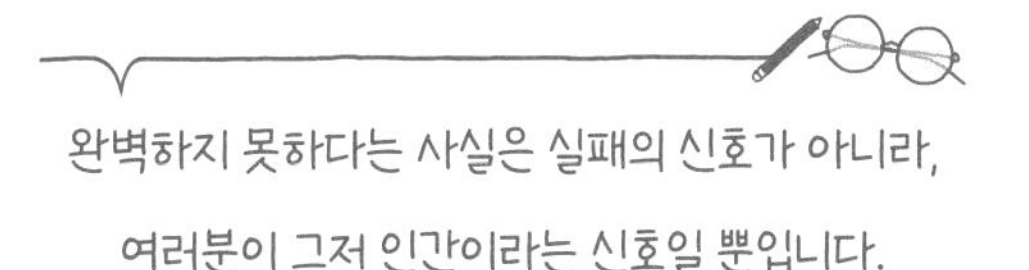

완벽하지 못하다는 사실은 실패의 신호가 아니라,
여러분이 그저 인간이라는 신호일 뿐입니다.

항상 얼마나 빠른지보다, 어느 방향으로 가는지가 훨씬 더 중요합니다. 올바른 방향으로 나아간다면 결국 원하는 결과에 도달할 수 있지만, 아무리 빠르더라도 잘못된 방향으로 간다면 길을 잃게 됩니다.

습관에는 자동성이란 특징이 있기에, 새로운 습관을 만들 때보다 고착화된 습관을 깨려 할 때 훨씬 더 다양하며 효과적인 노력이 필요합니다. 걱정 마세요. 이번 세션을 다 마치고 나면 원치 않는 습관을 고치는 데 필요한 전략과 통찰력을 얻게 될 것입니다.

우리가 원치 않는 습관을 갖게 된 이유

반복적인 악순환에 오랫동안 갇혀 있다고 느낀 적이 있나요? 답답했죠? 좌절감을 느끼기도 했을 겁니다. 저도 예외는 아니랍니다. 똑똑하고 강하며 독립적인 인간이 어떻게 초콜릿 바나 알람시계의 다시 알림 버튼에 굴복하게 될까요? 일찍 잠들고 싶은데도 늘 소셜 미디어에 들어가 하염없이 스크롤하고 있을지도 모릅니다. 저축을 더 많이 하고 싶지만 충동 구매는 너무 매력적이지요.

익숙함이라는 편안함

우리가 하고 싶지 않은 일을 계속하는 한 가지 이유는, 필요한 일을 해내야 하는 우리 두뇌가 그러기 위해서는 낯선 상황에 대처해야 한다고 가정하기 때문입니다. 낯선 환경에서는 많은 일을 해야 하기 때문에, (그러기 싫은) 두뇌는 보통 익숙한 상황과 일상에 머무르는 것을 선호합니다. 따라서 우리 두뇌는 할 일을 해내는 것이 어려운 이유(핑계)를 마구 만들어 낸답니다. '시간이 부족해', '너무 피곤해'처럼요. 결국 습관의 동물인 우리는 지금껏 쌓아온 루틴의 리듬에 편안해하고, 변화는 이런 편안함을 방해하는 것이죠.

두뇌는 익숙함을 안전과 동일시하곤 합니다. 설령 그 익숙한 것이 우리에게 필요하지 않더라도 그렇죠. 하지만 무언가 새로운 일을 시도하지 않고 비생산적인 패턴을 고수하는 것은 일종의 '자기 파괴' 행위입니다. 이러한 행동은 공포 기반 메커니즘에서 비롯되는데, 익숙한 행동이 낳는 부정적 결과가 미지의 잠재적 위험보다 더 안전하다고 느끼는 것입니다. 자기 파괴 행위를 하는 또 다른 이유는 자신의 능력을 과소평가하거나, 실패할까 봐 혹은 열심히 하지 못할까 봐 두려워하기 때문입니다.

그래도 다행인 점은 두뇌의 패턴을 수정할 수 있다는 것이죠. 자신이 어떤 일이 불가능한 이유를 합리화하고 있음을 알아차리면, '고마워, 두뇌야. 노력을 좀 해야겠지만, 늘 같은 생각을 하면 늘 같은 결과를 낳게 돼.'라고 생각해 보세요. 그런 다음 자리를 박차고 일어나, 생각과 행동 사이에 약간의 거리를 두고, 하려던 일을 하세요. 여러분의 두뇌와 신체는 그 행동에 대해 감사해 할 것입니다. (그렇더라도 자신을 돌보는 것도 중요하므로, 정말 피곤하거나 몸이 아프면 쉬었다가 다시 시작하시길 바랍니다.)

보상

원치 않는 습관을 갖는 이유를 이런 식으로도 설명할 수 있습니다. 습관 루프는 신호, 루틴, 보상으로 구성되어 있지요. 원하든 원치 않든 우리가 가진 모든 습관은 일종의 보상을 제공한다는 뜻입니다. 비록 그 습관이 어떤 면에서 바람직하지 않더라도요.

예를 들어, 저녁 식사 후 단 것을 먹고 싶어 매일 밤 디저트를 먹기 시작했고, 며칠 동안 계속했다고 가정해 보겠습니다. 저녁 식사 후 디저트를 지속적으로 먹을수록, 점점 더 자동적으로 먹게 되고, 결국에는 갈망이 되고 습관이 됩니다. 이 습관은 건강하려는 목표를 달성하는 데는 도움이 안 되겠지만, 단맛에 대한 갈망은 충족시켜 줍니다.

아니면 날씨가 춥고 어두워서 잠을 좀 더 자려는 마음에, 아침 산책을 건너뛰기로 했을 수도 있습니다. 처음에는 산책을 의도적으로 포기한 것이었는데, 웬걸. 계절이 바뀌고 날씨가 좋아졌는데도 아침 산책을 나가지 않게 되었습니다. 자, 아침 산책 건너뛰기라는 새로운 습관이 생겼습니다. 산책 건너뛰기는 활동력 향상에 도움이 되지는 않지만, 조금 더 자는 것으로 보상을 얻게 됩니다. 또 다른 전형적인 예는 저녁에 와인 한 잔을 마시는 것입니다.

힘든 하루를 보낸 후 휴식을 취하는 데 도움이 될 수 있지만, 다른 한편으로는 수면의 질에 부정적인 영향을 미쳐 다음날 더 피곤해지게 만듭니다.

만일 여러분이 원치 않는 습관을 되돌아보면, 바람직하지 않은 습관에도 그 나름의 보상이 따른다는 것을 알게 될 겁니다. 그러나 이런 습관의 부정적 결과는 보상보다 더 큰 경우가 있으므로, 행복하고 건강한 삶을 위해 그러한 습관을 고치는 것이 중요합니다.

제가 좋아하는 작가 브리애나 위스트Brianna Wiest는 저서 《나를 지켜내는 연습The Mountain Is You》에서 이러한 내적 갈등을 설명합니다.[1] 우리의 목적에 비춰 볼 때, 원제의 '산mountain'은 우리가 원치 않는 일상이나 행동으로 해석됩니다. 위스트가 말하길, 우리의 문제를 마치 지질학적 힘이나 일상의 냉혹한 힘에 의해 밀려올려진 산처럼 여길 수 있다고 합니다. 개인이 가진 산은 대인관계나 업무상 문제, 재정적 어려움, 중독 또는 섭식장애와 같이 구체적 문제이기도 하고, 막연히 압도적인 감정이기도 합니다. 우리의 욕구와 필요가 충돌할 때, 반성적 사고와 충동적 사고가 서로 상충될 때, 이런 산들이 생겨납니다. 개인이 산을 오르고 옥죄는 문제를 극복하기 위해서는 우리 내부에서 상충되는 두 측면, 즉 인식과 충동을 조정하는 방법을 찾아야 합니다.

우리가 겪는 장애물 중 몇몇은 단순히 삶의 일부를 차지하고, 우리 스스로 통제할 수 없는 부분이 될 것입니다. 그러나 지속적으로 우리를 괴롭히는 문제는 평생 동안 불확실한 인생을 헤쳐 나가며 쌓아온 자신의 방식에서 비롯됩니다. 우리가 어려움에 맞서 애써 적응하고 고통을 견딘 흔적이 시나브로 쌓여 산이 되고, 되려 더 밝은 미래로 가는 길을 가로막아 버리기도 하지요. 이 과정은 우리 안에 흔적으로 남겨지지만, 살면서 교훈을 받아들임으로써 우리는 운명과 자신의 성장을 통제할 수 있는 힘을 얻게 됩니다.

원치 않는 반복적 패턴에 갇혀 있는 자신을 발견하더라도, 습관에서 벗어나기에 결코 늦지 않았음을 기억하세요. 습관이란 나이나 기간에 관계없이 일생 동안 변하기 마련입니다. 얼마나 나이가 들었든, 습관이 아무리 오래되었든, 원치 않는다면 바꾸면 됩니다. 사람은 바뀔 수 있습니다. 저의 고객 중에는 50년 넘게 지켜온 습관을 성공적으로 깨뜨린 70대 분들도 있어요. 그분들이 할 수 있다면 여러분도 할 수 있습니다.

원치 않는 습관에 계속 얽매여 있는 것은 자기 파괴 행위입니다. 진정한 변화를 일으키려면 이러한 습관을 기꺼이 버려야 합니다. 습관을 버리는 첫 번째 단계는 습관을 버리겠다고 의식적으로 결심하는 것입니다. 동시에 그것이 때때로 어려우리라고 받아들이는 것이죠. 습관을 고치는 것이 쉬운 일은 아니지만, 충분한 자기 인식과 인내, 일관성이 있다면 반드시 해낼 수 있습니다. 정말 다행이지 않습니까!

원치 않는 습관을 극복하는 방법

습관을 깨기 위한 검증된 방법이 2가지 있습니다. **재프로그래밍**reprogramming과 **재구성**restructuring입니다. 재프로그래밍은 버리고 싶은 습관을 새롭고 바람직한 습관으로 대체하는 데 중점을 두어, 기존 신호에 반응하는 습관을 새롭게 프로그래밍하는 것입니다. 재구성은 습관 유발 요인을 회피하기 위해 환경을 재구성하는 것입니다. 각 방법을 더 자세히 살펴보겠습니다.

재프로그래밍

"그만해"라는 충고를 듣거나, "그러지 말자"라고 스스로에게 말한 적 없나요? 배고프지 않으면 그냥 먹지 마, 배가 부르면 접시에 남은 음식 다 먹지

마, 텔레비전 너무 많이 보지 마, 부정적인 태도를 멈춰, 미루지 마, 하고 말이지요. 그런데 단순히 중단하라는 요청은 통하지 않습니다. 저도 이런 말을 제 자신에게 수도 없이 말해 봤지만 효과가 없었습니다. 배가 고프지 않아도 접시에 담긴 음식을 다 먹어 치우고 있을 뿐이었어요. 이 현상을 설명하기 위해 습관 루프를 다시 살펴봅시다. 우리는 습관이 신호에 의해 촉발되고 보상을 받는다는 것을 알고 있지요. 모든 습관은 일종의 보상을 주기 때문에 습관을 단순히 없애는 것은 어렵습니다. 그래서 "그냥 멈춰!"와 같은 조언은 거의 효과가 없지요.

핵심은 하나마나 한 조언 대신, 오래된 습관을 비슷한 보상을 제공하는 새로운 습관으로 대체하는 것입니다. 습관과 보상의 연결고리를 단순히 없던 것으로 할 순 없으며, 그 자리를 대체할 새로운 연결고리를 학습해야 합니다. 예를 들어 심심할 때마다 먹는 습관이 있다면, "그냥 그만 먹어"란 말은 습관을 깨는 데 도움이 되지 않아요. 지루함을 없애고 자극을 필요로 하는 욕구를 충족시키지 못하기 때문이죠. 대신, 지루함을 다른 방식으로 처리해야 합니다. 지루함을 느낄 때, 친구에게 전화를 걸거나 5분 정도 산책을 하세요. 악기 연주를 배워도 좋아요. 여러분의 더 나은, 건강한 습관은 지루함에서 비롯되어야 하고, 자극에 대한 욕구를 충족함으로써 보상을 받아야 합니다.

재프로그래밍을 이용한 오래된 습관 버리기는 습관 루프의 신호와 보상을 동일하게 유지한 채 루틴만 단순히 변경함으로써 작동합니다. 저의 내담자였던 바네사는 매일 밤 퇴근 후 와인 한 잔을 마시는 습관이 있었습니다. 와인이 긴장을 푸는 데 도움이 된다고 믿었답니다(이것이 바네사가 받는 보상이었습니다). 그러나 의사는 바네사에게 일주일에 적어도 이틀은 금주하라고 했죠. 그녀는 의사의 조언을 기꺼이 따랐으나, 그런 바네사도 와인을 반쯤 마시고 나서야 정신을 차리는 날이 종종 있었습니다. 무심코 와인잔을 꺼내고 와인병을 열어 와인을 따르곤 했죠. 바네사는 이것이 강력하고 자동적인 습관임을 깨달았습니다. 습관 신호는 퇴근하기였고, 루틴은 와인 한 잔을 마시는 것이었으며, 보상은 긴장을 푸는 것이었습니다.

바네사는 집에 가야 했으니 신호를 피할 수는 없었죠. 따라서 와인 마시는 습관을 버리려면, 긴장을 푸는 다른 습관으로 와인 마시기를 대체해야 했습니다. 바네사와 저는 동일한 신호(퇴근)와 동일한 보상(긴장 풀기)을 유지한 채, 허브 차 한 잔, 뜨거운 샤워, 심호흡, 스트레칭, 명상과 독서 등 긴장을 푸는 데 도움이 되는 몇 가지 다른 방법을 실험해 보았습니다. 허브 차 한 잔 마시는 것이 결국 바네사의 새로운 습관이 되었습니다. 바네사가 실수하지 않게 하려고, 와인잔이 있던 자리에 찻잔을 갖다두고, 와인병은 집에서 불편하고 접근하기 어려운 장소로 옮겼습니다. 그리하여 바네사는 습관적으로 와인잔에 손을 뻗었을 때 찻잔을 만지게 되었고, 그것은 와인 대신 허브 차를 마시는 것이 새 습관이라는 것을 그녀에게 상기시켜 주었습니다. 상담 후 3년이 지나 이 책을 쓰게 된 저는 바네사에게 다시 연락해 보았습니다. 여전히 퇴근 후에도 허브 차를 마시고 있으며, 와인 마시던 예전 습관에서도 이제 완전히 벗어났더군요.

두뇌에서 벌어지는 재프로그래밍은 신경망 연결을 변경함으로써 작동합니다. [세션 1]에서 설명한 헤비안 학습Hebbian learning은 하나의 뉴런이 활성화되고 뒤이어 다른 뉴런이 활성화되면 첫 번째 뉴런이 두 번째 뉴런에 연결되어 쌍으로 함께 활성화될 가능성이 더 높아진다는 원리였습니다. 예를 들어, 어렸을 때 개에게 물린 적이 있다면 개에 대한 공포를 갖게 되었을 수 있지요.

여러분에게서 '개' 뉴런이 활성화되고 이어서 '통증' 뉴런이 활성화되었기 때문에 개와 통증을 연결함으로써 일어나는 일입니다.

이 헤비안 학습의 반대이자 고착화된 습관을 극복하는 것과 관련된 이론이 바로 **반헤비안 학습**anti-Hebbian learning입니다. 반헤비안 학습은 두 뉴런 사이에 이미 연결고리가 있을 때, 두 번째 뉴런의 활성화 없이 첫 번째 뉴런만을 활성화시켜 그 연결고리를 약화시키는 것입니다. 이런 '학습 초기화unlearning' 원리는 개에 대한 두려움이 여전히 있는 상태에서 친근한 개에 반복적으로 노출될 때 개에 대한 공포가 줄어드는 과정을 설명합니다. '통증' 뉴런이 활성화되지 않은 상태에서 '개' 뉴런이 활성화되는 일이 반복되면, 결국 '개' 뉴런과 '통증' 뉴런 간 연결이 점차 약화되어 함께 활성화되지 않게 됩니다. 이 메커니즘이 우리의 습관 루프를 끊고 고착화된 행동 패턴을 해체하는 방법입니다. 습관 유발 신호에 직면했을 때 다르게 반응하도록 뇌를 재프로그래밍하는 것이죠.

재프로그래밍을 활용해 고착화된 습관을 극복하려면 실험과 약간의 시행착오가 필요합니다. 어떤 행동에서 얻은 만족감을 다른 행동에서 얻기 어려울 수 있습니다. 다행히 바네사의 경우에는 허브 차를 마시는 행위가 긴장을 효과적으로 풀어주었고, 더 이상 와인잔에 손을 뻗고 싶지 않게 되었습니다. 그랬지만 허브 차가 다른 사람에게는 충분하지 않을지도 몰라요. 저녁 산책이나 따뜻한 샤워로 위안을 찾을 수도 있습니다. 호기심을 갖고 실험하는 태도로 이 과정에 임해 보세요.

습관 재프로그래밍을 시작하는 간단한 방법은 습관과 그것을 유발하는 신호 사이에 거리를 두는 것입니다. 예를 들어, 잠자리에 누워 습관적으로 휴대폰을 스크롤하는 습관을 고치려 한다고 가정하겠습니다. 잠자리에 들자마자 곧바로 휴대폰을 집어드는 대신, 10분, 5분, 단 2분이라도 잠시 멈춰보세요. 신호(잠자리에 들기)와 습관(휴대폰 스크롤) 사이에 휴식 시간을 두면 신경 연결이 약화되어 궁극적으로 습관이 더는 자동적이지 않게 됩니다. 습관 유발 신호와 습관 사이에는 공간이 있고, 거기서 우리는 다음에 할 행동을 선택할 힘을 발휘할 수 있습니다. 이러한 선택에 따라 개인의 성장과 자유가 결정됩니다.

재구성

연구에 따르면 사람들이 가장 극적인 습관 변화를 경험하는 때는 이사나 이직, 혹은 휴가 갈 때라고 합니다.[2] 환경이 대대적으로 재구성되기 때문에, 이전 습관을 유발했던 익숙한 신호를 제거할 수 있답니다. 이러한 변화의 효과를 재현하려면, 특정 행동을 유발하는 주변 환경을 바꾸면 됩니다. 환경이 우리 행동에 큰 영향을 미친다는 것을 기억하세요.

재구성의 핵심은 습관 루프의 주요 구성요소인 유발 신호를 완전히 제거하도록 환경을 바꾸는 데 있습니다. 신호를 제거함으로써 습관이 발생하는 것을 효과적으로 막을 수 있어요. "**신호 없음 = 습관 없음**" 공식이 성립하기 때문이죠.

식탁에 저녁 식사를 차려 놓으면 배가 고프지 않아도 과식을 하게 되는 습관이 유발되는 경우, 저녁 식사를 접시에 바로 담아 내고 나머지 음식은 부엌에 남겨 두는 방식으로 이 습관을 없앨 수 있습니다. 또는 아침에 발코니에 서서 커피 한 잔을 마시면 담배를 피우게 되는 습관이 유발된다면, 발코

니로 나가는 대신 거실에 앉아 모닝 커피를 마십니다. 그렇게 담배 피는 습관을 유발하는 환경을 바꾸는 것입니다. 이는 사회과학에서 '업스트림 개입 upstream intervention'이라고 부르는 예방적 접근 방식으로, 소 잃기 전 외양간을 고치듯 습관이 실행되기 전에 개입하는 원리입니다.

연구에 따르면 다양한 맥락에서 활동하는 경우, 그 사람의 의도가 다음 행동을 예측하는 경향이 있다고 합니다. 반면 안정적인 상황에서 활동한다면, 그 사람의 과거 행동이 미래 행동을 가장 정확하게 예측하는 변수가 됩니다.[3] 예를 들어 하루 중 다양한 시간대에 운동을 하게 되면 여러분의 의지가 이후의 운동 여부를 결정짓게 될 것입니다. 그러나 매일 비슷한 시간대에 운동한다면 신호-반응 연결고리가 이후의 운동 여부를 결정하겠지요. 신호-반응 간 연결관계가 강할수록, 여러분이 의도하지 않더라도 그 습관 행동을 지속할 가능성이 높아진답니다.

제가 만난 또 다른 고객(샘이라고 할게요)은 퇴근길에 패스트푸드 체인의 드라이브 스루를 이용하는 습관이 있었습니다. 샘은 세트 메뉴를 주문해서 운전 중에 먹곤 했습니다. 샘의 아내는 그 대신 가족과 함께 저녁을 먹자고 했고, 샘 역시 그러길 바랐지요. 하지만 다음 날, 샘은 퇴근길에 생각할 것도 없이 패스트푸드 체인점의 드라이브 스루로 들어가 똑같은 세트 메뉴를 주문했습니다. 샘은 스스로 실망했지만, 내일은 꼭 고쳐 보리라 다짐했지요. 다음 날 그는 퇴근하며 차를 멈추지 않겠다고 다짐했지만 소용없었습니다. 샘이 말하길, 패스트푸드 체인점을 보자마자 거대한 자석이 그의 차를 드라이브 스루로 당기는 것 같았답니다. (물론 자석은 없었습니다. 그저 샘의 습관이 아주 강할 따름이었죠.) 비록 똑같은 세트 메뉴를 주문하지는 않았지만, 그날 밤

가족과 함께 저녁 식사를 할 수 없을 정도로는 많이 먹고 말았죠. 이 일이 있고 난 후 샘은 저에게 도움을 요청했습니다. 샘에게 신호, 루틴, 보상은 각각 패스트푸드 체인점을 보는 것, 드라이브 스루를 지나는 것, 배고픔을 바로 만족시키는 것임을 저는 바로 알아차렸습니다.

저는 지도를 꺼내 살펴보았습니다. 샘이 다른 경로로 퇴근하면, 딱 1분의 추가 운전만으로 패스트푸드 체인점을 우회할 수 있었어요. 논의 끝에 샘은 새로운 경로를 택했고, 1년여 만에 처음으로 건강한 저녁 식사를 가족과 함께 하게 되었습니다. 샘은 패스트푸드 습관이 정말 사라진 것인지, 아니면 그저 새로운 행동을 시작할 때 생기는 의욕 때문인지 보려고 며칠을 기다렸습니다. 그런 다음 샘은 저에게 연락해, 자신의 오랜 습관을 완전히 고쳤다는 것과 패스트푸드 체인점을 보지 않자 곧장 집으로 향하더라는 이야기를 했습니다. 패스트푸드를 먹고 싶다는 생각조차 떠오르지 않았다고 했죠. 전화기 너머에서 샘의 아내가 "감사해요, 클레오 박사님!"이라고 외치는 것이 들렸습니다. 이 결과는 눈에서 멀어지면 마음에서도 멀어진다는 격언 이상의 의미가 있습니다. 습관 루프를 시작하는 신호를 피하면 습관 자체가 사라집니다. 식탁 의자에 앉을 때 안전벨트를 매려고 하지 않는 이유는, '안전벨트 매기' 습관의 신호는 식탁 의자가 아니라 '차 시트에 앉기'이기 때문이죠.

저는 최근 샘 부부와 이야기를 나눴습니다. 샘은 체중이 줄었고, 혈당 수치와 혈중 콜레스테롤 수치가 눈에 띄게 개선되었으며, 자녀들은 아빠가 다시 식탁에 앉게 되어 매우 기뻐하고 있답니다.

이렇듯 환경은 우리 행동을 크게 좌우하므로, 우리는 주변 환경을 재구성함으로써 습관을 바꿀 수 있습니다. 일례로 대학 편입생들의 독서, 운동, TV

시청 습관이 어떻게 바뀌었는지 살핀 연구가 있습니다.[4] 그 결과, 장소와 사회적 환경 등 습관 유발 요인이 일관되게 유지되는 한, 편입한 대학 환경에서도 학생들의 습관은 이전 학교에서와 동일하게 유지되었다고 합니다. 예를 들어, 새 기숙사 친구들이 규칙적으로 운동을 할 경우, 편입생들 역시 운동을 계속했습니다. 그러나 습관 유발 환경이 바뀌자 습관도 바뀌었습니다. 새 기숙사 친구들이 편입 전 기숙사 친구들처럼 독서를 우선시하지 않는다면 편입생들의 독서 시간은 감소했습니다.

새로운 환경으로의 전환은 자동화된 신호-반응 연결고리를 제거하고, 우리가 새로운 다른 선택을 하게끔 자극합니다. 예를 들어 앞서 언급한 편입생 연구에서, 학생들은 편입 과정에서 '텔레비전을 시청해야 할까?' 또는 '내가 이 운동을 즐기고 있을까?'와 같은 질문을 스스로 던지며 자신의 행동을 재고하게 되었습니다. 새로운 환경에 들어서자 단순히 습관을 반복하기보다는 자신의 습관에 대해 깊이 성찰하게 된 것이지요. 결과적으로 환경 변화를 계기로 우리는 더 주의를 기울이게 되고, 오토파일럿 반응에도 덜 의존하게 됩니다. 이러한 변화는 도움이 안 될지도 모르는 자동적 신호-반응 연결고리에 따르기보다는, 자신이 가진 가치, 목표 및 의도에 따라 행동할 수 있는 기회를 줍니다.

정체된 습관

환경의 전환기나 변화의 시기에는 환경적인 유발 요인이 혼란을 겪습니다. 예를 들어, 휴가를 떠나면 습관이 일시적으로 멈추게 되지요. 여기서 '일시적'이라는 단어에 주목해야 하는 이유는 휴가에서 돌아와 습관 유발 환경에 다시 노출되면 예전 습관이 다시 나타날 수 있기 때문입니다. 우리는 휴가 기간 동안 그 습관이 없어졌다고 생각할 지도 모르지만, 그 습관을 유발하는 신호에 한동안 노출되지 않았을 뿐입니다.

예를 들어, 퇴근 후 동료들과 규칙적으로 필라테스를 하던 아미라라는 여성이 있습니다. 2주간의 휴가 기간 동안 필라테스 수업에 전혀 참여하지 못한 그녀는 규칙적 운동을 하던 건강한 습관이 사라져 버렸다고 생각했지요. 하지만 휴가에서 돌아오자마자 아미라는 이전처럼 동료들과 함께 필라테스 수업에 참석했습니다.

원치 않는 습관을 없애는 4단계

이번 세션의 마무리로는 원치 않는 습관을 없애는 과정을 안내하는 유익한 활동을 준비해 두었습니다. 미리 간단히 정리하면 다음과 같습니다.

① 여러분의 생활에서 바람직하지 않은 습관 발견하기

② 그 습관을 유발하는 신호 조사하기

③ 그 습관이 주는 보상 파악하기

④ 습관 재프로그래밍과 환경 재구성 중 더 적합한 방법 선택하기

절제 생활

개인적으로 저는 완전한 절제를 좋아하지 않는 편인데, 자신의 행동이나 충동을 통제할 능력이 부족하다는 (그릇된) 인상을 받을 수 있기 때문입니다. 20대 때 초콜릿 섭취량을 줄이려 했던 적이 있어요. 제가 선택한 전략은 초콜릿을 집에 두지 않는 것이었지만, 친구 집에 가거나 모임에서 초콜릿을 주면 게걸스럽게 먹어치워 모 아니면 도라는 건강에 해로운 사고방식만 갖게 되었습니다. 그럼에도 연구에 따르면 매우 고착화되었거나 중독성 있는 습관의 경우, 30일 동안 해당 물질 접촉이나 관련 행동을 자제하면 뇌 기능에

상당한 변화를 일으켜 습관을 끊는 데 도움이 된다고 합니다.[5]

정신과 교수이자 오피오이드 전염병 전문가인 애나 렘키Anna Lembke 박사는 자신의 저서 《도파민네이션Dopamine Nation》에서 30일이 뇌가 보상 경로를 재설정하고, 도파민 전달이 자가 재생되는 데 필요한 평균 기간이라고 했습니다.[6] 즉, 강하게 끌리는 물질이나 행동 없이 행복감을 느끼도록 회복하려면 일반적으로 약 한 달이 걸린다는 것이지요. 우울증 진단을 받은 알코올 중독 남성들을 대상으로 한 실험에서 이러한 가설이 입증되었습니다. 이 남성들은 우울증 치료를 받지 못하고 술에 접근이 금지된 병원에 입원했습니다. 4주 후, 참가자 86%가 더 이상 우울증 진단 기준에 해당하지 않게 되었습니다. 보상감과 도파민 분비를 촉진하는 알코올을 절제함으로써, 그들의 두뇌 보상 시스템은 건강한 균형을 되찾을 수 있었습니다.[7]

이 30일의 동안 2가지 중요한 이득이 발생합니다. 첫째, 우리의 시야가 확장되고, 삶의 다른 측면에 집중해서 즐김으로써 즐겨 하는 활동의 범위가 넓어집니다. 둘째, 원치 않는 습관과 그 습관이 우리 삶과 주변 사람들에게 미치는 영향 사이의 진정한 인과 관계를 되돌아볼 수 있습니다.

물론, "30일 동안만 끊자"라는 게 말이야 쉽지 실천하는 것은 훨씬 어려울 테지요. 극복하려는 습관에 따라 처음 10일간이 가장 힘들 것입니다. 사실 초조함, 분노, 불안, 충동적 감정 등으로 가득 차 처음 10일은 엄청나게 짜증 날 거예요. 하지만 이 힘든 시기를 지나면 기분이 훨씬 좋아질 것입니다. 이런 초기의 어려움 너머에는 더 큰 성취감이 있으므로, 끈기 있게 버티는 것이 중요합니다. 할 수 있어요. 저는 가장 고착화된 습관과 중독까지도 성공적으로 극복한 사람들을 만나면서, 여러분 모두 분명히 할 수 있음을 깨달았습니다.

30일이 지난 후 이전 습관을 적당히 되돌리고 싶다면, 자신을 구속하는 전략을 사용해 전환을 촉진할 수 있습니다. 예를 들어 월요일과 금요일과 같이 특정 요일에만, 혹은 하루에 10분만 그 습관 행동을 하는 식으로 자기 구속력 있는 전략을 사용하는 것이죠. 많은 경우, 원치 않는 습관에 대한 여러분의 생각이 바뀌어 그 습관 행동을 예전과 같이 하지는 않을 것입니다. (이 전략이 알코올 중독, 마약 남용과 같이 평생 절제하는 것만이 유일한 해결책인 위험한 중독에는 효과가 없다는 점을 명심하십시오!)

가장 강한 습관과 중독에서 벗어난 사람들도 있습니다.
그 사람들이 할 수 있다면 여러분도 분명히 할 수 있습니다.

《도파민네이션》에서 렘키 박사는 비디오 게임 중독 환자 사례를 소개합니다. 이 환자는 우울과 불안을 경험하고 결국 대학 중퇴에 이릅니다. 처음에는 비디오 게임이 우울증에서 벗어나는 유일한 방법이라고 믿었지만, 그를 우울증에 더욱 빠져들게 만든 건 사실 비디오 게임이었습니다. 30일 동안 비디오 게임을 멈추었을 때, 이 환자는 지난 몇 년 동안보다 기분이 좋아졌답니다. 결국 비디오 게임을 다시 하게 되었지만, 그는 게임에 다르게 접근했습니다. 게임 시간을 절제하며 게임과 더 건강한 관계를 맺으려 했거든요. 그의 전략은 중독성이 지나치게 강한 게임은 피하고, 낯선 사람이 아닌 친구들과만 하도록 스스로 제한한 것이었습니다. 이렇게 그는 게임 사용을 효과적으로 절제하여 삶의 균형을 더욱 건강하게 유지하게 되었습니다.[8]

여러분이 가장 행복해지는 삶을 방해하는 요소가 있나요? 앞으로 30일 동안 그걸 절제해 보는 것은 어떨까요?

요약

* 습관을 버리기에 너무 늦은 때란 없습니다. 습관은 평생 동안 바뀔 수 있으므로 원한다면 언제든 바꿀 수 있습니다.
* 바람직하든 아니든, 모든 습관에는 **보상**이 따릅니다.
* 습관을 고치는 전략은 크게 둘입니다.

  ① 기존 신호에 대한 새로운 습관 반응 설정하여 **재프로그래밍하기**(원치 않는 습관을 원하는 습관으로 대체)

  ② 기존 신호 **재구성**하기(환경의 습관 유발 신호 피하기)

* 유발 신호와 습관 사이에 간격을 두면, 신경 연결이 점차 줄어들고 시간이 지남에 따라 습관의 자동성이 무너지게 됩니다.
* 습관의 강도와 습관을 바꾸려는 강한 의지는 습관 고치기 노력의 효과에 영향을 미칩니다.
* 원치 않는 습관을 없애는 4단계는 다음과 같습니다.

  ① 바람직하지 않은 습관 발견하기

  ② 습관 유발 신호 조사하기

  ③ 습관이 주는 보상 파악하기

  ④ 재프로그래밍(새로운 습관 들이기)와 환경 재구성 중 어느 것이 더 적합한지 결정하기

* 30일 동안 특정 행동이나 물질을 절제하면, 고착화된 습관이나 중독을 극복하는 데 도움이 됩니다.

오랜 습관 버리기

새로운 습관을 형성하는 과정과 마찬가지로, 재프로그래밍이나 환경 재구성으로 신호-루틴-보상 루프를 변경함으로써 오랜 습관을 버릴 수 있습니다.

습관을 고치려면 습관이 어떻게 작용하는지, 그 메커니즘을 이해하는 것이 필요합니다. **습관 매핑**Habit mapping은 자신의 행동을 이해하는 훌륭한 방법으로, 버리고자 하는 습관을 효과적으로 끊을 수 있습니다.

습관을 매핑하려면 아래에 있는 템플릿을 활용하세요. 일지에 다이어그램을 그리고, 응답을 작성하세요.

원치 않는 습관을 없애는 4단계

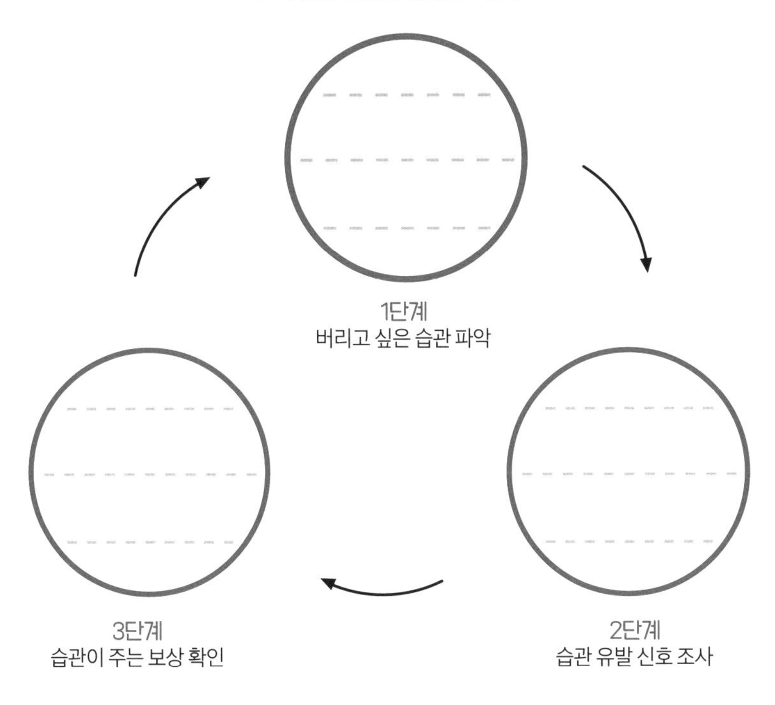

1~3단계: 습관 매핑

1단계
버릴 습관 찾기
평소에 버리고 싶던 습관을 3가지 찾아보세요.
예) 배고프지 않은 채 간식 먹기

2단계
습관 신호 조사하기
버리려는 습관을 유발하는 신호를 기록하세요.
예) 불안하거나 지루한 느낌

3단계
보상 확인하기
버리려는 습관을 통해 얻는 보상을 적어보세요.
예) 먹는 동안 할 일이 생김

4단계: 습관 제거 방법 선택

버리려는 각 습관에 대해 새로운 습관을 재프로그래밍하는 것이 더 적절한지, 아니면 환경을 재구성하는 것이 더 적절한지 결정하세요. 어떤 습관에 효과 있는 방법이 다른 습관에는 그렇지 않을 수 있습니다. 어떤 접근 방식을 선택할 것인지는 유발 신호를 피할 수 있는지 여부에 따라 달라집니다. 예를 들어, 출퇴근이나 취침과 같은 특정한 신호를 피하기 어렵겠지요.

재프로그래밍이 더 낫다고 판단되면, 원치 않는 낡은 습관을 대신할 새로운 습관을 적어보세요(습관에 따른 보상은 변함없도록 하세요). 예를 들어 볼까요?

- 신호: '퇴근 후 집에 돌아올 때.'
- 낡은 습관: '와인 한 잔을 마신다.' ×
- 새 습관: '허브 차 한 잔을 마신다.'
- 보상: '하루의 피로를 푼다.'

재구성이 더 적합하다면 신호를 피하거나 수정하려는 방법을 생각해 보세요. 예를 들면 이렇습니다.

- 신호: '퇴근길에 패스트푸드점을 지나갈 때.' ×
- 습관: '감자튀김 M사이즈와 콜라가 포함된 세트 메뉴 주문.'
- 재구성된 신호: '퇴근할 때 다른 경로로 집에 감.'
- 보상: '가족과 함께 저녁 식사함.'

원치 않는 습관 3가지를 어떻게 고칠 것인지 적어 보세요. 처음에는 막막할 수 있지만, 괜찮습니다. 이건 연습을 통해 완전히 익혀야 하는 기술입니다.

세션 7

습관의 신경과학

습관!

더 자세한 설명서 없나요?

새로운 습관을 형성하고 오래된 습관을 버릴 때 우리 뇌에서는 무슨 일이 일어날까요? 과연 나이든 사람이 뿌리 깊은 습관이나 행동을 바꾸는 것이 가능이나 할까요?

저는 어떤 메커니즘만 이해하면 충분히 바꿀 수 있다고 굳게 믿습니다. 따라서 이번 세션에서는 인간 두뇌의 경이로움을 밝히고, 그 잠재력을 활용해 여러분이 원하는 삶을 형성할 수 있는 방법을 자세히 설명하고 싶습니다. 먼저 마음과 두뇌를 구분하는 것부터 시작해 보죠.

마음과 두뇌

마음과 뇌는 모두 우리 신체와 행동에 상당한 영향력을 행사하지만 동일한 것은 아닙니다. 두뇌는 신체의 가시적이고 물리적인 기관입니다. 뉴런과 세포로 구성되어, 전기나 화학 신호를 사용해 두뇌 내부나 신체의 다른 부분과 통신합니다. 본질적으로 우리 두뇌는 마음이 존재하고 기능하게 하는 물리적 틀 역할을 합니다.

마음은 두뇌 기능에서 비롯되는 주관적 경험과 정신적 과정을 포괄하는 보다 추상적인 개념입니다. 마음이란 생각이나 느낌, 태도, 신념, 감정, 지각, 기억, 상상력 등 무형의 초월적 영역에 존재합니다. 유전이나 환경, 경험 등 다양한 요인에 의해 형성된 마음은, 시간이 지남에 따라 지속적으로 두뇌를 형성하고 재프로그래밍하고 있습니다.

본질적으로 마음과 두뇌는 하나의 통합된 시스템을 형성합니다. 두뇌가 변하면 마음도 변하고, 마음이 변하면 뇌도 변하는 것이죠.

인간의 두뇌

신체 기관 중 가장 복잡한 두뇌는 주로 생명을 유지하는 역할을 합니다. 두뇌는 이 역할을 우리 몸 전체에 메시지를 전달하는 신경 세포의 사슬인 신경 경로 네트워크를 통해 수행하게 되죠. 이러한 세포는 호흡이나 식사, 걷기, 감각, 사고, 의사소통 등 우리 생존에 필수적인 기능을 가능하게 합니다. 1.5킬로그램(3 ¼파운드)에 달하는 두뇌는 전체 체중의 약 2%에 불과하지만, 하루 에너지의 20~25%를 소비합니다.[1]

두뇌의 기본 구성요소는 뉴런neuron으로 알려진 세포이며, 우리 뇌는 약 1,000억 개의 뉴런을 갖고 있어요. 각각의 뉴런은 다른 세포와 1,000~10,000 갈래로 연결되어, 면발이 잔뜩 얽혀 있는 스파게티 접시처럼 매우 복잡한 네트워크를 형성합니다. 뉴런 연결을 일직선으로 늘어놓으면 약 500만 킬로미터(300만 마일)에 달하며, 이는 지구를 거의 125바퀴 돌 수 있는 거리에 해당합니다. 전기가 도시의 전력망을 가로지르는 것처럼, 정보는 일련의 전기 화학 메시지 형태로 이러한 뉴런 연결을 따라 전달됩니다. 메시지가 같은 경로로 반복해서 이동할수록, 그 경로는 더욱 견고하게 형성됩니다. 원치 않는 습관의 맥락에서 이 경로는 자기 파괴적 충동, 즉 바람직하지 않은 행동으로 가는 경로를 나타냅니다.

컴퓨터가 전기선으로 쉽게 변경되지 않게 단단히 고정되어 있는 것처럼, 우리 두뇌도 신경 연결로 고정되어 있습니다. 이러한 연결은 서로 다른 뇌엽을 상호 관련 짓고, 시각, 후각, 청각, 미각, 촉각의 오감을 통해 수집한 정보를 신체 활동 및 이동 방식과 연결하지요.

이것이 바로 두뇌가 우리 몸 전체의 통제 센터가 되는 이유랍니다. 뇌는 우리의 모든 생각, 움직임, 감정을 연결하는 발전소와 같습니다. 인간으로서 우리는 미리 계획을 세우고, 문제를 해결하고, 감정을 경험하고, 기억을 저장할 수 있습니다.

신경가소성

과거에는 과학자들이 두뇌가 어린 시절 이후에는 변하지 않으며, 성인이 될 때쯤에는 연결이 단단해져 '수정이 어려워진다'고 믿었습니다. 그러나 최근의 과학 발전은 이러한 고정관념을 반박하고 있답니다. 두뇌가 인생 전반에 걸쳐 변화할 수 있다는 사실을 발견한 것이죠. 상황이나 영향에 따라 두뇌는 재구성될 수 있고, 틀에 맞춰 딱딱하게 고정된 것이 아니라 '가변적plastic'이라고 합니다. 그래서 신경과학자들은 이 특징을 **신경가소성**neuroplasticity이라고 부릅니다. 두뇌는 심지어 노년기에 들어서도 새로운 활동에 의해 형성될 수 있는 능력을 지니고 있습니다.

여러분의 두뇌가 수십억 개의 도로와 통로, 고속도로를 자랑하는 활발한 도시라고 생각해 보세요. 거기에는 사람들이 많이 다니는 도로가 있습니다.

그곳이 바로 여러분의 습관이며, 확립된 사고, 감정 및 행동 방식을 나타냅니다. 특정한 방식으로 생각하고, 특정한 감정을 느끼고, 특정한 작업을 수행할 때마다 그 도로는 잘 닦입니다. 따라서 그쪽으로 이동하는 것이 두뇌에게 보다 쉽고 효율적인 선택이 됩니다.

여러분이 색다른 생각을 하거나, 낯선 감정을 선택하거나, 새로운 일을 배운다고 생각해 봅시다. 없던 도로를 새로 만드는 일입니다. 그 도로로 계속 다니게 되면 두뇌는 그 길을 더 많이 사용하기 시작하고 이 새로운 사고방식, 느낌 또는 행동은 제2의 천성이 됩니다. 잘 닦인 고속도로와 비슷하네요. 동시에 낡은 길은 쓰임새가 점점 줄어들고 약화되어 뒷골목처럼 변합니다.

새로운 연결고리를 만들고 낡은 것은 약화시켜 두뇌 배선을 재배치하는 이 과정이 바로 신경가소성이 경이로운 부분이죠. 신경가소성은 특히 학습이나 경험에 반응하여 뉴런 연결을 형성하고 재구성하는 뇌의 능력으로 정의할 수 있어요. 즉, 구조적으로나 기능적으로나 일생 동안 지속적으로 변화하는 것이 우리 두뇌의 능력입니다.[2]

신경가소성이란 우리 감정이나 행동, 경험 및 생각이 두뇌 기능 방식을 물리적으로 바꾸는 일련의 과정입니다. 모든 생각, 감정, 행동은 뇌의 신경 회로를 통해 전달되지요. 이러한 생각과 감정, 행동 및 경험은 그것이 전달되는 바로 그 회로 자체를 수정하고 형성하는 힘을 가지고 있기도 합니다.

고무적인 소식은 우리에게 두뇌를 재배선함으로써 학습하고 적응할 수 있는 능력이 있다는 것입니다. 사실, 습관을 바꾸거나 사물을 바라보는 관점을 바꾼 적이 있다면 신경가소성을 직접 경험하신 겁니다. 저도 그렇습니다. 저의 두뇌를 바꿀 수 있는 역량이 있음을 알게 된 순간, 저는 엄청난 힘을 얻었습니다. 제 삶에 뿌리박힌 습관이 무엇이든 간에 그것을 바꿀 수 있는 힘이 저에게 있으며, 시간이 지나면 점점 더 쉬워질 것이라는 점을 깨달았죠.

성인의 뇌도 학습하고 변화할 수 있을까?

물론 유아기와 아동기, 청소년기에는 신경가소성이 매우 활발합니다만, 성인의 두뇌에서도 신경가소성이란 스위치가 꺼진 것은 아니랍니다. 나이가 들어도 두뇌는 여전히 변할 수 있으며 죽을 때까지 가소성을 유지합니다. 성인이 되어도 새로운 기술을 배우고, 변화하고, 숙달할 수 있습니다. 어릴 때보단 끈기가 더 필요한 경우가 많지만요. 비슷하게 나이에 관계없이 우리 모두 새로운 언어를 배울 능력을 가지고 있지만, 어린 시절만큼 쉽게 습득하지는 못할 수도 있습니다.

이러한 사실을 이해하면, 우리 두뇌가 반복되는 행동은 강화하지만 드물게 수행하는 행동은 억제하는 경향이 있음을 알 수 있습니다. 이는 일상 행동의 중요성을 강조합니다. 우리가 행동을 미룰 때, 우리는 단지 그 일을 미뤄두기만 하는 것이 아닙니다. 동시에 미루는 행동과 관련된 신경 경로를 강화시켜, 미루는 경향을 더욱 강해지게 하고 있는 것입니다.

우리가 행동을 미룰 때는, 단순히 그 일만 미뤄지는 것이 아닙니다.
미루기와 관련된 신경 경로가 강화되어 미루는 경향이 점점 강해집니다.

이 개념은 제가 없애고 싶은 습관을 반복할 때마다 그 습관이 더욱 굳어지고 있음을 깨닫게 해 주었지요. 변명하지 않게 된 것입니다. 저는 "딱 한 번만."이라거나 "다음 주에 시작하지 뭐." 같은 핑계를 더 이상 대지 않습니다.

습관 형성과 두뇌

습관 형성과 소멸 시, 우리 두뇌에서는 신경 발생이나 시냅스 강화, 시냅스 가지치기 등 다양한 생물학적, 생리학적 메커니즘이 작용합니다. 전문 용어를 암기할 필요는 없지만, 그 기능을 이해하는 것은 삶을 변화시키려 할 때 큰 도움이 됩니다.

- 신경 발생neurogenesis: 두뇌가 새로운 뉴런을 생성하는 과정을 신경 발생이라고 합니다. 우리가 새로운 기술을 배우거나 새로운 경험을 할 때 일어나죠. 예를 들어, 새로운 습관이 생길 때 두뇌는 신호-반응 간 관계를 익혀 이 둘(신호와 반응)을 연결합니다. 또한 두뇌는 기존의 뉴런과 새로운 연결을 생성하기도 합니다. 낡은 습관을 버리고 그 자리를 대신할 새로운 습관을 재프로그래밍하려 할 때, 두뇌는 새로운 습관을 기존의 습관 유발 요인에 연결하는 방법을 학습합니다. 기존 습관을 유발하던 익숙한 신호를 접할 때마다 새로운 행동을 하도록 배우는 것이지요.
- 시냅스 강화synaptic strengthening: 신경 연결의 실제 강도는 환경에 적응하며 변할 수 있습니다. 뉴런 사이의 연결 정도를 우리가 더욱 강하게 바꿀 수 있으며, 장기적 변화와 적응(습관 형성)으로 이어지게 할 수 있다는 뜻입니다. 보통 강한 습관이라고 부르는 것이 바로 이렇게 만들어져 우리 삶에 뿌리박혀 있지요. 시냅스는 반복을 통해 강해집니다. 우리가 동일한 유발 요인에 반응하여 동일한 행동을 반복 수행할 때, 두뇌는 유발 요인과 행동 사이의 신경 연결을 강화합니다. 습관 루프를 반복하면 할수록 습관은 더욱 굳어집니다.
- 시냅스 가지치기synaptic pruning: 제가 매우 좋아하는 것이 바로 시냅스 가지치기입니다. 이 과정은 정원사가 나무에서 죽었거나 불필요한 가지를 제거해 건강한 가지가 자라나고 무성해지도록 나무를 다듬는 과정과 같습니다. 두뇌도 인지 기능을 최적화하고 효율성을 높이기 위해 낡고 약하거나 사용하지 않는 신경 연결을 제거합니다. 습관 행동을 적게 수행할수록 신경 연결은 약해지며, 결국 두뇌는 그 연결이 더 이상 필요하지 않다는 것을 학습해(사용되지 않기 때문에) 이를 제거합니다. 이것이 바로 낡은 습관을 버릴 때 두뇌에서 일어나는 일입니다. 사람은 결국 자신을 바꿀 수 있답니다.

함께 발화하는 뉴런은 서로 연결되고, 그렇지 않은 뉴런은 연결되지 않습니다.[3] 뉴런 연결을 강화하거나 가지치기하여 자동 행동이나 습관을 변화시킴으로써 두뇌를 완전히 재배선rewire할 수 있는 힘과 능력이 우리에게 있습니다. 이것이 바로 신경가소성의 힘입니다.

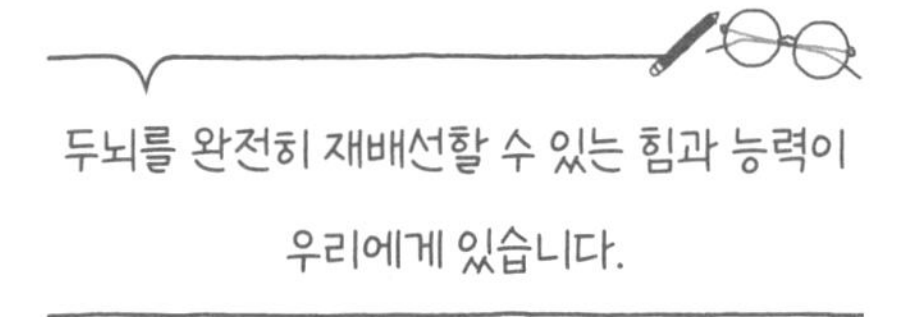

두뇌를 완전히 재배선할 수 있는 힘과 능력이 우리에게 있습니다.

두뇌 재배선에 성공하려면, 확고한 의지, 흔들리지 않는 일관성, 같은 상황에서의 반복적 강화가 필요합니다.

중요성, 보람, 생존을 위한 활력

저는 운동에서 얻는 혜택을 소중하게 여기고, 그것이 제 가치관과 부합하기도 해서 자연스레 활동적인 삶을 살고 있어요. 이런 생활은 무엇보다 집중력 향상, 수면 개선, 기분 전환, 활력 향상 등의 장점이 있습니다. 운동은 저의 치료제라 할 수 있죠.

다른 누군가가 아니라 바로 자신에게 변화가 중요하고 보람 있으며 결정적이란 믿음이 있어야, 성인의 두뇌에도 내재된 신경가소성 능력을 발휘할 수 있습니다. 그렇다면 어떻게 해야 할까요? 진부한 동기 부여 연설가처럼 들릴지 모르지만, 저는 여러분에게 자신만의 '왜'를 찾아보라고 권합니다. 이러한 변화나 목표가 여러분에게 중요한 이유는 무엇인가요? 그 변화가 여러분의 삶을 어떻게 도울까요? 여러분은 어떤 사람이 되고 싶나요?

이러한 질문에 대해 깊이 탐구하고 진지하게 고민하는 것은, 목표를 추구하고 중요한 두뇌 변화를 일으키는 데 필요한 원동력이 됩니다. 목표와 그 목표 달성에 따른 이점을 명확하게 파악함으로써 자신감과 추진력, 열정이 생깁니다.

자신과 대화할 때 어떤 언어를 사용하는가는 매우 중요합니다. 피아노 연주를 배우려는 건가요, 아니면 전문 음악가인가요? 건강을 유지하려는 정도인가요, 아니면 활동적 라이프스타일을 추구하는 사람인가요? 여러분의 정체성과 스스로를 인식하는 방식은, 여러분의 행동을 형성하고 여러분이 내리는 결정에 영향을 미칩니다. 예를 들어 자신을 친절하고 동정심 많다고 인식하는 사람은 지역 자선 단체에서 자원 봉사를 하거나 어려운 사람을 도울 가능성이 더 높습니다. 흡연이 건강에 해롭다고 생각하는 사람은 흡연 가능성이 줄어들지요. 자신의 정체성이 뚜렷한데 행동이 그 신념이나 가치, 태도와 일치하지 않으면, 인지 부조화나 불편한 정신적 갈등을 겪을 수 있습니다.[4] 이런 상황의 전형적 예는 자신을 정직한 사람이라 여기는 사람이 거짓말을 할 때 매우 불편함을 느끼는 경우입니다. 자신이 잘못한 것을 아는 것과 자신이 정직한 사람이라고 생각하는 것 사이의 모순으로 인해 정신적 갈등이 일어나는 것이죠.

그러므로 멀리 있는 목표에 집착하기보다, 여러분의 정체성을 추구하는 것을 목표로 삼으세요. "나는 [건강/평온/자신감 있는/절제력 강한/성공적 등]한/인 사람이다." 여러분은 어떤 사람인가요? 다른 표현도 좋습니다. 대괄호에 원하는 문구를 넣어 문장을 완성함으로써 지금 바로 자아 개념을 재구성해 보세요. 자기 정체성을 세워 자신을 둘러싼 일관성 있는 내러티브를 구성하는 것은, 의미를 찾고 인지 부조화를 조정하며 살아온 경험에 근간을 둔 사회적 정체성을 확립하는 데 중요한 역할을 합니다.

인지 부조화는 보상을 추구하려는 인간의 욕구를 약화시킵니다. 예를 들어, 우리는 가공이 많이 된 음식이나 흡연이 건강에 좋지 않다는 것을 알고 있습니다. 그러나 이것이 역사상 그 어느 때보다 흡연율이 낮은 이유는 아닙니다. 흡연이 건강에 미치는 부정적인 영향을 보여주는 캠페인이나, 암 또는 다른 만성질환과 관련이 있다는 지식 때문도 아닙니다. 흡연율을 낮춘 가장 효과적인 조치는, 테이블에 둘러앉아 담배 때문에 생긴 건강 문제로 얼마나 많은 돈을 벌어들이고 있는지 떠들며 즐거워하는 부자들의 비디오였습니다.[5] 그 비디오를 본 젊은이들은 비흡연자가 되었어요. 그 장면이 이전에 그들이 흡연을 시작했을 때 가졌던 반항심과 비슷한 감정을 불러일으켰기 때문이죠.

우리는 모두 마케팅 전략에 취약합니다. 어떤 연구에서 음식 중독자들에게 식품 업계가 음식에 중독되도록 설계하는 방식을 보여준 적이 있습니다. 식품 회사가 수개월 간의 연구와 제품 개발에 투자하는 수백만 달러의 비용을, 소비자들이 갈망할 매력적인 맛을 만들어내려고 어떤 재료를 이용해 화학적으로 과장된 맛을 만드는지를 알려준 것이지요. 식품 업계는 설탕, 지방, 소금을 교묘하게 이용해 인간의 생물학적 반응을 악용했습니다. 그들은 자기 회사 음식이 대박을 치는 방법을 알고 있으며, 보상 시스템을 이용해 우리가 점점 더 많이 먹게 하고, 결국 경쟁사를 이기고자 합니다. 이런 비밀이 밝혀지고 참가자들이 음식을 중독성 있게 만드는 대기업의 행태에 대해 알게 되자, 참가자들의 행동과 가치관 사이에 갈등이 일어났습니다. 그 결과, 음식 중독과 고도로 가공된 식품 섭취가 크게 감소했습니다.[6]

저 역시 이 같은 효과를 직접 겪은 적이 있습니다. 소셜 미디어 개발자들이 소비자가 최대한 오랫동안 스크롤하게 하려는 목적으로 플랫폼을 디자

인한다는 사실을 알게 되었을 때입니다. 사용자의 스크롤 시간이 길어질수록 플랫폼은 더 많은 돈을 벌기 때문이죠. 멈추거나 끝나게 되는 지점 없이 끝없이 스크롤하게 하는 무한 스크롤infinite scrolling을 도입한 것이 문제의 시작입니다. 다음에 탑재된 기능은 푸시 알람으로, "샐리가 마켓플레이스에 제품을 게시했습니다."와 같이 새로운 콘텐츠나 업데이트를 사용자에게 알리는 것이죠. 그걸 제가 꼭 알아야 하나요? 그렇지 않더라도, 가끔은 샐리가 무엇을 판매하는지 확인해야 할 것 같은 느낌이 들 때가 있습니다. 이러한 알람은 긴박감과 '나만 소외된다는 두려움FOMO, fear of missing out'을 불러일으켜, 우리가 계정을 자주 확인하게 합니다. 또 다른 중독 전략은 개인화된 콘텐츠입니다. 영리하게 설계된 알고리즘은 우리가 이전에 한 디지털 행동과 관심사를 기반으로 가장 좋아할 만한 게시물을 보여줍니다. 그 플랫폼이 우리 각자와 관련 있어 보이고 친숙해 보이게 함으로써 다시 찾게 만들려는 전략이지요.

하지만 소셜 미디어는 사회적 확인social validation을 통해 우리의 자존감을 악용하는 데까지 이르렀습니다. 연구에 따르면 좋아요, 댓글, 공유 등의 형태로 받는 피드백은 우리 두뇌의 보상 시스템을 작동시켜, 시간이 지날수록 피드백 부재가 우울함이나 외로움, 공허함으로 이어지도록 만들 수 있다고 합니다.[7] 이 밖에도, 로그인 상태를 유지하게 하는 포인트 제도나 배지 획득과 같은 게임화 전략, 친한 친구가 실제로 온라인 상태가 아님에도 불구하고 온라인 상태로 거짓 표시하는 기술 등 수많은 전략이 있습니다.

우리는 인간의 두뇌와 중독성 있는 UX(사용자 경험)를 만드는 방법을 아주 잘 아는 컴퓨터 엔지니어, 연구원 및 사회심리학자들과 맞붙었을 때, 우리에게 얼마나 많은 선택권이 부여될 수 있는지 알아야만 합니다. 여러분은 어떨지 모르겠지만 저는 이러한 중독 전략을 알게 되었을 때, 소셜 미디어에서 생각 없이 스크롤하지 않게 되었습니다. 여전히 소셜 미디어에 게시물을 올리지만, 한가한 시간에 소셜 플랫폼에서 스크롤하거나 시간을 보내는 경우는 거의 없게 되었죠. 반항적 성격 탓인지 모르겠지만 저는 자율성을 유지하는 것을 중요하게 생각합니다. 제 시간과 두뇌의 보상 시스템을 직접 통제하고 싶으니까요.

자기 내면에 갖고 있는 목적을 깊이 파고들어 '왜'를 발견하고, 스스로에게 의미 있도록 하며, 자신이 되고자 하는 사람이 이미 되었다고 믿어 보세요.

요약

* 일생 동안 두뇌는 지속적으로 변화를 겪습니다. 이것이 바로 **신경가소성**이라는 경이로움입니다. 신경 연결은 매일 진화하므로 우리는 두뇌를 재배선하고 삶을 변화시킬 수 있는 역량을 지닙니다.
* 신경 발생과 시냅스 가지치기 과정을 통해, 아무리 나이 든 사람이라도 바뀔 수 있습니다.
* 함께 발화하는 뉴런은 서로 연결되고, 그렇지 않은 뉴런은 연결되지 않습니다.
* 습관은 신경가소성의 힘이 아주 잘 발현된 형태입니다.
  - 새로운 뉴런과 시냅스 연결은 새로운 기술이나 경험을 통해 만들어지고, 반복을 통해 강화되어 장기적인 습관 변화로 이어집니다.
  - 특정 습관 행동을 한동안 수행하지 않으면, 낡고 약한 시냅스 연결은 끊어집니다.
* 성인 두뇌에도 내재되어 있는 신경가소성은 우리가 생존을 위해 변화해야 하고 그것이 중요하고 보람되다고 믿을 때 더욱 강해질 수 있습니다.

세션 8

마이크로 습관

✦

원래 가장 작은 게 가장 매워요.

행동 변화 분야에서 일하면서 저는 자신의 삶에 변화를 일으키고자 하는 사람들을 자주 만나게 됩니다. 누구나 새해가 되면 새해 결심과 목표를 세워 더 나은 사람이 되려고 하지요. 신중하게 세워지기만 한다면, 목표란 개인의 성장을 위해 귀중한 도움이 된다고 생각합니다. 그러나 우리의 목표는 현실적이기보다는 산타에게 받을 크리스마스 선물 목록처럼 지나치게 야심찬 경우가 많습니다. 우리는 살을 빼고, 건강해지고, 빚을 갚고, 감사와 명상 습관을 들이고, 더 자주 여행하며, 더 많은 물을 마시고, 더 나은 부모, 더 근사한 파트너, 더 좋은 친구가 되고 싶어 합니다. 정말 많고 큰 목표들이네요.

하지만 우리 두뇌는 변화를 처리할 능력이 제한되어 한 번에 최대 3개까지만 처리할 수 있습니다. 그런 만큼 스스로 목표를 3개 이하로 설정해야만 인지 능력에 부담을 주지 않으면서 목표 달성 가능성을 크게 높일 수 있습니다. 더 나아가 한 번에 하나의 변화에만 집중하면 여러 변화에 집중하려 노력할 때보다 성공 확률이 크게 높아집니다.

단순함이 행동을 바꾼다

연구에 따르면 우리가 목표하는 행동의 변화가 단순할수록 그 행동을 일관성 있게 수행할 가능성이 높아져 더 지속적인 결과를 이끌어낼 수 있다고 합니다.[1] 규모가 크고 복잡한 변화는 달성하기도 곤란할 뿐만 아니라, 지속하기는 더 어렵습니다. 단순함은 행동을 변화시킵니다. 전면적 변화를 시도하는 것보다 사소하지만 일관된 변화를 시도하는 편이 생활 전반에 보다 효과적인 변화를 가져올 것입니다. 크고 복잡한 변화에 비해 단순한 변화에는 의지력과 동기가 덜 필요하기 때문이지요.

우리의 자제력은 시간이 지남에 따라 소진되는 유한한 자원이며, 고갈될 수 있습니다. 이른바 '자아 고갈'이죠(이에 관해서는 [세션 9]에서 곧 자세히 살펴봅니다). 그런 까닭에 특히 동기가 낮은 시기이거나 장애물에 직면했을 때, 우리는 자제력에 지속적으로 의존할 수 없습니다. 동기 부여는 파도와 같아서, 매일매일 순간순간 들고 나기 마련입니다.

다음 그래프의 세로축은 동기 부여 수준을, 가로축은 시간을 나타냅니다. 시간이 지남에 따라 동기 부여는 자연스럽게 최고점과 최저점 사이에서 오르락내리락합니다. 선 A는 실행이 어려워 더 높은 수준의 동기가 필요한 행동을 나타내고, 선 B는 낮은 수준의 동기로도 충분히 가능한 행동을 나타냅니다. 동기 부여가 낮을 때에는 달리기나 책 전체 읽기처럼 어려운 과제를 지속적으로 수행하기가 쉽지 않다는 것을 알 수 있습니다. 그러나 이렇게 동기 부여가 낮은 시기에도 한가롭게 산책하거나 책 한 페이지를 읽는 것과 같은 단순한 행동은 규칙적으로 해낼 수 있습니다.

어려운 행동과 쉬운 행동에 대한 동기 부여

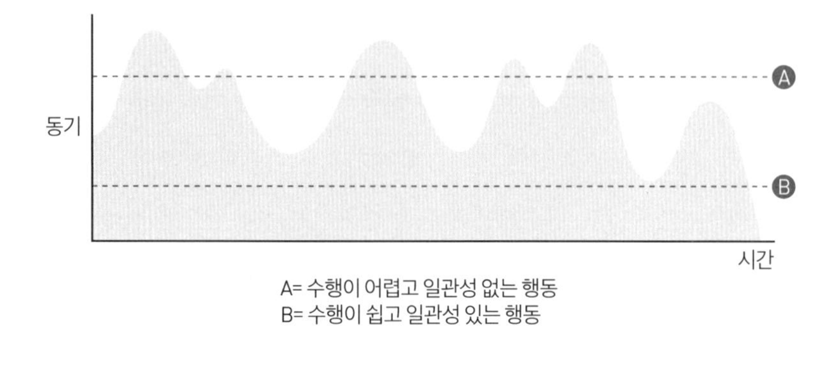

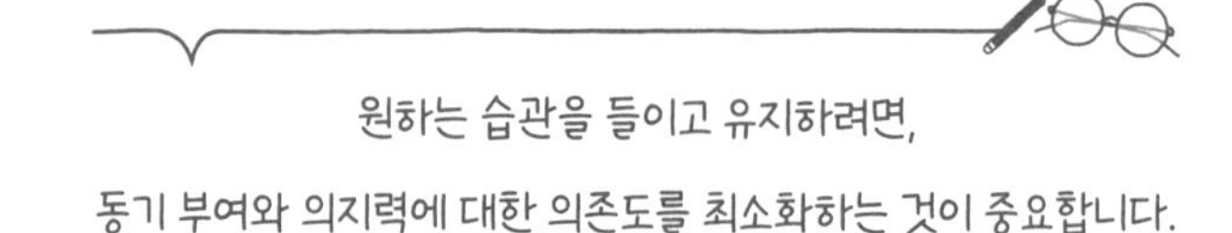

새로운 습관을 형성하는 열쇠가 일관성임을 안다면, 원하는 습관을 세우고 유지하기 위해서는 동기 부여와 의지력에 대한 의존도를 최소화하는 것이 중요함을 이해할 겁니다. 우리는 들이려는 습관을 더 작고 관리하기 쉬운 구성요소로 세분화한 뒤, 이를 하나씩 실천에 옮길 수 있습니다. 이런 조각 습관을 '마이크로 습관'이라고 부르겠습니다.

마이크로 습관

마이크로 습관micro habit이란 목표로 하는 습관을 한입 크기로 만든 것입니다. 여기서 한입 크기란 기르려는 습관의 작고 간단한 버전을 말합니다. 마이크로 습관은 노력이 거의 필요 없어서 선뜻 실행하기 쉬운 행동입니다.

예를 들어, 목표가 건강한 식습관이라면 전체 식단을 완전히 바꾸는 것보다 매일 과일 한 조각을 섭취하는 것이 훨씬 쉽습니다. 또는 일상에서 더 많은 신체활동을 하는 것이 목표라면 마라톤 연습보다 15분씩 매일 걷는 것이 훨씬 쉽습니다.

한꺼번에 너무 야심찬 목표를 세우면 처음 며칠이나 몇 주 동안은 열정적으로 해낼지 모르지만, 시간이 지날수록 의욕이 떨어질 수 있어요. 특히 육아, 업무 압박, 피로 등의 문제에 직면하면, 무슨 이유에서든 결국 예전 습관으로 돌아갈지도 모릅니다. 따라서 꾸준히 수행할 수 있는 작은 습관부터 시작하는 것이 중요합니다. 점차적으로 두뇌가 바뀐 상황에 적응하면서 그 습관을 제2의 천성으로 인식하게 될 것입니다.

직관에 반하는 것처럼 보일지도 모르지만, 작은 단계부터 시작하는 것이 목표 달성에 더 효과적인 접근 방식인 경우가 많습니다. 인간은 목표를 빨리 달성하려는 본능이 있습니다. 그러나 여러 연구에서 밝혀진 바에 의하면, 큰 변화는 이루기 어렵고 오히려 여러 번의 작은 변화를 꾸준히 실천할 때 성공할 가능성이 높습니다.[2] 하루 15분 걷기는 그리 대단한 운동으로 보이지 않지만, 여러 달에 걸쳐 15분씩 걷는 것이 모이면 산발적으로 마라톤 훈련을 시도하는 것보다 훨씬 많은 운동이 될 것입니다.

습관 효과에 복리 이자를 붙여라

우리는 보통 규모가 큰 일회성 행동의 중요성은 과대평가하고, 작고 흔한 행동의 영향력은 과소평가하기 마련입니다. 일반적으로, 실질적 변화를 꾀하려면 거창한 행동이 필요하다고 오해하곤 하지요. 체중 감량을 위해서는 극도로 제한적인 식사를 고수해야 하고, 체력 향상을 위해 매일 격렬한 운동을 해야 한다고 믿습니다. 마찬가지로 돈을 절약하려면 불필요한 사치를 모두 포기해야 한다고 생각합니다. 그러나 현실은 이러한 행동의 큰 변화가 달성하고 유지하기에 매우 어렵다는 것입니다. 장기간 제한적인 식단을 유지하는 것도 불가능하고, 돈을 아끼기 위해 영화관에 가지 않거나 식당에서 식사를 하지 않는 것도 무리입니다.

큰 성과를 가져오는 것은 큰 행동이 아니라, 바로 지속적으로 수행되는 작고 달성 가능한 행동입니다. 돈을 절약하려고 식단 조절을 하고 영화 관람이나 멋진 식당에 가는 일을 무작정 삼가는 것은 비합리적입니다. 저축한 돈이 은행 계좌에서 복리 계산되어 늘어나는 것처럼, 마이크로 습관의 장점도 반복할수록 더욱 커집니다. 찬장에 있는 선반 중 하나만 청소한다고 생각해 보세요. 같은 행동을 몇 주에 걸쳐 한다면, 결국 깔끔한 찬장을 갖게 됩니다. 하지만 찬장 전체를 한 번에 청소하려는 동기가 충분히 생기기를 기다린다면 찬장은 계속 어수선해지기만 할 테지요. 작은 습관을 바꾸면 큰 결과를 얻게 됩니다.

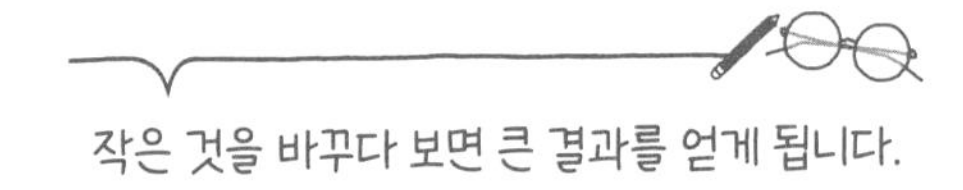

작은 것을 바꾸다 보면 큰 결과를 얻게 됩니다.

또한 속력보다 방향이 훨씬 더 중요함을 기억하세요. 올바른 방향으로 한 걸음씩 나아간다면, 아무리 사소할지언정 목표에 가까이 다가가게 됩니다. 잘못된 방향으로 빠르게 움직이는 것보다 올바른 방향으로 천천히 움직이는 것이 훨씬 더 생산적입니다. 작은 발걸음도 진보를 의미하며, 작은 습관도 목표 달성에 중요한 역할을 합니다.

동기에 불을 지펴라

마이크로 습관은 또한 여러분에게 습관 형성 초반에 즉각적인 성공을 맛보게 해줍니다. '모바일 기기 사용 시간 5분 줄이기'와 같이 실현 가능한 목표를 설정한 후 이를 달성하면, 두뇌에서는 보상 회로가 작동하여 즐거움과 만족감을 경험하게 됩니다. 이 보상 경로는 동기를 부여하고 해당 행동을 반복하게 유도하지요. 따라서 아주 작더라도 목표를 달성함으로써, 보람 있는 결과로 이어진 여러분의 관련 행동과 신경 경로가 강화될 수 있습니다.

자기효능감을 높여라

여러분은 스스로에게 목표를 달성할 수 있는 능력이 있다고 믿나요? 물론 그러시길 바랍니다. 동기 부여와 성공을 예측하는 가장 강력한 인자는 **자기효능감**, 즉 자신이 설정한 목표를 스스로 달성할 수 있는 능력에 대한 믿음입니다. 자기효능감이 높으면 궁극적으로 성공을 경험할 가능성이 높답니다.[3]

자기효능감은 자기 이미지나 자존감과는 다릅니다. 자존감은 '존재'에 초점을 두며, 자신이 있는 그대로 온전하게 받아들여질 수 있다는 느낌이라면, 자기효능감은 '행동'에 더 중점을 둡니다. 즉 어려운 일에 부딪혔을 때 할 수 있다는 태도를 갖고 행동을 취하는 것이며, 자신이 그 도전적 과제에 응할 준비가 되어 있음을 아는 것입니다.

자기효능감 개념을 도입한 심리학 교수 앨버트 반두라Albert Bandura는 "자신의 능력에 대한 인간의 믿음은, 그 능력에 지대한 영향을 미친다."란 말을 남겼습니다.[4] 헨리 포드Henry Ford 역시 이렇게 말했습니다. "여러분이 스스로 해낼 수 있다고 생각하든 아니든, 여러분 생각이 맞습니다."[5]

외국어를 배우는 사람을 상상해 보세요. 자기효능감이 높은 사람은 학습 과정이 어려워도 결국 유창하게 되리라 믿습니다. 자기 능력을 믿으니, 끊임없이 연습하고, 자원과 지원을 구하며, 좌절을 경험하더라도 계속해 나가게 됩니다. 궁극적으로 확고한 자기효능감이 성공적인 외국어 습득으로 이어져 자신의 능력에 대한 믿음을 강화하고, 앞으로 다가올 어려움에 대처할 자신감을 쌓게 해줍니다.

저는 남미에서 사람의 발길이 닿지 않은 곳을 여행하며 작고 외딴 마을을 6개월 동안 다닌 적이 있습니다. 그곳 현지인들은 영어를 잘하지 못했기 때문에 돌아다니거나 식사를 주문하려면 제가 스페인어를 해야 했지요. 그때 자막이 있는 만화영화를 보곤 했는데, 그들이 제가 배울 수 있겠단 자신이 생길 정도의 기본 어휘를 사용했기 때문입니다. 스페인어를 익힐 수 있다고 저는 믿었고 실제로 그렇게 했습니다. 복잡한 정치적 대화를 나눌 수는 없었지만, 사람들과 쉽게 소통하고 여행할 수 있을 만큼의 의사소통 능력은 갖추게 되었답니다.

경험이 부족해 목표 달성이 어려울 것이라 느낀다고 가정해 보겠습니다. 이러한 생각과 감정은 불안과 스트레스를 유발하고 교감신경계를 활성화하여 여러분을 도피나 싸움 또는 얼음 상태에 빠뜨릴 수 있습니다. 이런 상태에서 창의성과 생산성은 떨어지고 두뇌는 더 이상 목표 달성의 좋은 점에 집중하지 않으며, 미루는 습관이 생겨 진행하지 못하게 됩니다. 그 결과 여러분은 자신이 하고 싶은 일을 하지 않고 있는 모습을 보게 되고, 무능력에 대한 믿음은 더욱 강화됩니다. 원래 가지고 있던 낮은 자기효능감의 악순환이 계속됩니다.

이 악순환에서 벗어나려면 스스로가 어떤 사람이 되어야 하는지부터 생각해 보세요. 열린 마음, 용기, 균형감, 절제력, 회복탄력성 같은 특성을 길러야 할까요? 과거에 여러분이 그런 자질을 발휘했던 때를 떠올려 보세요. 그리고 스스로에 대한 의심 대신, 여러분이 목표를 달성할 수 있는 사람이며 실제로 그럴 수 있다는 믿음을 가져 보세요.

의심에 직면하고 그것을 극복할 때마다, 여러분은 자신의 유능함을 스스로에게 증명하게 됩니다. 두려움에 굴하지 않고 행동으로 옮기는 것은 내면의 힘을 보여주는 것입니다. 핑계대지 않고 어쨌든 해내는 것은 곧 여러분 내면의 위대함을 인정하는 것이죠. 이렇게 자신감과 자기효능감은 성장합니다. 한 번에 하나씩, 작고 용기 있는 행동을 통해서 말입니다.

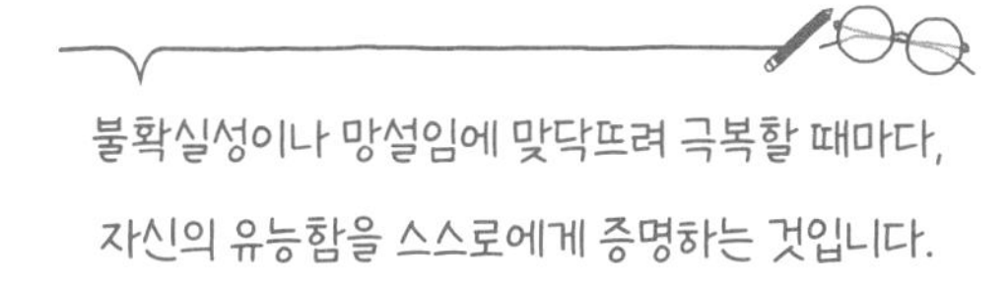

불확실성이나 망설임에 맞닥뜨려 극복할 때마다,
자신의 유능함을 스스로에게 증명하는 것입니다.

자기효능감의 사례는 여러 다양한 시나리오에서 볼 수 있는데, 특정 과목에서 뛰어나지는 않지만 학습 능력은 뛰어나다고 자신하는 학생이 한 예입니다. 또는 신생아 돌볼 일이 긴장되지만 아무리 어려운 일이 있어도 좋은 엄마가 될 자질이 자신에게 있다고 믿는 임산부도 있습니다.

작은 변화는 큰 변화보다 성취할 가능성이 높아서 자기효능감을 높입니다. 달성 가능한 마이크로 습관을 설정함으로써, 그 목표를 이루었을 때 긍정적 강화를 받아 자기효능감을 더욱 증가시킬 수 있습니다. 마이크로 습관 달성 = 긍정적인 강화 = 자기효능감 증가 = 마이크로 습관 달성. 이 얼마나 아름다운 순환인가요.

마이크로 습관은 자기효능감을 높이고, 자기효능감은 행동 변화를 촉진하며 습관을 형성합니다. 자기효능감을 높이는 다른 요인으로는 자기 대화 확언('나는 할 수 있다', [세션 15] 참조), 행동이나 습관을 바꾼 이전의 성공 경험, 타인의 격려 등이 있습니다.[6]

이러한 이유로 저는 지속 가능한 변화 실행에서, 유발 요인과 함께 마이크로 습관이 가장 중요한 개념이라고 믿습니다.

마이크로 습관은 얼마나 작을까?

체중이 상당한 빌리라는 내담자와 상담하면서 저는 배운 것이 많습니다. 빌리는 5킬로미터 정도 되는 동네 공원을 산책하겠다는 목표가 있었지만, 제가 그를 만났을 땐 운동을 전혀 하지 않은 지 몇 년째였습니다. 운동 능력에 자신감이 부족했기 때문에, 걷는다는 생각 자체가 빌리에게는 어려운 일이었습니다. 그래서 첫 주 동안 저는 빌리에게 운동화를 신어 보라고 부탁했습니다. 며칠 만에 신발을 찾은 빌리는 매일 운동화를 신고 집 안을 돌아다녔습니다. 그런 다음 빌리는 우편함으로 걸어갔다 오는 일을 해냈습니다. 그러다가 그는 골목 끝에 무엇이 있는지 궁금해져서 집 앞 골목길 끝까지 갔다 오기도 했지요. 며칠이 지나자 빌리는 주변을 좀 더 넓게 걷기 시작했고, 결국 원래 목표였던 5킬로미터짜리 동네 공원 둘레길을 걷는 데 성공했습니다. 물론 빌리는 매우 기뻐했죠. 그는 체중 감량 이후 자신감을 얻었고 10km 달리기를 완주해 내기까지 했습니다. 단순히 운동화 끈을 묶는 것에서 시작한 이 운동은 '상상할 수 없는' 성과로 이어졌습니다.

빌리와의 상담에서 저는 마이크로 습관의 강도, 지속 시간, 빈도는 각 개인의 상황과 변화 능력에 따라 달라진다는 것을 깨달았습니다. 적극적으로 활동량을 늘리려는 두 사람이 있다고 생각해 보세요. 한 사람은 운동화 신기가 첫 습관이 되지만, 다른 사람의 첫 습관은 매일 20분씩 걷는 것일 수도 있습니다. 핵심은 지속적으로 해낼 수 있을 만큼 작은 습관을 만드는 것입니다.

몸을 움직이게 만드는 마이크로 운동 습관의 예는 다음과 같습니다.

- 주전자가 끓기를 기다리는 동안 부엌 조리대에 대고 팔굽혀 펴기 10회 하기
- 토스터를 기다리는 동안 벽에 기대어 앉는 자세 유지하기
- 양치질하는 동안 한쪽 다리로 균형 잡기
- TV 시청 도중 광고 시간에 스쿼트하기

"매일 1% 더 잘하기"라는 메시지를 접한 적이 있을 것입니다. 1년 동안 매일 1%씩 나아질 수 있다면, 마지막엔 38배 더 나아질 것이라는 계산이지요(1.01365 = 37.78). 솔직히 말해서 저는 이 개념이 비실용적이고 적용 가능성이나 관련성이 낮다고 생각해 별로 좋아하지는 않습니다. 어떤 행동을 정확히 100으로 나누고 그중 1이 어떤 모양이나 느낌인지 파악한다니, 너무 어려운 일 아닌가요? 게다가 만일 여러분에게 1% 이상을 달성할 수 있는 능력이 있다면요? 1%를 고수하느라 진행 속도가 느려지면, 의욕을 잃고 목표를 완전히 포기하게 될지도 모릅니다.

여기서 또 한 가지 강조할 점은 때로는 지속적 개선이 아니라, 새로운 습관을 단순히 유지하는 것이 목표일 때도 있다는 것입니다. 예를 들어, 매일 10분 명상이 목표라면 10분 달성이 목표이지, 매일 10분 이상으로 1%씩 더 잘하기 위해 노력할 필요는 없겠지요. 매일 점진적 개선에 집착하는 대신, 거부할 수 없을 만큼 작은 것부터 실천해 보세요. 매일 10분 명상할 시간은 없어도, 아마 2분 정도는 할 수 있을 겁니다. 저는 "결과가 아닌 의례rituals를 추구하세요."라고 말하고 싶습니다. 준비되지 않았더라도 그냥 시작해, 현재 할 수 있는 것을 하다 보면 점차적으로 그 루틴이 만들어져 갈 것입니다.

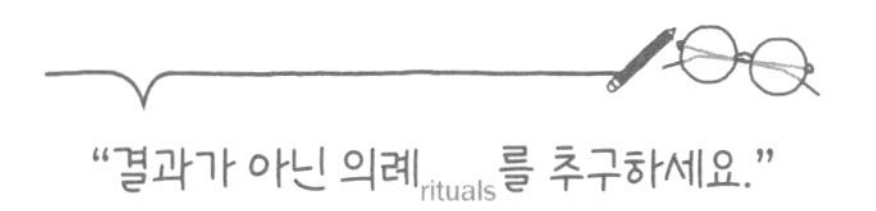

작은 습관이 몸에 베어 자동적으로 굳어지면 원하는 습관을 온전히 갖게 될 때까지 강도, 지속 시간 또는 빈도를 점차 늘릴 수 있습니다. 예를 들어, 최종 목표가 하루에 1만 보를 걷는 것이라면, 2천 보부터 시작해 보세요. 하루에 2천 보 걷는 것이 습관이 되면, 다시 4천 보로, 그다음에는 하루 6천 보 등으로 강도를 늘려 가며 하루 1만 보 목표에 도달할 때까지 계속하는 것입니다.

제가 운영하는 습관 코치 인증 과정을 수료한 절친한 친구 케이트는 스스로를 "마이크로 습관으로 개종한 사람"이라고 부릅니다. 과거에는 야심찬 (하지만 허황된) 목표를 세우거나, '모 아니면 도' 또는 '죽느냐 사느냐'와 같은 태도를 지녔던 케이트는 마이크로 습관을 자신의 삶뿐만 아니라 자기가 코칭하는 고객들의 삶에도 접목시키는 사람으로 바뀌었습니다. 케이트는 지난 여정을 돌아보며 말합니다. "10년 전 저는 지금보다 훨씬 무거웠습니다. 행동 변화 기술을 여럿 시도했지만 아무것도 효과가 없더군요. 그러다 어느 날 일상생활에서 작은 변화를 시도해 보았죠. 처음에는 10분 산책이었지만, 점차 그 시간을 늘려 나갔습니다. 별것 아니었어요. 그저 작은 변화를 여러 번 줬을 뿐이에요." 그녀는 이제 건강한 체중을 유지하고 규칙적으로 운동합니다. 마이크로 습관을 삶에 적용하는 가장 효과적인 전략을 묻자, 케이트는 이렇게 설명했습니다. "날 기분 좋게 하고 내 생활에 딱 맞는 마이크로 습관을 선택하는 것이 중요합니다. 그렇지 않으면 그 습관 행동을 계속하고 싶지 않을 테니까요."

매일 꾸준히 자신이 되고자 하는 모습으로 살아 봄으로써, 여러분은 결국 자신이 바라는 정체성을 형성하게 됩니다. 여러분은 인생을 바꾸고, 일상을 바꾸며, 새로운 선택을 하고, 새로운 습관을 형성하며, 패턴을 깨고, 언제든지 새로 시작할 수 있습니다. 그 비결은 "전부 다 하든가 아무것도 안 하든가" 식의, 오래 가지 않는 심리에 빠지지 않는 것입니다. 대신, 달성하기 쉽고 지속 가능한 작고 간단한 행동을 선택하는 것이지요.

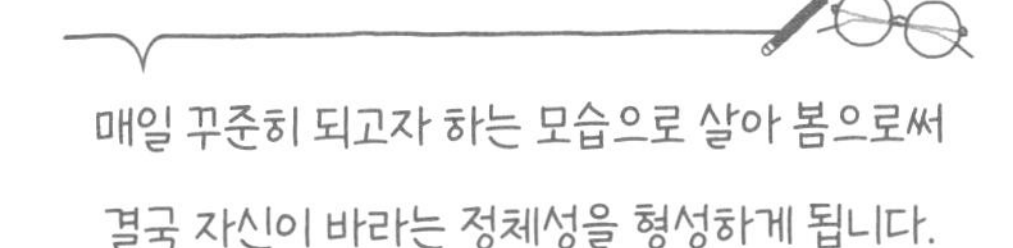

매일 꾸준히 되고자 하는 모습으로 살아 봄으로써
결국 자신이 바라는 정체성을 형성하게 됩니다.

팔굽혀 펴기 한 번 하기, 물 한 잔 마시기, 빚 한 푼 갚기, 한 페이지 읽기, 한 건 판매하기, 오래된 연락처 하나 삭제하기, 한 바퀴 걷기부터 시작해 보세요. 쉽게 달성할 수 있는 행동부터 시작하세요. 빈센트 반 고흐가 말했듯이 "위대한 일은 작은 일들이 모여 이루어집니다."[7]

두려움과 지루함 사이, 최적의 영역을 찾아라

여러분과 제가 테니스 시합을 하는 장면을 생각해 봅시다. 실력 수준은 대등하고 경기는 팽팽한 접전입니다. 과거에 서로를 상대로 승리와 패배를 번갈아 가며 경험했지요. 아슬아슬한 경기지만, 조금만 더 노력하면 저를 이길 수 있답니다.

지금 여러분의 동기 수준은 1에서 10까지의 척도(1은 의욕이 없음, 10은 의욕이 강함)로 평가할 때 어디쯤 위치하나요? 대부분 사람은 9~10 정도를 말합니다. 이 경기를 이길 수 있다는 것을 알기 때문에 매우 의욕이 넘칠 것입니다.

이번엔 다른 상황을 상상해 보시죠. 저는 코트에서 빠지고 대신 역대 최고의 테니스 선수 중 한 명인 세레나 윌리엄스Serena Williams와 마주했다고 합시다.

세레나는 강력한 서브, 지배적 플레이 스타일, 흔들리지 않는 정신력으로 유명합니다. 세레나가 서브를 준비하며 여러분 앞에 서 있습니다.

이번 상황에서 여러분의 동기 수준은 1에서 10 중 어디쯤인가요? 저라면 패배감을 느끼고 완전히 압도당할 거예요. 세레나가 공을 터치하기 전, 라켓을 저 멀리 던져버리고 코트를 떠나고 싶을 것입니다. 제 의욕은 10점 만점에 1점 정도로 떨어지겠지요.

이제, 세레나가 코트에서 내려가고 다섯 살 꼬마가 들어온다고 생각해 봅시다. 아이가 쥔 라켓은 작은 체구에 비해 너무 크고 인생 최초로 테니스 코트에 첫발을 내딛는 것이 분명해 보입니다.

지금 여러분의 동기 수준은 어느 정도인가요? 이 게임에서 최선을 다하려는 의욕에 불타오르는 분은 거의 없을 겁니다. 노력을 거의 들이지 않고도 이 게임에서 쉽게 승리할 것이라 생각하면 동기 부여 수준이 낮아질 테니까요. 2나 3 정도겠지요. 사실 어떤 분들은 반대로 아이가 이기게 해줘야 한다는 강박을 느낄 수도 있고, 또 어떤 분들은 더 나아가 "저 아이를 박살 내야지!"라며 경쟁심을 품을 수도 있습니다.

목표가 지나치게 높으면 우리는 종종 압도감과 패배감으로 의욕을 잃게 됩니다. 마찬가지로 목표가 너무 초라하면 충분한 도전을 받지 못해 동기를 잃어 목표 달성이 그다지 흥미롭지 않을 위험이 있습니다.

최적의 영역은 각자의 안전지대comfort zone 가장자리에 위치하고 있습니다. 두려움과 지루함 사이 그 어디쯤, 그다지 불편하지 않지만 충분히 도전할 수 있는 곳이죠. 우리 두뇌는 이 적당한 활성화 영역에서 최적의 학습을 할 준비를 갖춥니다. 매우 낮거나 매우 높은 수준의 각성 상태에서 학습은 억제됩니다. 연구들이 계속해서 보여주듯, 우리는 주어진 과제가 적당히 어려울 때

가장 많이 노력하게 되고, 매우 쉽거나 지나치게 어려울 때 노력을 거의 안 하는 경향이 있습니다.[8]

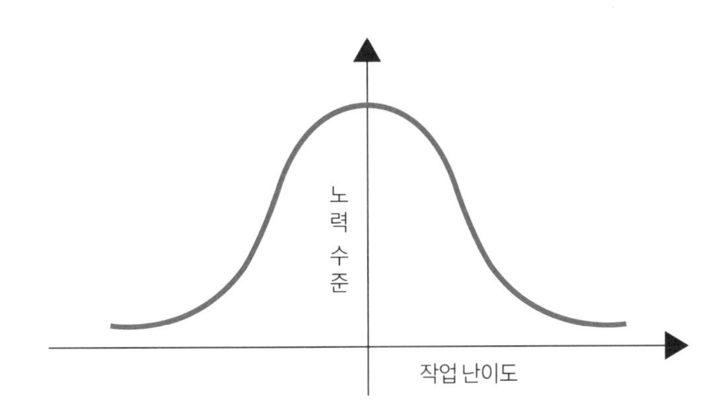

두려움은 과도한 각성의 증상입니다. 목표가 지나치게 크거나 벅찰 때, 혹은 가진 기술 수준이나 능력을 훨씬 뛰어넘을 때 발생합니다. 목표를 시작하기 어렵거나 목표를 수행하려는 생각에 부담스럽다면 두려움을 느끼는 것이죠. 이런 경우, 관리하기 쉽고 달성이 가능한 마이크로 습관으로 조정해 보세요. 각성의 반대편에는 지루함이 있습니다. 이는 각성 부족의 신호로, 마이크로 습관이 충분한 도전을 받지 않을 때 발생합니다. 목표가 너무 쉬워 언제든 해낼 수 있다고 생각하지만 행동으로 옮기는 것을 망설이는 경우입니다. 이럴 땐 골대를 이동해, 조금 더 야심차고 도전적인 목표를 설정해 보세요.

아무튼, 시작하라: 착수하기, 실행하기

아침에 일어나 부엌으로 가서 차를 끓여 마시는 것이 제가 아침을 시작하는 방식입니다. 재미있는 것은 마시는 차 종류는 매일 다르다는 것이죠. 어떤 날은 잉글리시 블랙퍼스트, 다른 날은 차이 티를, 오늘 아침엔 화이트 로

즈와 바닐라 차를 마셨어요. 핫초코를 즐기는 날도 있답니다. 어쨌든 '아침에 따뜻한 음료 마시기'란 습관은 일관되게 착수하지만, 구체적인 수행 방법은 매번 다릅니다. 착수는 마치 '시작 버튼on'과 같습니다. 어떤 일을 하겠다고 습관적으로 결정하는 것이죠. 반면에 수행은 습관을 따라가게 하는 '재생 버튼play'입니다. 그 일을 습관적으로 하는 것입니다.

습관적으로 착수된 행동은 별다른 생각없이 자동으로 하게끔 신호를 받는 행동입니다(예: 아침에 이를 닦는 것). 습관 수행은 일련의 행동 과정을 밟도록 촉진하는 습관을 말합니다. 예를 들어 샤워 후 몸을 말리는 방법이나 커피 한 잔을 만드는 방법 등입니다.

저는 매일 아침 헬스장에 가는 습관이 있지만, 운동하는 습관은 없습니다. 습관적으로 헬스장에 가긴 하지만, 그때 그때 하는 운동은 다릅니다. 아침마다 제가 어떤 운동을 할지 애써 생각해 보아야 합니다. 차 한 잔 마시고 헬스장에 가게끔 착수하는 습관은 있지만, 운동 행동을 수행하는 습관은 없는 거지요. 저는 습관적으로 차 한 잔을 마시고 체육관에 가기로 결정합니다. 이러한 결정은 자동적이고 무의식적입니다. 하지만 어떤 차를 마시고 싶은지, 오늘은 어떤 운동을 할 것인지 같이 습관을 실제로 수행하는 방법은 제가 생각해야 할 거리입니다.

이것이 중요한 이유는 점점 많은 과학 연구에서 습관 행동의 빈도를 예측하는 것이 수행 습관이 아닌 착수 습관이라는 점을 밝히고 있기 때문입니다. '산책 나가기'를 자동적으로 하는 사람들(즉, 착수 습관이 있는 사람들)은 산책을 더 일관성 있게 자주 하게 될 것입니다. 그들의 습관은 걷겠다고 결정하는 것입니다. 만일 '걷기'라는 수행 습관만 갖고 있다면 산책을 할지 말지는 스스로 결정해야 하므로, 더 자주 걷는 습관으로 이어지지 않을 가능성이 높아요. 습관은 걷기 그 자체이며, 걷기와 관련된 행위를 하기로 의식적인(비자동) 결정을 내린 후에만 발생합니다.

레비라는 사람을 예로 들어 볼게요. 그 남자는 강아지와 공원에서 산책하는 것을 좋아합니다. 매일 걷진 않습니다. 기분이 좋을 때나 기억날 때 가고 싶어 할 뿐입니다. 산책할 때, 레비는 항상 같은 경로(길을 따라 가서 횡단보도를 건너 공원으로 가는)를 택한 다음 공원 주변의 트랙을 걷습니다. 다른 길을 택하거나 다른 공원으로 가는 것은 절대 생각하지 않습니다. 산책은 레비의 습관이 아닙니다(그는 습관적으로 산책하러 가기로 결정하지 않으며 습관을 조장하지도 않지요). 그의 습관은 다른 목적으로 공원을 산책하는 것입니다(그는 습관적으로 같은 길을 걷습니다. 이것이 습관 수행입니다).

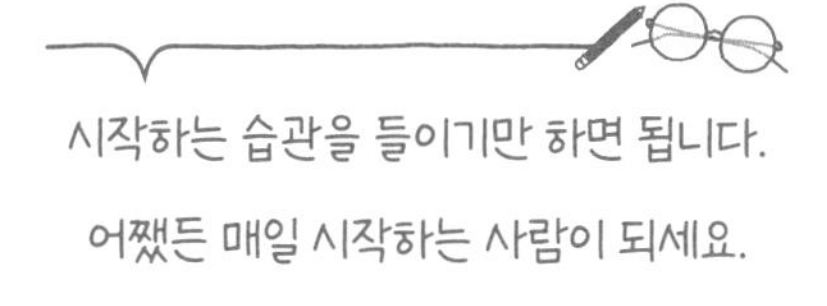

행동을 지속적으로 유지하기 위해 그 행동을 모조리 자동화할 필요는 없습니다. 왜냐하면 착수 습관을 들이는 것(즉, 그 행동을 시작하기로 규칙적으로 결심하는 것)만으로도 해당 행동을 충분히 유지할 수 있기 때문입니다. 미리 완벽한 계획을 세우는 데 집착하지 말고 그 계획에서 필수적인 단계를 해내도록 하세요. 그것은 바로 '**아무튼 시작**'하는 것입니다. 행동을 착수하는 습관을 기르기만 하면 됩니다. 매일 '아무튼 시작'하는 사람이 되세요. 그 이후에 일어나는 일은 부차적일 뿐입니다. 아무튼 시작하는 것에 집중하세요. 그냥 시작하세요.

이 세션의 마무리 활동은 여러분이 성공적으로 마이크로 습관을 기르도록 해 줄 것입니다. 지금 바로 노트나 일지를 꺼내 적어 보세요. 오늘부터 마이크로 습관을 해내는 겁니다.

요약

* 우리 두뇌는 한 번에 **최대 3가지** 변화를 동시에 실행하는 능력이 있습니다.
* 작고 일관성 있는 변화를 시도하는 것이 큰 변화를 시도하는 것보다 더 효과적인 생활 습관 변화로 이어집니다.
* 바꾸려는 행동이 간단할수록 더 일관성 있게 실행할 수 있어서 더 좋은 결과를 볼 수 있으며 지속될 가능성이 높습니다.
* **마이크로 습관**은 기르려는 습관의 축소판으로, 실행하는 데 노력이 거의 필요치 않습니다.
* 마이크로 습관의 강도와 기간, 빈도는 각 개인의 상황과 변화에 대한 준비도에 따라 달라집니다.
* **자기효능감**은 동기 부여와 성공을 예측하는 가장 강력한 요인입니다.
* 목표가 너무 야심차거나 반대로 너무 소소하다면 우리는 의욕을 잃습니다. 의욕을 갖는 최적의 영역은 각 개인의 안전지대 가장자리입니다. 두려움과 지루함이 갈리는 영역으로, 그다지 불안하지 않으면서도 도전적 과제를 해낼 만한 곳입니다.
* 습관적으로 착수하는 행동은 신호를 받아 자동적으로 실행되는 행동입니다(그 행동을 하기로 규칙적으로 결심하는 것). 습관 실행은 여러 행동으로 구성된 단계들을 잘 거치도록 하는 습관을 말합니다(그 행동을 실행하는 것이 습관화되는 것). 습관 착수에 집중하면(습관 행동을 그냥 시작하는 것), 기대하는 행동의 일관성과 빈도를 높일 수 있습니다.

마이크로 습관 실천하기

[세션 5] 마무리 활동에 적어둔 여러분이 기르려는 습관을 다시 살펴보고, 그 습관을 마이크로 습관으로 세분화하세요.

각 습관에 필요한 가장 작은 지속 가능한 행동을 생각해 보세요. 자신의 마이크로 습관을 회피할 수 없을 정도로 작게 만드세요. 예를 들어, 기르려는 습관이 매일 한 페이지씩 글을 쓰는 것이라면, 마이크로 습관은 매일 한 문단을 쓰는 것일 수 있겠지요. 이렇게 하면 시간이 지남에 따라 점차 한 페이지로 늘려 가며 글쓰기 습관을 강화할 수 있습니다.

마이크로 습관을 일지에 기록해 두면, 기억하기 좋을 뿐만 아니라 여러분의 진행 상황을 추적하기 쉬워집니다.

여러분이 실천하기로 한 마이크로 습관이 점차 자연스러워지고 자동화되기 시작하면 루틴에 다른 마이크로 습관을 추가할 수 있습니다. 혹은 첫 번째 마이크로 습관의 강도와 기간, 빈도를 늘리는 것도 좋습니다.

현실에 충실하기

다음 질문들은 일명 '현실에 충실하기'로, 여러분의 성찰 과정을 돕기 위해 작성했습니다. 각 질문에 답하는 과정에서 여러분은 [활동 1]에서 작성한 마이크로 습관을 구현할 것인지 결정할 수 있을 것입니다.

1. 앞으로 한 달 동안 매일 이 마이크로 습관을 실천할 준비가 되었나요?

더 나아가 3개월이나 6개월, 12개월 동안 지속할 수 있나요? 이 마이크로 습관을 매일 실천하겠다는 의지가 없다면, 달성이 불가능한 것이거나 목표가 여러분에게 그다지 중요하지 않을 가능성이 높습니다. 이 질문에 '예'라고 답하지 못한다면, 마이크로 습관을 다시 생각해 보셔야 합니다.

2. 이 마이크로 습관을 매일 실천하면 어떤 변화가 생길까요?

예를 들어, 하루에 10분씩 명상을 하면 마음이 더 고요해지고 차분해지며, 심지어 수면의 질도 향상될 수 있습니다. 작은 실천이 쌓여 큰 결과를 낳습니다. 여러분의 마이크로 습관이 가져올 결과에 대해 깊이 생각하는 시간을 가져 보세요. 그 결과가 강력한 동기 부여 역할을 하며, 애초에 여러분이 이 일을 하는 이유를 떠오르게 할 것이기 때문입니다.

3. 마이크로 습관을 실천할 때의 불편함과 그렇지 않을 때의 불편함은 어느 쪽이 큰가요?

모든 변화에는 어느 정도의 희생이 수반됩니다. 변화가 쉽지 않다는 점을 감안할 때, 여러분은 진심을 다해 그 변화를 일으키고자 해야 합니다. 그 노력의 결과가 그럴 만한 가치가 있나요? 그 이유는 무엇인가요?

4. 여러분은 어떻게 약속하고 지킬 건가요?

책임감은 습관을 지속하는 환경을 조성합니다. 친구나 배우자, 코치 또는 습관 추적기를 통해 여러분은 약속을 하고 그 약속에 책임을 질 수 있습니다. '현실에 충실하기' 질문을 곰곰이 생각한 후 기르려는 습관을 다시 수정해 보세요. 수정 사항은 노트나 일지에 기록합니다.

세션 9

자제력의 모든 것

✦

잠깐…

제 의지가 실종됐는데요.

휴게실에 들러 따끈한 도넛을 바로 집어 먹을 건가요, 아니면 과일을 찾아 먹을 건가요? 이 질문은 많은 사람에게 답하기 어려울 수 있습니다. 우리는 하루 종일 이러한 수많은 선택의 순간에 직면하고 있으며, 그 유혹을 뿌리치기 위해 자제력을 발휘해야 합니다. 때로는 오후의 달콤한 간식이나 바리스타 커피의 유혹을 자제하는 것이 정말 힘들게 느껴질 수도 있습니다. 저도 '자제력이 더 많으면 좋을 텐데.'라고 생각한 적이 수없이 많았지만, 그건 제가 자제력과 의지력 그리고 그 한계에 대해 제대로 알기 전의 일이었지요.

자제력self-control은 "자신의 충동, 욕구 및 습관적 반응을 조정, 변경, 또는 무시할 수 있는 개인의 능력"을 일컫습니다. 자제력은 의지력willpower과 혼용되어 사용되기도 하는데, 모두 동일한 실행 기능을 일컫기 때문입니다. 이는 장기적 목표를 달성하기 위해 만족감을 늦추고 단기적 유혹에 저항하는 능력이며, 생각이나 감정, 충동을 제어하고, 조건이 잘 잡혀 있거나 습관적인 대응을 통제할 수 있는 능력입니다. 자제력은 반드시 갖춰야 할 중요한 능력이며, 자신의 자제력에 대한 생각이 어떠하든 우리 모두 갖고 있는 것입니다.

종종 사람들은 담배를 끊고, 디저트를 참으며, 규칙적으로 운동하고, 돈을 낭비하는 대신 저축하는 것 같이 정신적, 육체적 노력이 상당히 필요한 상황에서 자신의 의지력을 탓하곤 합니다. 이번 세션에서는 그런 자제력이 어떻게 작동하는지, 우리는 왜 자제력 부족을 느끼는지, 어떻게 하면 자제력이 향상되는지, 그리고 무엇보다 어떻게 자제력에 의존하지 않으며 장기적인 목표를 달성할 수 있는지를 살펴보겠습니다.

자제력이란?

우리가 자제력을 발휘한다면, 배가 부르기 전에 피자를 내려놓을 수 있습니다. 정기적으로 명상을 하고 치실 사용을 잊지 않으며, 긍정적인 내면 대화를 계속하고, 화창한 날씨에 해변 대신 학교나 직장에 갈 수 있습니다. 일찍 일어나 운동하고 제시간에 잠자리에 들 수도 있습니다. 우리의 타고난 성향에 어긋나더라도 말이지요. 충동을 의도적으로 통제하고 즉각적인 욕구와 욕망을 충족하지 않는 능력은 우리가 목표 지향적인 행동을 하게 하고 궁극적으로 원하는 결과를 이루게 하는 삶의 필수적인 기술입니다.

그러나 분명 인간에게는 자기를 조절하는 능력이 있음에도 불구하고, 자제력이 기능하지 못해 많은 행동적, 사회적 문제가 발생할 수 있습니다. 과체중이나 약물 남용, 폭력 범죄, 재정 관리 부실(개인 부채 및 도박 등), 성병, 만성질환(암, 심장병 등)과 같은 문제는 유전이나 사회경제적 상황, 혹은 제도적 한계와 같은 요인의 영향을 받긴 하지만, 자기 조절의 실패에 직·간접적으로 원인을 두고 있습니다. 이러한 현상은 적어도 부분적으로는 자제력이 장기간에 걸쳐 의존할 수 없는 유한한 자원이라는 사실로 어느 정도 설명될 수 있습니다.

자제력을 근육과 비슷하다고 생각해 보세요. 근육이 힘을 발휘하려 할 때 에너지가 필요한 것처럼, 자제력을 요하는 행동에도 에너지가 필요합니다. 그러니까, 지나치게 배가 고프거나 피곤하지 않게 하는 것이 중요합니다. 근육을 오래 사용하면 근육이 피로해져 힘을 내는 능력이 감소하는 것처럼, 자제력도 쓰임에 따라 고갈되는 유한한 '예비 에너지원'에서 끌어내는 것이기에 점차 감소하기 때문입니다.

상완 이두근 운동을 하려고 덤벨을 든다고 상상해 보세요. 덤벨 들기를 몇 번 하고 나면 팔이 피로해지기 때문에, 다음 세트에 들어가기 전 덤벨을 내려놓고 팔을 쉬게 해야 합니다. 자제력도 같은 방식으로 작동합니다. 많이 사용할수록 더 지치게 됩니다. 힘들고 감정 소모적인 하루를 보낸 후에는, 퇴근 후 치킨 샐러드 같이 건강한 음식보다는 초콜릿 케이크나 치즈, 와인과 같은 음식을 갈망하게 될 것입니다.

또는 엄격한 식이요법과 운동요법이 포함된 체중 감량 프로그램을 진행 중이라고 합시다. 둘 모두 자제력이 많이 필요합니다. 엄청난 에너지로 일단 시작하지만, 자제력이란 근육에 의존하다 보면 점차 약해져 지치고 계획에서 벗어나기 쉽습니다. 다시 시작하려는 반복적인 시도에도 불구하고 여러분은 이미 신체적, 감정적 또는 정신적으로 고갈되었기 때문에 까다로운 식단을 지속하기 곤란해집니다. 결국, 부담감을 느껴 프로그램을 완전히 포기하고 싶은 충동을 느끼게 되고, 이것이 바로 다이어트 요요라는 악순환이 됩니다.

자제력은 또한 업무, 개인 생활, 정서적 어려움 등 어떤 상황에서도 차별화되지 않는 보편적 자산입니다. 여러분이 힘든 하루를 보내든, 시끄러운 아이들을 관리하든, 교통 체증을 견디든, 누군가와 갈등을 겪든, 피곤하거나 배가 고프든 간에, 이 모든 상황은 유한한 자원인 자제력을 고갈시킵니다. 한마디로, 자제력을 쓰면 쓸수록 다른 일에 쓸 자제력이 줄어듭니다.

자제력을 은행 계좌처럼 생각해 보세요. 여러분은 일정한 잔액이 있는 계좌로 매일 하루를 시작합니다. 하루 종일 필요에 따라 그 계좌에서 자금이 인출됩니다. 인출 횟수가 많을수록 다른 용도로 지출할 자금이 줄어듭니다. 인출액이 많은 날에는 적은 날에 비해 계좌 잔액이 더 빨리 소진됩니다. 여유 자금이 있는 날엔 더 힘든 작업을 처리할 만큼 자제력이 충분히 남아 있겠지요. 그러나 생활하다 자제력이 많이 고갈된 날에는 감정 조절, 식단 유지, 격렬한 운동 등과 같은 다른 어려운 활동을 처리할 능력이 떨어질 가능성이 높습니다.

우리는 그 어느 때보다 더 오랜 시간 일하고 적게 자며, 더 많은 뉴스와 미디어를 소비하는 시대를 경험하고 있습니다. 하루 중 언제든 이메일을 통해 연락할 수 있는 시대이죠. 따라서 지치고 고갈된 느낌을 받는 사람이 많은 것은 당연합니다.

자아 고갈

자제력 감퇴라는 개념은 1923년 지그문트 프로이트Sigmund Freud에 의해 '**자아 고갈**ego depletion'이라는 이름으로 처음 소개되었습니다. 여기서 '자아ego'란 개인의 욕구 및 충동과 세상 사이의 중재자 역할을 하는 자아의 심리적 측면을 의미합니다. 자기 통제나 의사 결정과 같은 실행 기능을 담당하는 것이 바로 자아의 일부이죠. '고갈'이란 단순히 양이 줄어드는 것을 의미합니다. 따라서 자아 고갈은 자제력이 고갈되는 현상을 말합니다.

프로이트는 이 개념을 말과 기수 사이의 관계에 비유하곤 했는데, 말은 자아를, 기수는 자제력을 상징합니다. 일반적으로 기수가 조향을 하지만 때로는 말이 가고 싶은 곳으로 가는 것을 막을 수 없을 때도 있다고 설명했지요.[1] 이후 1990년대에 사회 심리학자들은 자아 고갈을 실험했어요. 2010년에는 83개 연구 결과를 대상으로 메타 분석을 실시했는데, 그 결과 자아 고갈이 실제로 자기 통제 및 업무 수행에 유의미한 영향을 미치는 것으로 나타났습니다.[2]

한 연구팀은 67명의 참가자를 갓 구운 초콜릿 칩 쿠키 냄새 가득한 방에 가두는 재미있는 실험을 실시했습니다.[3] 테이블 위에는 그릇 2개를 놓았는데, 하나는 갓 구운 쿠키가, 다른 하나는 빨간 무가 담겨 있었습니다. 참가자들은 자신들이 시식 실험에 참여하고 있다고 생각했습니다. 절반의 참가자는 쿠키 2~3개를 먹게 했고, 나머지 참가자에게는 무 2~3개를 먹게 했습니다. 참가자들은 할당된 음식 외에는 아무것도 먹을 수 없었습니다. 연구진이 방에서 나가자, 무를 먹은 그룹은 자연스럽게 쿠키를 몰래 먹고 싶은 유혹이 커졌습니다. 일부 참가자들은 진열된 쿠키를 한참 바라보았고, 어떤 이들은 쿠키를 집어 냄새를 맡기도 했습니다. 그러나 이 참가자들은 힘을 발휘해 유혹을 뿌리쳤습니다. 한편 쿠키를 먹은 참가자들은 무를 먹고 싶다는 유혹을 느끼지 않고 맛있는 쿠키를 즐겼습니다.

그런 다음 연구팀은 참가자들에게 앞 과제와 무관한 듯한 두 번째 과제를 제시했는데, 논리 퍼즐 같은 것이었습니다. 이 과제에서 참가자들은 연필을 종이에서 떼지 않고 복잡한 기하학적 모양을 따라 그려야 했습니다. 사실상 이 퍼즐은 풀 수 없는 문제였습니다. 연구팀의 목적은 각 그룹의 참가자들이 어려운 과제를 얼마나 오랫동안 지속하는지 관찰하는 것이었습니다. 자아 고갈 현상은 즉각적으로 나타났습니다. 쿠키를 먹은 그룹은 풀 수 없는 퍼즐을 풀기 위해 19분 동안 끈질기게 노력했습니다. 이는 평균 8분 동안만 퍼즐을 풀어보는 데 그친 무를 먹은 그룹보다 두 배나 긴 시간입니다. 무를 먹은 그룹은 쿠키를 거부하고 억지로 무를 먹느라 자제력을 너무 많이 소모한 나머지, 더 이상 다른 힘든 작업에 전념할 의지력이 없었습니다. 너무 지친 상태였던 것이죠.

이 연구 결과는 심리학 분야에서 획기적인 것이었습니다. 자제력은 서로 다른 과제에 걸쳐 사용되는 보편적 능력이며, 사용함에 따라 고갈됩니다. 이 연구 결과가 증명한 것은 자기 조절이 습득할 수 있는 기술도 아니고, 결과 없이 수행될 수 있는 기계적 기능도 아니라는 것입니다. 오히려 자기 조절은 근육 사용과 비슷해서, 운동 후에 약해지고 피로해져 적어도 즉각적으로 다시 힘을 내기는 어렵습니다. 이 연구는 소비자 행동부터 범죄 행위에 이르기까지 다양한 주제를 아우르는 최소 1,280건이 넘는 다른 연구들의 토대를 마련했습니다. 예를 들어, 사람들이 어떻게 긍정적인 메시지로 동기 부여를 받는지, 이별 후에는 왜 쇼핑을 더 많이 하는지, 스트레스를 받으면 과식을 할 가능성이 높아지는지, 그 이유들을 밝혀 주었습니다.

또 다른 연구에서는 두 그룹의 참가자들을 서로 다른 방에 배치했습니다. 첫 번째 방에는 달콤한 간식으로 가득 찬 테이블이 줄지어 있었고, 두 번째 방에는 첫 번째 방보다 훨씬 적은 수의 간식만 놓여 있었습니다. 두 그룹 모두 간식 섭취를 잠시 참게 한 후 자유롭게 먹게 허용했습니다. 두 그룹 모두 먹음직스러운 간식 먹기를 거부하려 애썼지만, 간식이 많았던 첫 번째 방 그룹은 결국 유혹에 넘어가 그렇지 않았던 두 번째 방 그룹보다 훨씬 더 많이 먹게 되었습니다. 자제력을 그다지 많이 사용할 필요가 없었던 것이죠.[4]

다이어트를 했던 10대 시절의 경험을 되돌아보며 저는 이 현상에 깊이 공감합니다. 허용하는 음식을 제한하면 할수록, 피하려던 바로 그 음식을 폭식하곤 했습니다. 이러한 패턴은 20대 초반에서 중반까지 계속되었고, 스스로를 위선적인 임상영양사처럼 느끼게 만들었습니다. 다른 사람들에게는 균형 잡힌 식습관과 음식 제한에 대해 조언하면서, 정작 저는 병원에서 퇴근하는 길에 감자칩과 초콜릿을 탐닉하다니요. 저는 식습관 통제를 잘하고 싶었지만, 더 열심히 노력할수록 점점 더 나빠지는 것만 같았습니다. 작은 장애물에 이따금씩 넘어지는 것이 아니라, 바닥이 없는 일방통행 블랙홀에 정면으로 떨어지는 것 같았지요. 제 자신에 대해 좌절했습니다. 자신감을 잃었고, 여러 면에서 자기애도 잃었습니다. 음식 제한이 이러한 자기 파괴의 악순환을 야기한다고 생각하기보다는, 자제력이 충분하지 못한 스스로를 비난했던 것이죠. 다이어트에 실패할 때마다 다음 월요일이 올 때까지 기다렸고 또 다른 유행 다이어트를 시작했습니다. 그건 사실 새로 제한할 또 다른 음식을 정하는 것일 뿐이었어요. 다이어트의 핵심은 제한적인 식사이므로, 다이어트로 체중 감량한 사람들의 95%가 결국 다시 살이 찌는 것은 놀라운 일이 아닙니다.

금단의 열매 효과

심리학에서 '금단의 열매 효과forbidden fruit effect'란 어떤 것을 금지하면 그것에 대한 욕구가 오히려 커지는 현상을 말합니다. 이 용어는 소비자 행동 영역에서 자주 적용되며, 우리는 제한되거나 금기시되는 대상을 원함에 따라 그 대상에 대한 흥분과 스릴을 더 강하게 느끼게 됩니다.

금단의 열매 효과에 영향을 미치는 요소로는 희소성이나 호기심, 반항, 금기가 가진 매력, 자아 고갈 등이 있습니다. 많은 경우, 금단의 열매 효과는 자아 고갈의 결과로 여겨집니다. 즉, 한 영역에서 자제력을 소진한 채 결국 유혹에 굴복하게 되어 참으려던 모든 것을 탐닉하게 되는 것이죠. 자아가 고갈되었을 때 탐닉하는 것은 브로콜리나 케일이 아니라, 초콜릿이나 감자칩, 치즈, 와인 및 기타 유혹적인 음식입니다. 여기서 말하고자 하는 바는 단순히 자제력 유지를 위해 모든 유혹에 굴복하라는 것이 아닙니다. 자제력 수준을 관리하여 자신의 가치관과 목표에 부합하는 중요한 일에 사용하자는 것이죠.

자제력을 고갈시키는 것

쿠키의 유혹을 물리치는 것 외에도 자제력이 소진되는 방법은 무수히 많습니다. 행동 개시, 장시간 집중, 스트레스 대처, 피로, 탈진, 불면증, 칼로리 제한, 낮은 혈당 수치, 불안이나 우울증과 같은 부정적인 감정 경험, 의사 결정 과부하 등등. 이렇게나 다양한 요인의 공통점은 극복하려면 일정 수준의 노력이 필요하다는 점입니다.

야간 근무자들에게서 주의력 결핍이 두 배 더 많이 나타나며 실수도 36% 더 많다는 것은 놀라운 일이 아니지요.[5] 수면협회SleepFoundation.org의 연구에 따르면 피곤한 직원들일수록 위기 상황에 반응하는 데 더 많은 시간이 걸리는 것으로 나타났습니다. 전문직 환경에서 반응 지연은 중요한 전화 통화를 놓치거나 대화에 신속하게 응답하지 못하는 결과로 이어질 수 있습니다. 의사나 응급 구조대원, 트럭 운전사와 같은 특정 전문직 종사자에게는 느린 반응 시간이 삶과 죽음을 가르는 결정적인 요인이 될 수 있겠지요.

또한 수면 부족은 사람들로 하여금 더 자주 짜증과 화를 내게 하고, 스트레스에 취약하게 만듭니다. 스트레스나 부정적인 상황에 맞닥뜨리면 피곤한 사람들의 감정적 반응이 과해져 과식과 과민 반응이 심해집니다. 이러한 과잉 반응은 모두 고갈된 자제력이 드러난 결과라 할 수 있습니다.

행동변화 분야에 종사하다 보면 사람이 변하지 않는 이유로 '게으름'을 꼽는 경우를 흔히 접하게 됩니다. 하지만 제 생각에는 게으르다고 여겨지는 것이 사실은 피로함인 것 같습니다. 삶에 변화를 꾀하려 할 때 우리는 익숙하고 편안한 행동에서 벗어나 새롭고 낯선 것을 받아들이라는 압박을 받습니다. 그래도 늘 하던 대로 하면 늘 같은 결과를 얻을 테니, 변화를 일으키려면 익숙하고 쉬운 행동을 포기하고 자제력을 발휘해야 합니다. 자, 효율적이고 무의식적인 신경 경로에 의존하는 대신 두뇌에 새로운 신경 연결을 구축해 봅시다. 오래된 습관 유발 요인에 반응하되 신체가 다른 방식으로 움직이도록 가르치는 것이지요. 이는 충동적 뇌가 아닌 반성적 뇌에 의존하는 것이며, 노력이 필요합니다.

아침 일과를 예로 들어 볼게요. 여러분은 기상, 샤워, 양치질, 옷 갈아입기 등 잘 짜인 루틴이 있고, 이 루틴은 생각과 노력이 거의 필요치 않을 정도로 뿌리 깊게 자리잡고 있습니다. 이제 이런 아침 루틴을 처음부터 끝까지 완전히 새로 정비해야 한다고 상상해 보세요. 해낼 수는 있겠지만 상당한 자제력이 필요할 것입니다. 이전에 자동화되어 있던 일상의 모든 단계를 하나하나 적극적으로 생각해야 하니, 자연히 에너지가 많이 소모될 거예요. 게으름처럼 보이는 행동이 사실 피로의 결과인 경우가 많습니다. 변화는 우리를 지치게 합니다. 자아 고갈은 신체 활동 감소 및 건강한 식습관 준수, 음주 감소 및 금연 성공률 저하에 영향을 미치는 것으로 보고되고 있습니다.[6]

여러분은 게으른 실패자가 아니라,

자아가 고갈된 사람입니다.

한 연구에서, 대학생 128명을 무작위로 자아 고갈 그룹과 통제 그룹(대조군)으로 나누었습니다. 통제 그룹 참가자들은 생물학 교과서 한 페이지에서 모든 알파벳 e를 지워야 하는 과제를 받았습니다. 자아 고갈 그룹에게는 생물학 교과서 두 페이지를 주었습니다. 첫 번째 페이지에서는 통제 그룹과 동일한 과제를 하도록 안내받았습니다. 두 번째 페이지에서는 더 복잡한 과제를 해야 했는데, e를 지우되 e가 다른 모음과 나란히 위치한 경우에는 그대로 두는 것이었습니다. 생각만으로도 머릿속이 엉켜버리는 것 같죠! 통제 그룹의 경우 약 5분 만에 작업을 완료한 반면, 자아 고갈 그룹은 약 15분이 걸렸습니다. 그런 다음 두 그룹 모두에게 건강에 좋은 음식과 해로운 음식 사진을 보여주었습니다. 자아 고갈 그룹 참가자들은 해로운 음식에 더 빨리 반응했습니다. 그러나 통제 그룹은 자아 고갈을 겪지 않았고, 따라서 두 음식에 대한 반응 차이를 보이지 않았습니다.

이 연구는 자제력 고갈이 음식 선택에 미치는 영향을 강조합니다. 건강한 음식을 먹으려는 의지가 있더라도 자제력이 고갈되면 건강한 음식을 선택할 의지가 부족해져, 건강에 해로운 음식으로 몸과 마음이 기울어진다는 것입니다.[7] 그렇습니다. 여러분은 게으른 실패자가 아니라, 단순히 일시적으로 자아가 고갈되어 있는 사람일 뿐입니다.

우리는 매일 자제력을 요구하는 문제에 직면합니다. 서류 정리나 데이터 입력과 같이 일상적이고 지루한 작업부터 까다로운 고객 응대처럼 어려운 상황에 이르기까지 다양하지요. 마감일이 임박해 시간 압박을 받을 때 특히 가중되는 좌절감을 견디는 일도, 과식, 휴대폰 스크롤, 흡연, 과음 등의 유혹을 뿌리치는 일도 자제력을 떨어뜨립니다. 가장 쉬운 길을 택하지 않아야 하는 모든 상황은 자제력을 고갈시킵니다.

살다 보면 은행 대출 조건을 비교할 때처럼, 가능한 모든 선택지를 꼼꼼하게 따져 보고 평가하는 과정을 거쳐야 하는 의사 결정이 있습니다. 정말 갖고 싶지만 필요 없는 물건의 구매를 자제해야 하기도 합니다. 새로 출시된 서라운드 사운드 시스템을 사고 싶지만 꾹 참는 것처럼 말이죠. 두 상황 모두 정신적 노력이 필요하므로 지칠 수 있습니다. 그런데 아이러니하게도 이렇게 장시간 숙고하거나 소비 충동을 참았을 경우, 오히려 예산을 초과하는 큰 돈을 쓰게 될 위험이 생깁니다. 자제력은 유한하며 결국 고갈될 뿐입니다.

만성 자아 고갈은 자아 고갈이 오래 지속된 상태를 의미하며, 오랫동안 노력을 기울이는 사람들에게서 흔히 관찰됩니다. 이들은 지속적인 다이어트를 하는 사람이나 만성 통증 질환, 또는 심한 시험 불안을 겪는 사람들입니다. 한 실험 연구에서 설문을 통해 참가자들의 고유한 자아 고갈 상태를 측정했습니다.[8] 그 후 참가자들은 체중 감량부터 인터넷 사용 시간 단축까지 3주 동안 달성할 목표를 선택하게 되었습니다. 연구 결과, 만성 자아 고갈 수준이 높은 참가자가 낮은 참가자에 비해 행동 조절이 힘들고 목표 달성에 더 큰 어려움을 겪는 것으로 나타났습니다.

따라서 자아 고갈이라는 압도적으로 힘든 상태에서 무작정 긍정적 변화를 구현하기 위해 노력하기보다는 먼저 자제력을 회복하는 데 주력하는 것이 더 현명합니다. 그래야만 원하는 결과를 달성하는 데 필요한 에너지, 동기부여, 집중력을 확보할 수 있습니다. 그렇지 않으면 해봤자 소용없는 일이 될 테니까요.

자제력 강화하기

자기 행동을 효과적으로 관리하면 학업 및 직업적 성공, 만족스러운 인간 관계, 신체 및 정신적 건강, 삶의 어려움에 대처하는 회복력 향상, 약물 남용 및 범죄와 같은 사회적 피해에 대한 취약성 감소 등 수많은 긍정적 결과를 얻을 수 있습니다. 여기에 필요한 자제력은 분명 유한하지만, 설령 고갈되더라도 회복할 수 있으니 다행스러운 일이지요. 고갈된 자제력은 쓸모없어도, 회복만 된다면 초능력이 된답니다. 이 사실은 변화를 성공시킬 매우 중요한 전략 포인트인데도 흔히 간과되곤 합니다.

자제력이 노력에 따라 감소한다는 사실을 이해하면, 노력과 반대되는 활동을 통해 자제력을 회복할 수 있습니다. 이러한 활동에는 휴식, 수면, 명상, 낮 시간의 간헐적 휴식, 행복이나 기쁨과 같은 긍정적인 감정 경험, 자연에의 몰입, 혈당 수치 안정화 등이 있습니다.[9] 스트레스를 줄이기 위한 모든 노력은 정신적 피로를 완화하여 자제력을 더욱 강화해 줄 것입니다.

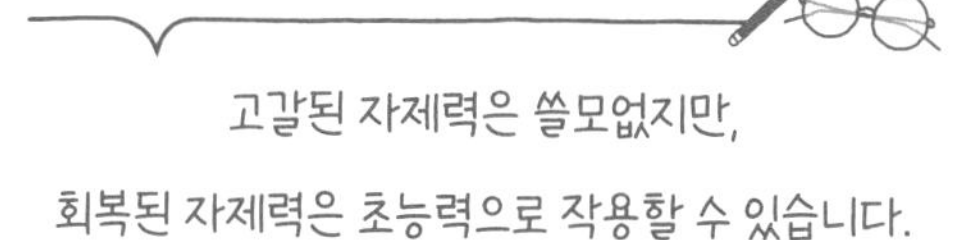

자제력을 회복할 전략을 간단히 몇 가지 들면 다음과 같습니다.

- 휴식: 속도를 늦추고 좋은 책을 읽거나 잠시 심호흡을 하고 자연의 품에 앉아 휴식을 취하세요.
- 수면: 매일 밤 7~9시간 수면을 취할 수 있도록 일관된 수면 루틴을 정하세요.

- **명상**: 헤드스페이스Headspace나 캄Calm 같은 명상 앱의 도움을 받아 일상생활에 명상을 도입하여 마음을 차분히 가라앉히는 시간을 가지세요.
- **잠시 멈춤**: 매 시간 10분씩 휴식을 취하세요. 두뇌에 휴식을 주고 정신적 피로를 해소하게 합니다. 목적 없이 휴대폰을 스크롤하는 대신, 야외에서 여유롭게 산책을 하거나 좋아하는 음악을 들어 보세요.
- **긍정적 감정 경험**: 사랑하는 사람들과 좋은 시간을 보내거나, 재미있는 동영상을 보고, 반려동물을 안아주는 등 무엇이든 기쁨을 주고 마음에 활력을 불어넣는 활동을 하세요.
- **자연에의 몰입**: 연구에 따르면 자연의 이미지나 경관을 보는 것은 스트레스를 줄이고 기분이 좋아지게 하여 주의력과 집중력을 높인다고 합니다. 결과적으로 자제력을 높이는 것이죠.[10] 또한, 자연 환경에서 시간을 보내는 것은 신체 운동과 자연의 진정 효과로 인해 자제력에 긍정적인 영향을 미친다는군요. 밖으로 나가세요. 공원이나 바닷가에 앉아 보세요. 나무들이나 호수, 강이 있는 경치 좋은 곳에 머물고 있다면, 동네 한 바퀴 산책하는 것도 좋겠지요.
- **혈당 수치 안정화**: 우리 두뇌는 신체 전체 에너지 소비량의 약 20%를 차지하며 주 에너지원은 포도당입니다. 포도당은 탄수화물에서 나오므로 탄수화물은 두뇌가 기능하고 자제력 수준을 보충하는 데 필요합니다. 정신적으로 피곤할 때에는 천연 설탕이 함유된 과일, 현미, 통곡물빵, 귀리 등의 통곡물이나 감자, 양방 풀나물, 비트 뿌리, 옥수수와 같은 녹말이 많은 야채를 선택해 봅니다.
- **관점 바꾸기**: 스트레스 요인을 인식하는 방식을 바꾸면, 스트레스 수준과 자제력에 큰 영향을 미칠 겁니다. 힘든 날에 집착하시나요, 아니면 그날을 그저 만족스러운 삶의 사소한 장애물이나 또 다른 학습의 기회로 여기시나요? 환경에 변화를 주지 않고서도 여러분의 스트레스를 줄이고 긍정적 삶을 구축할 수 있답니다. 연구에 따르면, 스트레스에 대해 긍정적 시각을 가진 사람들은 스트레스의 영향을 덜 받고 스트레스 상황에서도 자제력을 더 잘 유지할 수 있다고 합니다.[11] 반면, 스트레스를 위협으로 보거

> 나 그로 인해 부정적인 감정을 경험하는 사람들은 자제력을 더 소비하게 됩니다. 관점을 바꾸면, 경험도 바뀝니다. 부정적인 결과로부터 거리를 두는 것도 매우 유용한 전략입니다. 이 스트레스 요인이 지금으로부터 5년 또는 10년 후에 여러분의 삶에 영향을 미칠까요? 스스로에게 물어보세요. 대부분의 경우 대답은 '아니오'입니다. 스트레스를 유발하는 원인이 일시적이고 결국에는 지나갈 것이라는 사실을 알면 안도하게 될 겁니다.

이상의 실천 방법 중 수면을 제외한 모든 전략은 업무 시간 내내 실천할 수 있습니다. 틈틈이 휴식을 취하거나 명상하고, 10분 정도 업무를 잠시 멈출 수 있잖아요. 휴식을 너무 오래 갖지 않도록 알람을 설정해 보세요. 그렇지만 추가적인 휴식 시간이 필요하다면 반드시 그렇게 하세요. 스트레스와 피로가 쌓인 상태에서 일하는 것보다 안정된 상태로 일하는 편이 훨씬 더 생산적이니까요.

제가 자주 받는 질문은 "자제력을 근육처럼 강화할 수 있나요?"입니다. 제 대답은 어느 정도는 "그렇다"입니다. 자기 조절이 필요한 작업을 정기적으로 수행함으로써 동일한 활동에 대해 자제력이 덜 소모되도록 스스로를 훈련시킬 수 있습니다. 운동으로 근지구력과 근력이 증가하는 것처럼, 꾸준한 연습을 거치면 자제력과 관련된 자아 고갈 효과도 감소할 겁니다. 또한 스트레스를 관리하고 긍정적 태도와 신념을 키우는 것 역시 자제력을 튼튼하게 하는 데 중요한 역할을 합니다.[12]

신체는 정신을 지배한다

곧 [세션 10]에서 스트레스가 새로운 습관을 기르고 오래된 습관을 깨뜨리는 능력에 어떤 영향을 미치는지 살펴보려고 합니다. 미리 귀띔하자면, 부정적인 스트레스가 심할수록 자제력이 약해집니다. 스트레스는 자아 고갈을 유도하여 변화의 과정을 매우 어렵게 만듭니다. 따라서 부정적인 스트레스를 관리하고 정신적으로 재구성하는 능력을 함양하는 것은, 습관을 바꾸고 삶을 개선하기 위한 중요한 실천이 됩니다. 마음가짐은 생리학, 즉 신체가 작동하는 방식에 영향을 미치기 때문에 중요합니다. 스트레스가 여러분에게 미치는 영향은 스트레스를 어떻게 받아들이느냐에 따라 달라집니다.

많은 사람이 스트레스를 부정적으로 바라보고, 어쨌든 피해 보려 갖은 애를 씁니다. 하지만 만약에, 스트레스를 자신에게 유리하게 바꿀 수 있다면 어떨까요? 그리하여 정신적, 육체적 에너지를 모두 유용한 일에 쏟을 수 있다면 어떻게 될까요?

스트레스 관리는 개인차가 큰 영역입니다. 한 사람에게 효과적인 방법이 다른 사람에게는 효과적이지 않을 수도 있지요. 하지만 우리의 공통점은 우리 모두 신체에 스트레스와 긴장을 품고 있으며, 신체는 정신을 통제한다는 것입니다. 손이 굳어지거나, 배가 불편하고, 목과 어깨가 뭉치는 등 신체적 증상을 느끼기 전까지는 자신이 스트레스를 받고 있다는 사실을 깨닫지 못할 수도 있습니다. 저는 턱으로 스트레스를 많이 받는 편이라, 스트레스를 받으면 이를 악무는 습관이 있죠. 턱 근육의 긴장을 느끼기 전까지는 제가 긴장한다는 사실조차 깨닫지 못하는 경우가 많답니다.

몸 상태 점검하기(나의 몸이 안녕한지 확인)

자신이 스트레스를 얼마나 받고 있는지 인식하는 것은 스트레스 해소의 첫 번째 단계입니다. 이 단계를 효과적으로 수행하려면 몸과 호흡에 집중하세요. 몸이 어떻게 느껴지나요? 긴장 상태인가요? 근육이 뭉쳤나요, 아니면 이완됐나요? 심장 박동이 빠른가요? 숨을 얕게 쉬고 있나요? 연구에 따르면, 자신의 신체 상태에 집중하고 현재 순간에 생각이 머무르게 하면,

스트레스나 불안, 자기 비판적 사고, 부정적 자기 인식을 현저히 줄일 수 있다고 합니다.[13]

지금 바로 자신의 신체를 마음챙김(즉, 의식적으로)으로 점검해 보세요. 의식적으로 자기 신체에 주의를 기울이면 말 그대로 스트레스가 사라지고 편안함을 느낄 수 있습니다. 스트레스가 많은 생각(편도체라는 두뇌 부위에서 활성화됨)에서 벗어나, 오감을 통한 감각적인 경험(체성감각피질이라는 두뇌 부위에서 처리됨)으로 주의를 옮기는 겁니다.

저는 노출치료 도중 이 기법을 여러 번 활용해 보았습니다. 저를 돕던 심리상담 선생님은 저의 트라우마 유발 요인(커피향과 같은)을 떠올리게 했습니다. 저는 공황 발작을 일으킬 뻔했지만 선생님은 제가 그 생각을 버리고 제 몸의 감각에 집중하도록 도우셨지요. 속이 답답하고, 심장이 두근거리며, 눈이 커지고, 손바닥에 땀이 나는 것을 느꼈어요. 몸에서 일어나는 이런 감각에 계속 집중하니 그런 신체 증상이 점점 사라지더군요. 처음엔 불안한 상태에서 벗어나는 데 15분 정도 걸렸습니다. 연습을 거듭하니 두 번째엔 10분, 그다음엔 5분이더군요. 결국 몇 초 만에 신체 스트레스가 완화되어 안정을 찾을 수 있었습니다. 저는 이 전략을 반복해서 사용하고 있으며, 그 효과를 꾸준히 보고 있답니다.

마음챙김으로 자기 몸의 안녕을 확인하는 기법은 트라우마 유발 요인 및 공포증 관리에만 국한되지 않습니다. 이 기법으로 극심한 식탐을 경험하는 사람들의 식탐을 현저히 감소시키는 데 성공한 연구가 있습니다. 아시다시피 식탐을 극복하기란 정말 어렵잖아요. 저는 모든 사람이 자기 몸의 안녕을 점검하고 현재 순간에 다시 돌아와 머물러 있음으로써 긍정적 변화를 경험하리라 굳게 믿습니다.

심호흡하기

심호흡은 스트레스와 불안을 진정시키는 가장 즉각적인 방법 중 하나입니다. 심호흡이 우리 몸의 자연스러운 이완 반응인 부교감 신경계를 직접 활성화하기 때문입니다. 느린 호흡은 우리 몸에 지금 당장 도망가거나 싸우기 위한 자원이 필요치 않다는 신호를 보냅니다. 호흡법에는 여러 가지가 있지만, 간단한 방법을 따라 해 보세요. 그냥 숨을 배 쪽으로 깊숙이 들이마시는 겁니다. 단 억지로 하진 마세요. 5분 동안 코로 부드럽게 숨을 들이마시고 입으로 부드럽게 내쉬세요. 이 연습을 하는 동안 호흡수를 세는 것이 도움이 되는 분들도 있습니다.

신경과학자들은 4초 동안 천천히 숨을 들이마시고, 다음 4초 동안 가슴 위쪽에서 숨을 참았다가, 그다음 4초 동안 숨을 깊이 내쉬고, 다시 4초 동안 가슴 아래쪽에서 숨을 참는 '상자 호흡기법'을 권합니다. 간단히 말해서 숨을 들이쉰 후 참고, 숨을 내쉰 후 참는 것입니다. 이 기법은 거의 어디서나 연습할 수 있어 일상생활에 적용하기 좋은 습관입니다. 앉거나 서서 혹은 누워서도 할 수 있지요. 부정적 스트레스를 완화하기 위한 호흡법 사용은 수도승과 현대 명상가들이 공통적으로 실천하는 수련법입니다.

움직이기

기분이 바로 좋아지는 또 다른 방법은 움직이는 것입니다. 신체를 움직이는 데는 2가지 이점이 있습니다. 첫째, 자신의 주의력을 마음에서 몸으로 돌리게 합니다. 이 방법은 편도체에서 체성감각피질로 주의력을 이동시키는 것입니다. 다시 말해서, 두려움과 위협을 처리하는 상태에서 벗어나 접촉이나 신체 위치, 압력 및 온도와 같은 신체적 감각을 경험하는 상태로 옮겨 가는 겁니다. 둘째, 우리가 몸을 움직일 때마다 두뇌에서는 유익한 신경

화학물질이 대량으로 분비됩니다. 이러한 신경화학물질로는 긍정적인 기분 상태를 강화하고 부정적 기분 상태를 감소시키는 도파민과 세로토닌, 노르아드레날린(일명 노르에피네프린) 및 엔돌핀이 있습니다. 움직임은 두뇌를 편안하게 감싸주는 역할을 합니다.

또 연구에 따르면 10분만 걸어도 기분이 좋아지는 효과를 얻는다고 합니다.[14] 사무실에서 일하는 중이라면, 건물 주변을 잠깐 산책하거나 계단을 오르내리는 것만으로도 충분합니다. 집이라면, 거실에서 좋아하는 음악을 틀고 춤을 춰 보세요. 여러분만의 방식으로 몸을 움직여 보세요. 저는 내담자들에게 훌라후프를 10분 동안 돌리게 했어요. 개를 산책시키거나 집 청소를 하는 내담자들도 있었죠. 어떤 방식이든 좋습니다. 단 10분만 움직여도 스트레스를 줄이고 불안감을 덜 느끼게 될 거예요.

주변을 바꾸는 것이 스트레스 감소에 도움이 되기도 합니다. 환경이 인간의 행동과 생각을 주도한다는 것은 다 아는 사실입니다. 그러므로 주변을 바꾸면 생각을 바꾸는 데 큰 영향을 미칠 겁니다. 편안한 공간을 찾아보세요. 자연을 찾거나, 반려동물과 함께 시간을 보내거나, 기분 좋아지는 사진을 보거나, 마음을 편안하게 하는 음악을 듣는 것처럼 말이지요. 단 몇 분이라도 편하게 가 있을 수 있는 영역이 있다면 스트레스를 완화하고 마음가짐을 바꾸는 데 놀라운 효과를 발휘할 수 있습니다.

자제력과 습관

동기 부여와 자제력 수준은 날마다, 심지어 매 순간 변하기 때문에, 우리 목표는 자제력에 대한 의존도를 낮추는 것이 되어야 합니다. 그러려면 습관에 의지해야 하죠. 습관이 일단 형성되면 자제력이 필요하지 않기 때문입니다. 습관은 최소한의 정신적 에너지를 소비하는 충동적 뇌에 의해 주도됩니다. 그렇기 때문에 우리의 자제력이 고갈되거나 동기가 다른 곳으로 향할 때 습관으로 돌아가곤 하는 겁니다.

새로운 습관을 기르기 시작할 때는 자제력이 필요하지만, 일단 습관이 뿌리내리면 피곤할 때에도 그 습관적인 행동이 지속됩니다. 자제력에만 의존하기보다 습관에 기대는 것이 장기적 성과를 얻고 목표를 달성하는 데 중요합니다.

요약

* 자제력은 근육처럼 작동합니다. 많이 사용할수록 피로도가 높아집니다.
* 자제력은 특정 개인이나 상황에 국한된 것이 아닌 **보편적인 자원**입니다.
* 자제력의 고갈을 **자아 고갈** ego depletion 이라고 합니다.
* 자제력을 고갈시키는 요인으로는 행동 개시, 장시간 집중, 스트레스, 피로, 탈진, 불면증, 칼로리 제한, 저혈당, 불안이나 우울과 같은 부정적 감정 경험, 의사 결정 과부하 등이 있습니다.
* 자제력을 회복하는 행동으로는 휴식이나 수면, 명상, 잠시 멈춤, 긍정적 감정 경험, 자연에의 몰입, 혈당 수치 안정화, 관점 바꾸기 등이 있습니다.
* 습관은 자제력과 별도로 작동합니다.
* 장기적 결과를 얻고 목표를 달성하려면 자제력보다는 습관에 의존하는 것이 좋습니다.

자제력 회복하기

다음 표를 참고하여, 자제력을 회복하거나 강화할 수 있는 전략을 노트나 일지에 적어 보세요.

자제력 회복 전략	나의 전략
휴식의 질을 개선하기 위해, 나는 ___________ 하겠습니다.	
수면의 질을 개선하기 위해, 나는 ___________ 하겠습니다.	
나는 ___________ 시간에 명상할 여유를 찾겠습니다.	
나는 ___________ 할 때 주기적으로 휴식을 취하겠습니다.	
긍정적 감정을 느끼기 위해, 나는 ___________ 하겠습니다.	
자연을 보기 위해, 나는 ___________ 하겠습니다.	
혈당을 안정시키기 위해, 나는 ___________ 를 먹겠습니다.	

세션 10

습관 형성 기간

내 금쪽이가 바뀌는 데
대체 얼마나 걸릴까요?

제가 가장 많이 듣는 질문은 습관을 고치는 데 필요한 기간입니다. 이 질문을 답하는 저의 방식은 이 기간을 둘러싼 오해를 불식시키는 것입니다. 인터넷부터 동기 부여 강연, 인용문, 자기계발서까지 "습관을 기르거나 끊는 데 21일이 필요하다."란 이야기가 널리 퍼져 있죠. 그런데 이렇게 흔하게 알려진 것치고는, 습관 수정에 21일이 걸린다는 주장을 뒷받침할 과학적 증거는 없습니다. 아주 오래된 오해일 뿐이지요. 이 주장의 시작은 명확하지 않지만, 1960년대 성형외과 의사 맥스웰 몰츠Maxwell Maltz 박사에 의해 처음 주목받았습니다. 몰츠는 안면 수술 환자가 외모 변화에 적응하는 데 약 21일이 걸렸다고 주장했습니다. 저서 《사이코-사이버네틱스Psycho-Cybernetics》에서 언급하길, 한 개인이 그 밖의 다른 변화, 새로운 생활 환경에 익숙해지는 데 약 21일이 걸린다고 했답니다.[1]

그걸 본 사람들은 사물 인식이 바뀌는 데 21일이 걸린다면 신경가소성 발생에도 21일이 필요할 테고, 따라서 습관 변화에도 21일이 소요될 것이라 짐작하기에 이르렀죠. 하지만 이 주장을 뒷받침하는 연구는 없었고, 오히려 수많은 연구에서 이런 짐작은 사실이 아님을 밝히기도 했습니다.

습관을 기르는 데 실제로 얼마나 걸릴까?

많은 사람이 변화 자체는 비교적 쉽게 시작하는 반면, 만든 변화를 유지하는 일은 훨씬 더 어려워하곤 합니다. 운 좋게 별 힘 안 들이고 변화를 실행하고 유지하는 사람들도 간혹 있지만, 대부분에게 변화란 지속적으로 노력해야 할 과제입니다. 고무적이게도 과학적 연구 결과에 따르면, 결국에는 우리가 원하는 변화를 이룰 수 있다고 합니다.

현재로선 습관을 바꾸는 데 66일이 필요하다고 추정됩니다. 이 수치는 유니버시티칼리지 런던University College London의 연구진이 수행한 연구에 기반을 두고 있습니다.[2] 이 연구에는 96명이 참가하여 습관으로 삼을 만한 매일 할 수 있는 행동을 선택했습니다. 과일 한 조각 먹기, 점심 식사 때 물 한 잔 마시기, 아침에 윗몸일으키기 50회 하기 등 다양했지만 모두 각자가 아직 해 보지 않은 일이었습니다. 참가자들은 자신이 선택한 행동을 84일 동안 매일 수행하고 습관 추적기를 통해 진행 상황을 추적해야 했죠.

자신의 행동을 자동 습관으로 바꾸는 데 걸리는 시간은 참가자마다, 선택한 행동마다 달랐습니다. 어떤 참가자는 18일 만에 습관을 길렀는데, 다른 참가자는 254일(8개월 이상)이나 걸렸습니다. 참가자들이 스스로 선택한 습관을 자동화하는 데는 평균 66일이 소요되었습니다. 따라서 연구에서는 새로운 습관을 기르는 데 평균 66일이 걸린다는 결론을 내린 것이지요.

66일, 즉 대략 10주라는 기간을 염두에 두면 적어도 그 기간만큼은 습관을 유지하고 진행 상황을 모니터링할 테지요. 이 기간이 지나면 습관이 자동화되어 일상생활에 자리잡게 되길 기대합니다. 적어도 그렇게 되어 가고 있다는 것을 알게 될 겁니다.

습관 형성 기간에 영향을 미치는 변수들

습관을 바꾸는 데 걸리는 시간은 여러 요인에 따라 크게 달라질 수 있습니다. 여기에는 타고난 습관적 성향 수준부터 습관 수행의 일관성, 습관의 복잡성, 동기 부여 수준, 환경적 영향, 보상에 대한 가치, 스트레스 수준 등이 포함됩니다. 이러한 요인들을 이해하면 습관을 보다 빠르게, 더 높은 성공률로 바꿀 수 있습니다. 그럼 지금부터 꼭 알아 두어야 할 중요한 변수들을 함께 살펴보겠습니다.

1. 습관적 성향

우리 중에는 다른 사람보다 높은 수준의 습관성을 지닌 사람들이 있습니다. 어떤 사람들은 구조적이고 루틴이 있는 것을 선호하는 반면, 자발성과 유연성을 선호하는 이들도 있죠.

아이러니하게도 습관 연구자인 저는 그다지 습관적인 사람으로 타고나진 않았습니다. 최근에 한 친구가 저의 일요일 일과를 물었는데, 대답하기가 어려웠어요. 일요일마다 일상이 다르기 때문이죠. 때로는 시장에 가지만, 다른 때에는 해변이나 하이킹을 가고, 친구들을 만나기도 합니다. 아니면 외출 없이 집에 머물며 아침엔 가족과 함께 시간을 보내고 오후엔 베이킹을 하지요. 저는 '평소' 일정이 없습니다. 빡빡한 일상에 얽매이면 숨이 막힐 것 같아요. 저는 자발성과 유연성을 소중히 여기며 똑 같은 일과로 이틀을 보내지 않는답니다. 제가 정규직 업무를 해 본 적 없는 것도 아마 이런 이유일 거예요. 정규직으로 근무했더라도 같은 장소에서 일한 적은 없습니다. 그렇다 보니, 지금 제 내일 아침 메뉴를 예측하기는 어렵습니다. 오늘 먹은 것(집에서 만든 뮤즐리랍니다)은 아닐 거라는 점만 말씀드릴 수 있어요. 막상 같을지도 모르죠. 아마 아침 식사를 준비하기 직전에야 알 수 있을 겁니다. 정기적으로 체육관에 가긴 하지만, 매주 같은 요일은 아닙니다. 가더라도 같은 운동을 하진 않을 거예요. 저는 다양한 휴가지에 가서 새로운 레스토랑에 가 보는 것을 좋아합니다. 비록 그곳이 이전에 가 본 곳만큼 즐겁지 않더라도 말입니다.

저는 일을 색다르게 하고, 독특한 환경에 처하는 것을 좋아합니다. 계획 세우기를 좋아하지만 그 계획은 매일 다를 것입니다. 이 책을 쓰는 동안, 어떤 날은 이른 아침부터 집필했고, 어떤 날은 오후에 시작했으며, 또 어떤 날은 하루 종일 다른 작업을 하는 틈틈이 채워 넣었지요. 어떤 날은 단 한 시간만 투자하지만, 또 다른 날은 하루 종일 책상에 앉아 타이핑을 하며 보냅니다. 심지어 잔디 깎기나 청소기 돌리기도 정해진 순서대로 하지 않습니다. 남편 미치에게는 당황스러운 일이죠.

미치는 구조와 루틴에 둘러싸여 성장했답니다. 그와 저는 정말 다릅니다. 똑같이 잔디를 깎더라도 미스터리 서클을 흉내 내는 저와 다르게, 미치는 잔디깎이로 완벽한 직선을 구현합니다. 미치는 저를 만난 날부터 지금까지 매일 점심과 저녁에 같은 식단을 먹고 있습니다. 언제나 얼음 목욕으로 아침을 시작하고 오후엔 사우나를 한 후 반려견 메이시와 산책하는 것을 좋아합니다. 그렇게 매일 같은 시간에 정확히 같은 활동을 합니다. 미치는 예측 가능하고 체계적이며 습관적인 사람입니다. 심지어 제가 샐러드에 당근을 넣지 않으면, 당근이 떨어져서 그런 거라고 여길 정도죠. 샐러드를 만들 땐 항상 당근이 들어가야 한다고 생각하기 때문입니다.

습관적인 성격을 지닌 사람은 유연한 성격을 가진 사람보다 더 빨리 습관을 기를 가능성이 높습니다. 그렇다고 유연한 사람의 습관 형성이 반드시 더 어렵다는 말은 아닙니다. 그저 진정한 자동성 수준을 달성하려면 습관을 더 많이 반복해야 할지도 모른다는 이야기죠. 우리 집에선 미치가 더 빨리 습관을 기르며, 저는 더 빨리 습관을 깨뜨리는 편입니다. 이 비교는 한 일화일 뿐이지만요. 핵심은, 누구나 새로운 습관을 기르고 오래된 습관을 깨뜨릴 수 있다는 것입니다. 저는 성격 유형 검사 결과와 습관 획득 성향에 대한 실증적 연구를 통해, 언젠가 개인의 어떤 기질이 습관을 빨리 획득하거나 성공적으로 습관을 깨뜨릴지에 대한 통찰을 얻게 되길 바랍니다. 이는 행동과학의 중요한 돌파구가 될 것이며, 각 습관 변화에 대한 보다 개인화된 접근이 가능해질 것입니다. 정말 이상적이지요!

자제력을 타고난 사람들은 자제력이 낮은 사람들에 비해 건강한 습관을 형성하고 유지할 가능성이 더 높다고 합니다. 예를 들어 조직적이고, 책임감 있으며, 높은 생산성과 신뢰할 수 있는 경향이란 특성을 가진 사람, 즉 높은 '성실성 점수'를 받은 사람은 습관을 쉽게 형성하기 시작하고 장기간 유지할 가능성이 높습니다. 하지만 자제력과 성실함은 불변의 성격 유형이나 기질이 아닌, 우리가 발전시킬 수 있는 성격 특성입니다.

더 많은 연구가 진행되기 전, 우리는 스스로 자신이 습관적인 사람인지 아닌지 생각해 볼 수 있습니다. 여러분은 질서나 예측 가능성, 구조를 좋아하나요? 전형적인 일요일 루틴이 있나요? 매일 같은 아침 식사를 하곤 하나요? 출근할 때, 산책할 때 같은 길을 걷나요? 충동조절에 능한 편인가요? 실수를 피하려 하나요, 아니면 위험을 감수할 의향이 있나요? 모호함에 얼마나 익숙한가요? 변화를 쉽게 받아들이는 편인가요?

2. 일관성

다시 강조하건대, 습관 변화의 핵심은 일관성입니다. 자동성에 도달하기란 항아리에 물을 채우는 것과 비슷합니다. 물이 가득 차면 자동성이 달성된 것이죠. 일관된 맥락에서 특정 행동을 반복할 때마다 여러분은 항아리에 물 한 방울씩을 떨어뜨리고 있는 셈입니다. 행동을 많이 반복할수록 항아리에 물방울을 더 많이 넣게 되고, 결국 물이 항아리 꼭대기까지 가득 차 습관이 자동으로 이루어지게 됩니다.

습관은 선형적으로 형성되지 않습니다. 그 행동을 반복할 때마다 자동성은 꾸준히 증가하지만, 습관 형성 과정 초기의 반복이 나중에 한 것보다 자동성 증가에 큰 영향을 미치는 경우가 많습니다. 4번째 행동이 444번째 행동에 비해 엄청난 습관 강화 효과를 갖는 셈이지요.[3] 따라서 새로운 습관 형성의 초기 단계에는 무엇보다 특히 일관성에 초점을 맞추는 것이 중요합니다. 이때 상당한 진전이 이루어지기 때문이지요. 행동은 일관되게 수행되지 않으면 습관으로 전환되지 않고 단순한 행동으로 남게 됩니다. 우리 두뇌 속에서 습관이 새로운 일상으로 굳어지게 하려면, 습관 유발 요인이 있을 때마다 그 습관을 일관되게 수행해야 합니다. 그렇게 일단 습관 자동성의 정점에 도달하면, 또 반복해 봤자 더는 자동화 수준이 향상되지 않는 정체기에 들어설 겁니다. 그러므로 행동이 자동적이고 습관적으로 느껴질 때까지 꾸준히 지속하는 것이 중요합니다.

이는 초보자는 어떤 기준에 도달할 때까지만 연습하는 반면, 전문가는 실수하지 않을 때까지 연습을 거듭해, 극한으로 스스로를 끌어올리는 이치와 같습니다.

③ 놓친 기회

자, 습관에 일관성이 얼마나 중요한지는 이해했으리라 생각합니다. 그럼 한번 흐름을 놓치면 바로 끝인 걸까요? 이제 우리가 하루를 놓치면 어떤 일이 벌어지는지 살펴보겠습니다. 여러분이 새로운 습관을 기르려고 꾸준히 실천하던 중, 어쩔 수 없는 일이 생겨 그만 어느 하루의 습관 수행을 하지 못했다고 가정해 봅시다. 습관 기르기는 실패할까요?

여기 새로운 습관의 형성 과정에서 하루를 빠트린 참가자들의 습관 강도를 조사한 연구가 있습니다. 그 결과, 아직 기르는 중인 습관의 경우 하루를 놓친 직후에는 습관 강도 점수(45페이지 참조)가 최저로 떨어졌지만, 참가자들이 그 습관 행동을 다시 시작하자 빠르게 회복하는 것으로 나타났습니다.[4] 하루를 건너뛴 그 다음날의 습관 강도 점수는 이전과 차이가 거의 없어서, 놓친 하루가 자동성에 미치는 영향은 미미했답니다.

다시 말하면, 하루쯤 놓친다고 해서 공든 탑이 무너지지는 않는다는 겁니다. 행동 반복이 습관 형성에 필수인 건 맞지만, 가끔 한 번 빼먹는다고 해서 습관 형성 과정 전체가 멈추지는 않습니다. 그렇다고 마냥 손을 놓아선 안 됩니다. 일주일 넘게 습관 행동 실행을 건너뛰는 것은 큰 영향을 미칠 수 있습니다. 이후에 습관 행동을 점점 덜 실행하게 되고, 결국 습관이 형성되지 않을지도 모릅니다. 새로운 습관을 기르다 보면 쉬는 날이나 잊어버리는 날이 생기는 것은 불가피한 일이지요. 하루 이틀을 건너뛰었나요? 아주 괜찮습니다. 늦지 않게 다시 습관 행동을 시작하고 일관성에 집중하기만 한다면요. 이게 포인트입니다.

④ 행동의 복잡성

'행동이 복잡한 정도' 역시 그 행동의 자동성 발달과 강도에 영향을 미칩니다. 쉽고 간단한 동작(예: 물 한 잔 마시기)이 어렵고 복잡한 동작(예: 윗몸일으키기 50회 수행)보다 자동성에 더 빨리 도달합니다. 물은 손 닿는 곳에 있어서 접근하기 쉽고, 마시는 일도 빠르고 쉽습니다. 반면에 윗몸일으키기는 주변 환경이나 복장 등의 요인에 의해 영향을 받을 수 있습니다. 예를 들어 비행기나 레스토랑에서 윗몸일으키기 50회 하는 것을 상상하긴 어렵죠. 두뇌가 느끼는 부담도 다릅니다. 물 한 잔 마시려고 윗몸일으키기 50회를 할 때만큼의 인지적 노력을 할 필요는 없으니까요.

즉, 우리는 복잡한 행동보다 단순한 행동을 할 때 일관성을 유지할 가능성이 훨씬 더 높습니다. 이 가설을 검증한 한 연구에서는, 과일 한 조각 먹기(80%)나 15분 동안 운동하기 또는 윗몸일으키기 50회 같은 신체 활동(86%)에 비해 물 한 잔 마시기(93%)를 지키는 참가자들이 많은 것으로 나타났습니다.[5] 운동 그룹 참가자가 습관 자동성에 도달하는 데에는 물이나 과일 그룹 참가자보다 1.5배 더 오래 걸렸습니다. 이 결과는 야심차고 복잡한 목표를 추구하기보다는 작은 습관을 기르는 것이 중요하다는 점을 강조합니다. 목표 달성의 열쇠는 강도가 아니라 일관성입니다.

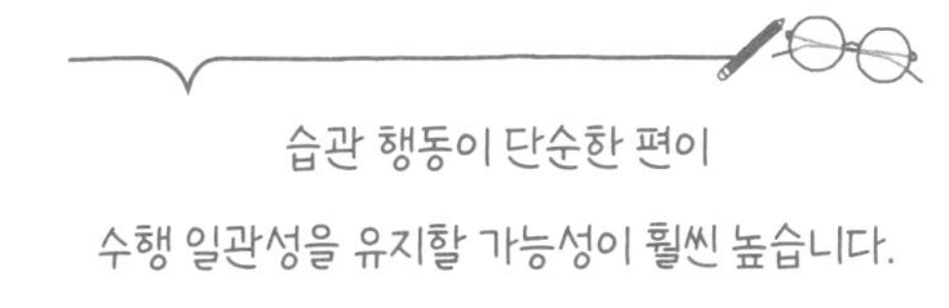

습관 행동이 단순한 편이
수행 일관성을 유지할 가능성이 훨씬 높습니다.

5. 보상의 가치

한번은 새해 다짐으로 감사 일기 쓰기를 시작했던 적이 있습니다. 감사하는 마음이 건강한 생활과 관련 있다는 기사를 읽고 나서, 시도해 보기로 결심했지요. 그런데 막상 앉아서 감사했던 3가지 일을 매일 적을 동기를 찾기란 매우 어려웠답니다. 다른 시답지 않은 일을 하며 미루거나 다음 날로 넘기곤 했습니다. 감사한 마음이 부족해서가 아니었습니다. 이 감사 일기 쓰기를 통해 얻을 보상이나 결과를 충분히 이해하지 못했을 뿐이었지요.

몇 달 후, 저는 감사를 실천함으로써 얻을 수 있는 장점을 우울증이나 불안, 스트레스 증상 완화부터, 만족감과 성취감 증진, 수면 개선, 혈압 감소, 염증 감소에 이르기까지 자세히 설명한 논문을 접하게 되었습니다. 염증 감소와 수면 질 개선을 매우 중요하게 생각하는 저에게 이 논문은 큰 동기를 부여해 주었습니다. 논문을 읽자 저의 미루던 태도는 사라지고, 의욕이 샘솟아 매일 감사 일기를 쓰는 습관을 어렵지 않게 들이게 되었답니다.

보상의 가치가 클수록 그리고 그 가치를 더 잘 인지할수록, 습관은 더 빠르고 강하게 형성됩니다. 체력 향상, 수면 질 개선, 눈에 띄는 신체 변화, 긍정적이고 건강한 마음가짐과 같은 좋은 결과가 행동을 뒷받침하면 습관은 더욱 견고해집니다. 특정 행동과 관련된 보상을 얼마나 중요하게 생각하는지가 그 행동을 반복할 가능성을 결정할 것입니다. 따라서 새로운 습관이 자신의 삶을 어떻게 개선하고 있는지 정기적으로 평가하고 자문하는 것이 중요합니다.

보상 예측 오류

보상은 학습 과정을 촉진합니다. 파블로프의 개는 종소리를 듣고 음식을 보고 침을 흘리죠. 이 과정에 반복적으로 노출된 개는 종소리만 들어도 침을 흘립니다. 이러한 유형의 강화 학습을 설명하는 수학공식이 1970년대에 개발되기도 했습니다.

우리의 두뇌는 보상 가치를 평가하고 기억합니다. '**보상 예측 오류**'란 상과 벌을 통해 학습하는 과정에 포함된 도파민 신호를 가리킵니다. 우리가 기대한 보상과 실제로 받는 보상 사이에 차이가 있을 때 발생하는 것이지요. 이 신호는 유리한 결과를 가져오는 행동을 강화함으로써 습관 형성을 비롯한 다양한 형태의 학습을 예측하는 데 핵심적인 역할을 합니다.[6]

어떤 행동을 수행한 후 기대치를 초과하는 보상을 받으면 긍정적인 예측 오류가 발생합니다. 이는 그 행동을 강화하여 향후 다시 반복할 가능성을 높입니다. 반대로 보상이 기대에 못 미치면 부정적인 예측 오류가 발생해, 그 행동을 반복할 가능성이 낮아질 수 있습니다.

예를 들어, 여러분이 더 건강한 식단을 채택하고 체중 감량을 목표로 평소에 먹던 햄치즈 크루아상 대신 샐러드를 점심으로 먹기로 했다고 가정해 봅시다. 햄치즈 크루아상을 좋아하는 여러분이 크루아상을 정말 잘 굽는 단골 베이커리에서 샐러드를 주문하기가 주저되는 것은 당연합니다. 그럼에도, 건강을 생각해 샐러드를 선택해 봅니다. 놀랍게도 샐러드는 정말 맛있고 만족스러웠습니다. 이는 실제 보상이 기대치를 초과하여 긍정적인 예측 오류가 발생한 경우입니다. 이러한 긍정적 경험은 행동을 강화하여 앞으로 점심으로 샐러드를 선택할 가능성이 더 높아질 수 있습니다.

반면에, 점심으로 샐러드를 먹기로 결정했고 이 건강한 선택에 기대가 컸지만, 샐러드를 먹어 보니 배부르지 않고 다소 불만족스러웠다고 가정해 보겠습니다. 이 경우 기대했던 보상은 영양가 있는 선택을 통해 얻는 만족감이었지만, 실제 보상은 기대에 미치지 못하여 부정적 예측 오류가 발생했습니다. 이 경험은 앞으로 샐러드를 점심 식사로 선택할 가능성을 낮춥니다.

미국에서 실시한 한 주목할 만한 연구에서 이 사실을 증명했습니다. 연구자들은 참가자들에게 트윙키, 감자칩, 탄산음료 등 가장 좋아하는 가공식품이나 음료를 실험실에 가져오게 했습니다. 참가자들은 자신이 가져온 음식에 대한 충동을 억제하기 힘들다고 했습니다. 자기가 그 음식을 좋아하는 까닭은 맛이 좋고 먹으면 기분이 좋아지기 때문이라고 생각했으며, 의심의 여지없이 식품 마케팅이 말한 대로 섭취 후에는 행복과 성공감을 얻을 것이라 믿었죠. 다음 단계에서 연구진은 참가자들에게 음식의 맛과 거기서 오는 만족감에 주의를 기울일 것을 당부하며 가져온 음식을 천천히 먹거나 마시게 했습니다.[7] 그랬더니 흥미롭게도 거의 모든 참가자가 음식에 실망했다고 말했습니다. 당연하게도 그 이후 그 음식을 다시 먹고 싶은 욕구가 훨씬 줄어들었다고 합니다.

이와 동일한 전략이 금연을 돕기 위해서도 사용되었습니다.[8] 연구에 참여한 흡연자들은 니코틴 연기를 들이마시는 동안, 담배 맛이 어떤지 신경 써서 묘사하도록 요청받았습니다. 참가자들은 담배 맛을 불타는 신문을 핥는 느낌, 재를 삼키는 느낌, 불에 탄 타이어 연기를 흡입하는 느낌 등에 비유했습니다. 감상은 저마다 달랐지만, 모두 썩 좋은 것은 아니었죠. 또한 참가자들은 흡연으로 인해 현기증이 나고 기침을 하게 되었다고 답했습니다. 몇 달 후 연구진이 참가자들의 흡연 여부를 추적 조사한 결과, 대다수 참가자가 담배를 끊은 것으로 나타났으며, 그 동기는 '담배 맛이 싫어서'였다고 합니다. 이처럼, 인간의 행동을 주도하는 것은 종종 무언가를 얻고자 하는 기대감입니다. 우리가 인식하는 보상의 가치를 줄이면 그것을 찾으려는 두뇌의 갈망도 줄어들 것입니다.

제 첫 일은 10대 때 한 아이스크림 가게 아르바이트였습니다. 아이스크림을 엄청나게 좋아하던 저는 교대근무가 끝날 때마다 제 몸무게만큼 아이

스크림을 먹곤 했죠. 가게에 도움이 될 리가 없었어요. 정기적으로 모든 맛을 보았지만, 제가 가장 좋아한 것은 구운 아몬드와 달콤한 초콜릿 리본으로 장식된 모카 아이스크림이었습니다. 그 맛에 완전히 빠져버렸죠. 그곳에서 일하며 가장 행복했던 기억은 한 손님이 제 '최애' 모카맛 대형 아이스크림 케이크를 주문하고는 찾아가지 않아, 제가 대신 집에 가져갔던 일입니다. 일을 마친 저를 데리러 온 어머니의 차 조수석에 앉아서는, 작은 플라스틱 숟가락으로 큰 케이크를 모조리 먹어치웠답니다.

20년이 지난 지금도 그 아이스크림 가게는 여전히 같은 맛의 아이스크림을 판매하고 있습니다. 최근 친구들과 그 가게에 가서 하나를 주문해 먹어보았는데, 맛이 다르더군요. 초콜릿 리본은 초콜릿 맛이 덜했고, 아이스크림은 예전보다 덜 부드러운 데다 구운 아몬드 양도 적었습니다. 레시피가 바뀐 것이 분명했고, 아이스크림에서 기대했던 향수를 불러일으키는 맛있는 보상은 기대에 못 미쳤습니다. 부정적 예측 오류가 발생한 것이죠. 결과적으로 저는 그 맛을 다시 선택하지 않거나, 그 맛에 대한 기대치를 낮추게 될 것입니다.

대신 제 친구가 선택한 카라멜 프랄린 맛을 시식해 보았답니다. 어쩜 그렇게 맛좋을 것이라곤 예상 못 했지요. 어떻게 초콜릿의 매력을 넘어설 수 있나요? 놀라울 정도로 맛있고 크림 같은 아이스크림이었습니다. 이 아이스크림의 보상은 예상을 뛰어넘어 긍정적 예측 오류를 낳았습니다. 앞으로 새로운 맛에 도전할 욕구가 더 커질 것 같아요. 예상치 못한 즐거움에서 얻은 보상은 더욱 만족스러웠죠. 평소 좋아하던 아이스크림이 아닌 다른 맛을 더 좋아하게 되리라곤 생각하지 않았는데, 제 예상이 틀렸던 겁니다.

도파민 뉴런은 우리가 예상치 못한 긍정적인 경험을 할 때 활성화됩니다. 가령 제가 갑자기 여러분의 어깨를 두드리며 과자를 건네준다면, 여러분의 도파민 뉴런은 과자에 반응할 겁니다. 하지만 계속해서 어깨를 두드리며 과자를 주면, 도파민 뉴런은 더 이상 반응하지 않습니다. 달콤한 간식은 좋지만, 과자를 받는 것이 더 이상 예상치 못한 일이 아니기 때문이지요. 그 대신 도파민 뉴런은 어깨 두드림을 예상하여 활성화되기 시작하는데, 어깨 두드림이 달콤한 과자(긍정적 사건)의 도착을 확실하게 예측하게 하기 때문입니다. 그러나 다음 두드림이 언제 발생할지 모르기 때문에, 어깨 두드림 자체가 도파민 분비를 일으키는 예상치 못한 긍정적 사건이 됩니다.

만일 제가 여러분의 어깨를 두드린 다음 과자를 주지 않으면, 도파민 뉴런은 기준선 아래, 즉 어깨를 두드리기 전의 도파민 수준보다 아래로 떨어질 것입니다. 예측 오류를 통한 이런 학습 과정은 우리 두뇌가 변화하는 환경에 맞춰 행동을 조정하는 핵심 메커니즘으로 작용합니다.

두뇌를 속여 실제보다 보상이 적다고 인식하게 하는 일은 불가능할 수도 있습니다. 따라서 보상 예측 오류를 인정하고 특정 행동으로 인한 기대 보상을 과대평가하지 않는 것만으로도 긍정적 습관을 강화하는 데 도움이 될 수 있습니다.

6. 스트레스

상사로부터 긴급한 이메일을 받고, 손바닥에 식은땀이 흐르고 속이 텅 비워지는 느낌이 들 때 있으시죠? 뇌세포가 말할 수 있다면 "또 왔네, 스트레스와 불안."이라고 말할지도 모릅니다. 스트레스는 습관을 기르거나 버리는 능력에 큰 영향을 미칩니다. 보통 스트레스를 많이 받을수록 새로운 습관을 기르고 오래된 습관을 버리기가 더 어려워집니다. 게다가 우리에게는 스트레스를 받으면 익숙한 습관으로 되돌아가는 경향이 있습니다.

스트레스란 우리가 어려운 상황이나 인지된 위협 또는 장애물을 관리하게 해 주는 자연스러운 생리적, 심리적 반응입니다. 살면서 해야 할 일들이 자신의 능력치나 가진 것보다 너무 커 보일 때, 스트레스는 어김없이 나타납니다. 스트레스라고 다 같진 않습니다. '좋은' 스트레스와 '나쁜' 스트레스가 모두 있으며, 다르게는 갑작스럽고 짧은 급성 스트레스와 장기간 지속되는 만성 스트레스로 나눌 수도 있지요.

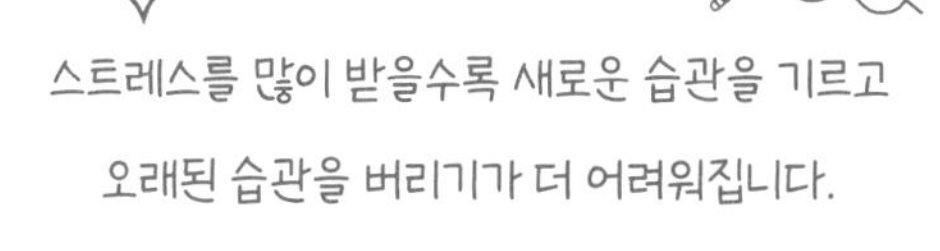

스트레스를 많이 받을수록 새로운 습관을 기르고
오래된 습관을 버리기가 더 어려워집니다.
게다가 우리에게는 스트레스를 받으면
익숙한 습관으로 되돌아가는 경향이 있습니다.

스트레스와 불확실성에 효과적으로 대처하는 사람은 회복탄력성이 더 높습니다. 하지만 스트레스가 일상적인 기능을 방해하기 시작하면 문제는 심각해집니다. 인생의 어려움을 극복하려면 스트레스 관리는 필수적입니다. 따라서 스트레스를 일으키는 원인보다 이에 어떻게 반응하는지가 더욱 중요합니다.

스트레스는 엄청난 양의 에너지를 소모하기 때문에, 하루 종일 스트레스를 받으면 우리는 피로감을 느끼고 자제력이 고갈됩니다. 결과적으로 자아 고갈 상태로 이어져 행동을 바꾸는 것이 지극히 어려워지고 말죠. 스트레스를 증가시키는 원인이 무엇이든, 집중력은 똑같이 저하됩니다. 생각은 가장 흔한 스트레스의 원인입니다. 우리가 생각하고 곱씹는 동안 스트레스는 우리 두뇌에서 생생하게 유지됩니다. 이런 종류의 스트레스는 우리를 엄청나게 지치게 합니다.

연구에 따르면, (간단하거나 즉각적인 해결책이 없는) 만성 스트레스를 앓는 사람은 세포 내 에너지 생성 기관인 미토콘드리아의 생산량이 줄어든다고 합니다.[9] 흔히 '발전소'라고 불리는 미토콘드리아는 음식물에서 얻은 에너지를 신체에 사용할 수 있는 에너지로 전환하는 데 중요한 역할을 합니다. 미토콘드리아 생산은 생각이나 감정과 밀접한 관계가 있습니다. 스트레스를 많이 받는 날에는 에너지가 줄어듭니다. 이를 방지하려면 잠자리에 들 때 하루의 긍정적 측면에 집중하는 일상 습관을 들여야 합니다. 저는 남편 미치가 잠들기 전, 그에게 하루가 어땠는지 물어보곤 한답니다. 남편은 꽤 귀찮아하면서도 흔쾌히 대답해 주고, 저희 부부는 하루의 감사함을 나누는 좋은 시간을 갖곤 하지요(뭐, 적어도 저에겐 즐거운 시간이고, 남편도 기꺼이 응한답니다).

우리가 더 자주 실천해야 할 또 다른 중요한 관행은 '철저하게 받아들이기'입니다. 철저하게 받아들인다 함은 생활 속 스트레스를 단순히 인정하는 것이 아니라, 우리가 통제할 수 없는 상황을 있는 그대로 받아들인다는 뜻입니다. 그 상황으로는 교통 체증이나 날씨, 항공편 연착 또는 타인의 행동 등을 꼽을 수 있습니다.

《7일만에 끝내는 스트레스 처방전The Stress Prescription》의 저자 엘리사 에펠Elissa Epel 교수는 철저하게 받아들이기의 중요성을 나타내는 설득력 있는 비유를 제시했습니다.[10] 그녀가 말하길, 통제 불가능한 일에 대한 스트레스는 벽돌 벽에 붙은 밧줄을 당기는 것과 같다고 합니다. 스트레스에 가득 차서 우리는 밧줄을 당깁니다. 이 상황을 좀 어찌 해 보려고요. 하지만 벽은 꿈적도 하지 않고, 손만 긁힐 뿐입니다. 에펠 교수는 우리에게 밧줄은 놓아 버리고, 스스로에게 통제할 수 있는 상황을 관리하는 데 집중할 자유를 허락할 것을 권합니다.

잠시 시간을 내어 여러분의 삶에서 스트레스를 많이 받는 상황을 적어 보세요. 그런 다음, 바꿀 수 없는 항목을 체크합니다. 바꿀 수 없음을 그저 알아차리는 것만으로도 강한 힘이 생길 겁니다. 무거운 짐을 내려놓고 스스로에게 약간의 안도감을 주게 되기 때문이죠. 심신을 모조리 사로잡은 스트레스라는 커다란 공간으로부터 어느 정도 자유로워질 수도 있습니다. 고삐를 늦추면 삶에서 스스로 통제 가능한 것들을 관리할 수 있는 더 큰 능력을 갖게 됩니다. 철저하게 받아들이기는 일회성 활동이 아니라 습관으로, 삶의 방식으로, 정체성으로 삼아야 할 실천 과제입니다. 그렇지 않으면 비생산적인 모든 스트레스가 소중한 정신적 공간을 너무 많이 차지해 버려, 변화를 꾀하기 힘들어집니다. 저항하기보다는 흐름을 따라 흘러가는 법을 배워야 합니다.

스트레스에 대한 관점 바꾸기

스트레스가 모두 나쁜 것만은 아니라는 점을 강조하고 싶습니다. 어떤 스트레스는 우리에게 활력을 불어넣으며, 추진력과 목적 의식을 심어주고, 인지 능력을 향상시키기도 합니다. 스트레스가 전혀 없으면 활동에 참여하거나 변화하려는 마음을 갖기가 어렵습니다. 예를 들어, 얼룩말을 쫓는 사자를 생각해 보세요. 둘 다 스트레스를 받지만, 그 반응은 서로 크게 다릅니다. 사자는 곧 먹이를 먹게 되리란 기대로 신이 납니다. 의욕이 넘치고 기민하며 어려움도 극복할 만합니다. 반면에 얼룩말은 심각한 위협과 공포를 겪습니다. 생명은 위태롭고 사자가 따라 잡으면 어떤 일이 일어날지 두려워하고 있습니다.

우리는 스스로 사자와 얼룩말 중 어느 편이 될지 결정할 힘이 있습니다. 스트레스를 두려워하고 그 영향에 굴복하는 대신, 스트레스가 힘을 실어주고 동기를 부여하며 우리 몸이 제대로 기능하고 있음을 알려준다고 생각을 전환할 수 있습니다. 롤러코스터를 타거나, 게임을 하거나, 첫 데이트를 하는 것처럼 짜릿한 경험을 할 때, 우리는 종종 불안한 두근거림을 느낍니다. 이러한 일시적 스트레스는 영감을 주고 동기를 부여하며 에너지를 집중시켜 업무 성과를 높입니다. 이는 우리의 흥분을 불러일으키며 우리가 안전지대에서 벗어나게 하는 그런 스트레스입니다.

연구에 따르면, 스트레스를 긍정적으로 인식하는 사람이 더 뛰어난 업무 수행 능력을 보이고, 문제해결력이 탁월하며, 긍정적인 감정을 경험하고, 스트레스 상황에서 빠르게 회복하는 경향이 있다고 합니다. 이 특별한 효과를 설명한 하버드 대학의 한 연구 〈뱃속의 매듭을 리본으로 바꾸기 Turning the knots in your stomach into bows〉는 관점의 중요성을 강조합니다.[11]

따라서 스트레스에 대한 인식과 관리 방식은 우리가 새로운 습관을 기르거나 오래된 습관을 고치는 속도에 큰 영향을 미칩니다. 이미 [세션 9]에서 긴장을 풀고 신경가소성을 작동시키는 데 도움이 되는 몇 가지 스트레스 관리 전략을 소개했으니, 참고해 보세요.

스트레스가 큰 영향을 미친다는 사실은, 습관을 기르고 자동화에 이르는 데에 개인마다 18일에서 254일까지란 큰 차이가 생기는 이유를 설명합니다. 만약 여러분과 제가 똑 같은 습관을 정확히 같은 시간 동안 수행한다 하더라도, 같은 수준의 자동성에 도달하지 않을 것입니다. 여러분이 저보다 더 습관적이어서 더 꾸준히 습관 행동을 실천할 수도 있고, 제가 여러분보다 보상이 더 크다고 인식할 수도 있지요. 스트레스의 영향이 매우 정확한 척도는 아니지만 습관 형성 기간에 영향을 미치는 요소임을 이제 알게 되었으므로, 습관 형성이 예상보다 오래 걸리더라도 그다지 낙담할 필요가 없겠지요.

7. 습관 형성 과정 가속화

습관은 일관성과 낮은 복잡성, 환경적 유익성([세션 4]의 예시처럼 명백하고 불가피하며 구체적인 유발 요인 사용) 및 긍정적 영향(긍정적 감정을 경험하고 긍정적인 방식으로 타인 및 인생의 어려움과 상호 작용하는 경향)에 의해 강화됩니다. 그로써 우리는 습관에서 자동성에 도달하는 과정을 가속화할 수 있습니다. 여러분은 컵이 반쯤 찼다고 보는 쪽인가요, 아니면 절반이 비어 있다고 보는 쪽인가요?

다르게 말해 볼게요. 여러분은 일관성이 없거나, 매우 복잡한 습관을 기르려 하거나, 도움이 되지 않는 환경에서 생활하거나, 부정적인 사고를 하는 편이거나, 만성적으로 스트레스를 많이 받아서 자아가 고갈되는 편인가요? 그렇다면 습관 기르기에 훨씬 더 오랜 시간이 걸리고 어려울 것입니다.

습관을 버리는 데 얼마나 걸릴까?

이 질문에 대한 정답을 알면 정말 좋겠습니다. 없애려는 습관이 사라질 정확한 시간을 알 수 있다면, 그 습관을 극복할 결심을 하기가 훨씬 더 쉽겠지요. 하지만 현재로선 습관을 바꾸는 데 얼마나 오랜 시간이 걸리는지에 대한 경험적인 증거는 없습니다. 저 질문에 대한 답을 하기 어려운 이유는 습관 강도가 저마다 다르기 때문에, 한 사람의 습관을 다른 사람과 비교하는 것은 사과와 오렌지를 비교하는 것과 같기 때문입니다. 공정하거나 객관적인 비교가 불가능하답니다.

앞서 [세션 6]에서 설명한 것처럼, 오래된 습관을 없애는 중요한 변화를 두뇌가 겪으려면 일반적으로 30일이 걸립니다. 이 기간을 변화의 기준으로 삼고 있지만, 실제 습관을 고치는 데 필요한 기간은 여러 가지 요인, 예를 들면 습관의 강도, 환경 및 사회적 지원, 스트레스와 외부 압력 등의 영향을 받을 수도 있습니다. 깊숙이 자리잡아 상당한 보상이 있는 습관은 최근 생긴 습관을 없애는 것보다 더 어려울 수 있다는 것이지요.

본질적으로 습관을 고치려면 일관성, 헌신, 호기심, 연민을 가지고 자신에게 다가가야 합니다. 새로운 전략을 모색하고 그에 따라 환경과 일상생활을 조정할 의지가 있어야 합니다.

끈기는 대부분의 변화 성공 사례의 밑바탕입니다. 흡연자들에 대한 한 연구에 따르면 금연에 성공하기까지는 6번에서 30번 정도의 시도가 필요하다고 합니다.[12] 이렇게나 많은 수치가 벅차게 느껴질 수도 있지만, 현실적 관점을 유지하며 인내심을 잃지 않는 것이 중요합니다.

습관 고치기 시간에 영향을 미치는 요소

습관을 고치는 데 걸리는 시간에 영향을 미치는 몇 가지 주요 요소는 다음과 같습니다.

- **습관의 강도:** 습관이 더 굳어져 있고 자주 하는 행동이며 그로부터 얻는 보상이 클수록, 습관을 고치는 데 더 오랜 시간이 걸립니다.
- **습관 유발 요인에 대한 인식 수준:** 어떤 행동을 하던 도중 갑자기 자신이 무엇을 하고 있는지 깨달은 적이 있나요? 자신의 유발 요인을 잘 알면 바람직하지 않은 습관에 빠질 가능성이 줄어들고, 그러더라도 더 빨리 고칠 수 있습니다.
- **대체 습관의 적절성:** 동일한 신호와 보상을 사용해 새로운 습관을 재프로그래밍하려고 할 때, 새로운 습관이 실제로 만족스러운 보상을 제공하지 않는다면 기존의 습관을 고치기란 훨씬 어려워집니다. 예를 들어, 소셜 미디어에서 과도하게 스크롤하는 습관을 고치려 하고, 이 습관의 보상은 타인과 연결된 느낌이라고 생각해 봅시다. 스크롤 대신 독서를 선택했을 때

책을 읽음으로써 연결된 느낌을 얻을 수 없기 때문에, 여러분은 여전히 소셜 미디어에서 스크롤하고 싶은 욕구가 남아 있을 것입니다. 대체 습관은 여러분의 필요와 욕구에 부합해야 합니다.

- 습관 고치기 의지의 수준: 원치 않는 습관을 고치려는 목표와 의지가 확고할수록 여러분의 인생에서 그 습관은 더 빨리 사라질 것입니다. 실행 의도를 확고하게 한 후([세션 5] 참고), "만약 …하면, ~하겠다" 또는 "…할 때, ~할 것이다" 식의 신호-반응 연관성 계획을 세우고 습관 추적기를 사용하세요.

- 변화에 대한 불안 수준: 변화 가능성에 대한 믿음은 '예상 불안'으로 인해 약해질 수 있습니다.[13] 이는 흡연과 같은 습관을 바꿀 때 금단 증상을 예상하며 두려워할 때 발생하지요. 예상되는 불편함은 실제 경험보다 큰 경우가 많지만, 실제 그러한지 시험해 보려는 모든 시도를 방해할 수 있습니다. 흡연이나 음주, 기타 중독성 물질이나 행동을 끊을 때 겪게 될 손실에 대해 고민하는 대신, 건강 개선, 수면 개선, 수명 연장, 재정적 여유 등 얻게 될 이점을 생각해 보세요.

호기심과 친절함

습관 유지에 있어 중요한 키는 습관이 주는 보상에 있습니다. 보상이 있기 때문에 좋지 않은 습관을 계속해서 행동으로 옮기는 것이죠. 불안을 잠재우려 무언가를 먹으면 기분이 조금 나아집니다. 그러면 두뇌는 이 관계를 학습하게 되고, 불안감을 느낄 때마다 음식을 먹도록 유도합니다. 이러한 패턴을 깨고 보상 반응을 무시하려면 **마음챙김**이 필수적입니다. 나쁜 습관에서 얻는 보상을 인식하게 되면, 그것이 여러분에게 진정 도움이 되지 않는다는 것을 깨닫게 됩니다. 감정적인 식사를 예로 들어 볼까요? 불안감을 느낄 때 먹게 되면, 씹는 행위와 음식에 들어 있는 특정 화합물로 인해 일시적 위안을 얻지만, 오래 가지 않아 불안은 다시 돌아옵니다. 더 깊이 파고들어 이런 효과를 알아차리게 된다면, 여러분의 불안 수준은 이전보다도 높아질 수 있고, 죄책감이나 수치심, 정신적 피로감이 동반될 수 있습니다.

정신과 의사이자 신경과학자인 저드 브루어 Jud Brewer 박사는 이를 실험에 옮겨 보았습니다. 그는 환자들에게 불안으로 인한 과식 충동을 느낄 때마다, 호기심을 갖고 과식으로 인해 얻는 진정한 보상이 무엇인지에 주의를 기울이도록 요청했습니다.[14] 환자들이 이 과정을 10~15회 수행하자, 과식의 보상 가치는 0 이하로 떨어졌습니다. 더 이상 보상이 없게 된 것이죠. 두뇌의 보상 시스템 변화는 제법 빠르게 일어났으며, 10~15번의 반복으로 충분히 가능했습니다. 우리 두뇌는 놀라운 적응력을 가지고 있으며, 이러한 보상 메커니즘을 기반으로 학습과 망각을 지속적으로 해나가고 있습니다. 단순히 주의를 기울이는 것만으로 가능한 일이지요. 우리는 오랫동안 의지력을 지배적인 패러다임으로 삼아 왔지만, 호기심과 마음챙김을 활용해 두뇌의 보상 메커니즘을 재구성해야 합니다. 한번 보상이 부족하다는 것을 알아차리면 우리는 곧 시들해져서, 의지력에 크게 의존하지 않고도 쉽게 그 행동을 바꿀 수 있습니다.

이 전략을 실행하려면 우선 신체적 감각을 알아차리는 것부터 시작하세요. 불안은 실제로 어떤 느낌일까요? 지금 정말 배가 고픈가요, 아니면 불편한 감정이나 느낌을 억누르고 싶은가요? 이러한 호기심을 키우면 자신의 몸과 마음에 대한 인식을 재조정할 수 있습니다. 신체적 감각을 인식하는 데 익숙해졌다면, 다음 단계는 버리려는 습관 행동을 하는 순간에 스스로에게 물어보는 겁니다. "내가 이 습관을 통해 무엇을 얻고 있는가?", "이 행동이 나에게 어떤 도움이 되는가?" 이런 질문은 과도한 걱정부터 손톱 물어뜯기, 자기 비판에 이르기까지 모든 유형의 좋지 않은 습관에 적용할 수 있습니다.

그런 다음 “지금 이 순간 나에게 정말로 필요한 것은 무엇인가?”라고 자문해 보세요. 휴식인가요, 관계 맺기인가요, 아니면 미루던 일을 처리하는 것일까요? 호기심과 연민을 갖고 스스로를 대하세요. 새로운 습관을 기르거나 오래된 습관을 없애는 과정에서 좌절을 겪는 것은 자연스러운 단계임을 인정하고, 완벽함보다는 진전을 우선시하는 것이 중요합니다.

과한 걱정이 습관이던 벨라라는 내담자가 있었습니다. 벨라는 이 해로운 습관이 자신의 마음을 지배하고 있다고 했죠. 아이들의 점심 도시락이 충분한지, 남편과 자신의 직업 안정성은 괜찮은지, 자연재해가 일어날지 걱정했으며, 친구들과의 모임에서 과식할까 봐, 혹은 사회생활을 하며 부적절한 말을 할까 봐 걱정했습니다. 부부의 재정 상태가 좋음에도 불구하고 은퇴 자금에 대해 걱정했고 심지어 두 달 후 가족 휴가 때 비가 올까 봐 걱정하는 지경이었답니다. 이런 걱정거리가 늘 나쁜 습관인 것만은 아닙니다. 걱정이란 일반적으로 존재하는 삶의 일부분이죠. 하지만 적절하게 관리하지 않고 방치하면 벨라의 경우처럼 우리를 짓눌러 일상생활에 지장을 초래하게 됩니다.

저는 벨라에게 우선 걱정과 관련된 신체적 감각에 주의를 기울이는 것부터 시작하자고 했습니다. 벨라는 근육 긴장, 특히 목과 어깨의 근육 긴장을 느꼈고, 그 밖에도 빠른 심장 박동, 얕은 호흡, 뱃속의 꼬임을 알아차렸지요. 걱정하는 순간의 자기 신체 반응에 귀를 기울인 것이 그때가 처음이었답니다. 벨라는 걱정하면 불안이 줄어들 것이라 생각했지만, 실제로 걱정은 불안과 동일한 증상을 다수 유발하고 불안을 더욱 악화시킨다는 사실을 깨닫게 되었습니다. 이 시점에서 벨라의 두뇌는 걱정에 따른 보상 가치를 재프로그래밍하기 시작했습니다. 보상 예측 오류, 즉 기대했던 보상과 실제 결과 사이의 불일치가 긍정에서 부정으로 기울어지면서 걱정이라는 행위가 벨라의 두뇌에 덜 매력적으로 느껴지게 된 것입니다.

그런 다음 저는 벨라에게 물었습니다. "걱정이 어떤 면에서 도움이 되나요?" 벨라가 대답하길, 걱정은 잠재적인 걱정을 해결하기 위해 선제적 조치를 취하는 것처럼 느껴져 거짓된 안도감을 준다고 합니다. 더 깊이 파고들어 다시 물었습니다. "걱정 때문에 결과가 얼마나 자주 바뀌었나요?" 아이들 점심 도시락이 충분하지 않은지, 휴일에 비가 올지, 자연재해가 일어날지 걱정한다고 해서 결과가 바뀔까요? 아이들이 기적적으로 점심을 더 많이 먹게 되거나, 비구름이 걷히거나, 다가오던 자연재해가 다른 곳으로 가게 되었을까요? 단지 벨라가 걱정했기 때문에? 아니요, 당연히 아니겠죠. 걱정은 벨라가 자신의 불안을 적극적으로 해결하고 있다는 착각을 불러일으켜 벨라에게 기만적 안정감을 줄 뿐이었습니다. 사실 벨라는 자신의 고민을 곱씹어 보면서 긍정적 가능성보다 부정적 측면에 집착하는 악순환에 갇혀 있었던 것이죠. 막상 걱정하기의 장단점을 따져 보니 단점이 잠재적 장점보다 더 컸고, 벨라에게 걱정은 이제 비생산적인 데다 심지어 해로운 습관으로 보였습니다. 이러한 새로운 자각은 벨라의 두뇌가 부정적인 걱정이 갖는 보상 가치를 다시 계산하게 했습니다.

마지막으로 저는 벨라에게 물었습니다. "걱정이 시작될 때, 당신에게 정말 필요한 것이 뭘까요?" 자신의 걱정 습관 패턴을 분석한 벨라는 불안을 느낄 때 걱정하곤 한다는 사실을 깨닫게 되었습니다. 그녀의 걱정 유발 요인은 불안이었고, 습관은 걱정하기였으며, 습관의 보상은 거짓된 안정감이었습니다. 또한 자신에게 진정으로 필요한 것은 불안을 완화하는 것이며 심호흡이나 잠깐의 휴식과 같은 연습을 통해 달성할 수 있다는 것을 알게 되었죠.

이러한 전략을 실행한 지 몇 주 후, 벨라의 마음에는 평온과 고요함이 자리잡게 되었습니다. 벨라는 여전히 때때로 걱정하곤 하지만, 예전처럼 걱정이 그녀의 생각을 온통 지배하거나 견디기 힘들 정도로 불안감을 악화시키지는 않는답니다. 이는 호기심과 마음챙김의 효과를 보여주는 놀라운 결과입니다.

성별에 따라 습관이 다를까?

지난 수십 년 동안 연구자들은 성별이 습관 형성에 미치는 영향은 미미하며, 남녀 모두에게 비슷하게 적용된다는 데 의견을 모았습니다. 그러나 최근의 여러 연구는 두뇌의 메커니즘을 밝혀내면서 성별에 따라 서로 다른 요인에 의해 습관이 유발되고 동기가 부여될 수 있음을 시사합니다.

예일 의과대학의 한 연구를 예로 들겠습니다.[15] 연구진은 코카인 중독이나 잦은 음주로 어려움을 겪는 사람들에게 어떤 사진을 보여주고 두뇌 스캔을 실시했습니다. 그 사진은 참가자들이 사전 인터뷰에서 자신의 스트레스 수준을 높인다고 밝힌 장면을 담은 것이었습니다. 여성 참가자의 경우, 스트레스 관련 신호에 노출되면 중독 충동이 나타났습니다. 예를 들어, 위험에 처한 어린이의 사진을 본 여성들은 코카인이나 와인 한 잔을 원하게 되었습니다. 반면에 남성들은 이러한 스트레스로 인한 영향을 훨씬 덜 받았습니다. 또 남성들은 술집에 있는 사람의 사진이나 코카인 바늘이나 줄 같은 마약 관련 신호에 노출되었을 때 중독이 활성화되었지만 여성들은 약물 관련 신호에 훨씬 덜 영향을 받았습니다.

이 연구 결과가 시사하는 바는 여성과 남성의 접근법이 달라야 한다는 것입니다. 여성의 자아 고갈을 완화하고 습관을 고수하게 하려면 스트레스 감소 전략이 도움이 되며, 남성의 경우에는 좋지 않은 습관을 유발할 가능성이 적은 환경을 조성하는 데 집중하는 게 좋습니다.

또 다른 흥미로운 연구에서는 남녀 1,719명의 운동 습관을 조사하여, 누가 더 운동을 시작할 가능성이 높은지 알아보고자 했습니다.[16] 그 결과, 남성은 주변 환경이 신체 활동에 도움이 되고 개인적으로 능력이 있다고 느꼈을 때 운동을 시작한 반면, 여성은 가족의 지원이 적절하면 운동을 시작하는 경향이 있었습니다. 전통적 혹은 생물학적 관점에서 이 결과를 살펴보면, 역사적으로 남성은 지역 사회를 안전하게 유지하는 책임을 졌고, 여성은 가족을 돌보고 양육하는 역할을 담당해 왔습니다. 남녀가 나쁜 습관을 버리거나 건강한 습관을 새로 들이려면 서로 다른 특정한 조건이 필요하다는 것은 어느 정도 이해할 만하죠.

일화적 증거에 따르면, 남성은 외부 또는 환경적 자극의 영향을 더 많이 받는 반면, 여성은 내적 혹은 정서적, 사회적 동기에 더 영향을 받는다고 추측할 수 있습니다. 그러나 성별과 습관에 대한 과학은 아직 초기 단계이므로 앞으로 더 많은 연구가 이루어져야 할 것입니다.

나쁜 습관 버리기보다 좋은 습관 들이기가 더 쉬울까?

앞서도 말했듯이, 저는 습관을 본질적으로 좋거나 나쁘다고 분류하는 것을 좋아하지 않습니다. 물론 도움이 되는 습관도, 해로운 습관도 있을 수 있죠. 이론적으로는 나쁜 습관을 형성하거나 버리는 것과 좋은 습관을 들이거나 버리는 것은 그다지 다르지 않습니다. 하지만 나쁜 습관은 좋은 습관에 비해 즉각적 쾌감이나 만족감을 주는 경우가 더 많다는 것이 일반적인 연구 결과입니다.

아침에 알람이 울릴 때 다시 알림 버튼을 누르거나, 배고프지 않을 때 간식을 먹으려 들거나, 무심코 휴대폰을 스크롤하는 것은 영양가 있는 식사나 규칙적 운동 또는 충분한 수분 섭취 등의 습관보다 훨씬 더 즐겁습니다. 나쁜 습관이 좋은 습관보다 일상생활에서 쉽게 고착되는 이유가 분명히 존재합니다. 일상생활에서 나쁜 습관을 약화시키는 것이 좋은 습관을 강화하는 것보다 더 어려울 수 있습니다. 그렇지만 이는 물론 나쁜 습관이 얼마나 강한지 그리고 좋은 습관을 들이려는 마음이 얼마나 강한지에 따라 달라질 것입니다.

요약

* 습관을 형성하는 데는 **평균 66**일이 소요되며, 기간은 개인에 따라 18일에서 254일 사이로 다양합니다.
* 습관을 바꾸는 데 걸리는 시간은 개인의 습관적 성향, 행동 반복 빈도, 습관 행동의 복잡성, 보상의 가치, 일상생활에서 겪는 부정적 스트레스 정도에 따라 달라집니다.
* 습관을 고치는 데 필요한 기간에 대한 경험적 증거는 현재 없습니다.
* 습관을 버리려면 일관성, 헌신, 자신에게 호기심을 갖고 친절하게 대할 준비, 새로운 전략 시도, 환경과 일상에 변화를 주고자 하는 의지가 필요합니다.

호기심 갖기

[세션 6]에서 습관 유발 요인과 루틴, 보상을 식별하여 버려야 할 3가지 습관을 파악한 바 있습니다. 이번 활동에서는 [세션 6]에서 확인한 습관들(다른 것이어도 좋습니다)을 가져와, 각 습관의 유발 신호와 루틴 및 보상을 기록해 보도록 하겠습니다(119페이지 예시 참조).

다음 양식을 활용해 습관 루프를 그려 봅시다.

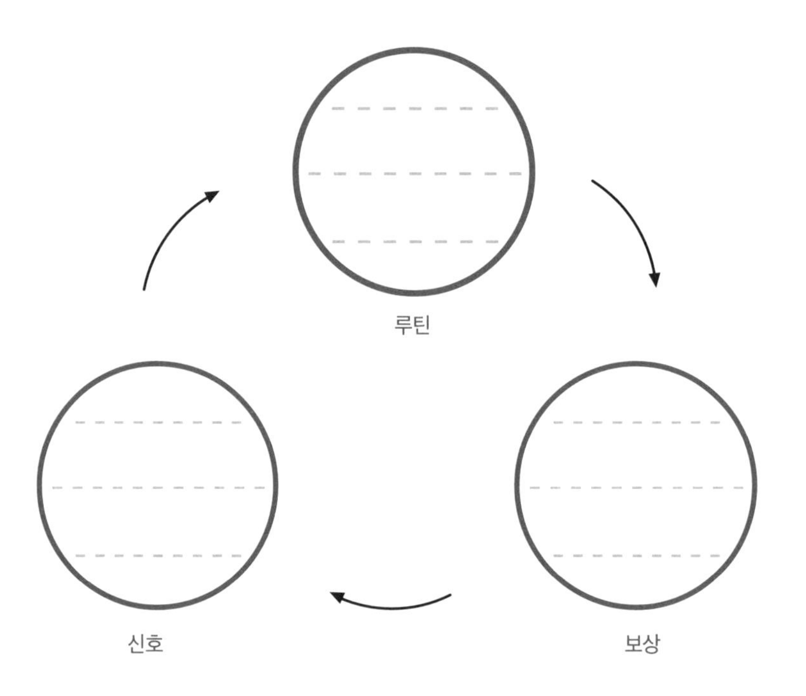

이제, 파악한 여러분의 버리고자 하는 습관에 대해 다음 세 질문의 답을 생각해 봅시다.

- 이 습관을 행할 때 내 몸에서는 어떤 감각이 느껴지는가?
- 이 습관을 행함으로써 내가 얻는 혜택이나 보상은 무엇인가?
- 내가 근본적으로 충족하고자 하는 욕구나 욕망은 무엇인가?

세션 11

COM-B 프레임워크

행동 변화 레시피,
재료는 딱 셋이에요.

우리의 행동과 결정에 영향을 미치는 요인은 매우 많습니다. 우리가 성장한 혹은 노출된 문화, 세상에 대한 인식과 이해, 사회적 영향력, 자기효능감, 태도와 가치, 동기 부여 수준 그리고 습관에 따라 우리 행동은 결정됩니다.

세계적으로 저명한 건강 심리학 교수 수잔 미치Susan Michie는 팀원들과 함께 인간 행동에 영향을 미치는 요인을 규명할 프레임워크를 개발했습니다. 연구팀은 역량, 기회, 동기(약자로는 COM-B, 여기서 B는 행동behavior)라는 3가지 주요 범주로 분류했습니다.[1] **COM-B 프레임워크**는 모든 행동 변화에 필요한 요소가 역량과 기회, 동기 부여임을 명확히 설명합니다. 다시 말해, 변화하지 않는다면 이 요소 중 하나가 누락되었을 가능성이 높다는 것이죠.

- 역량: 내가 하고 싶은 행동을 해낼 수 있는 신체적, 심리적 능력을 가리킵니다. 필수적 인지 능력, 이해력, 논리적 사고, 지식 및 기술이 포함됩니다. 역량은 내가 하고자 하는 일을 실행할 수 있다는 의미입니다.
- 기회: 행동을 가능하게 하거나 촉발하는 모든 외부 요소를 포괄합니다. 기회란 물리적 환경일 수도 있고, 사회적 맥락일 수도 있습니다(사회적 기회

에는 세상에 대해 갖는 우리의 사고방식을 결정하는 문화 풍토가 포함됩니다). 기회는 우리가 하고 싶은 일을 할 수 있는 자원과 시간, 사회적 승인을 수반합니다.

- 동기 부여: 행동을 유도하고 이끄는 두뇌 과정으로 정의됩니다. 동기가 바로 우리가 특정 방식으로 행동하는 근본적 이유입니다. 동기는 자동적(습관적)일 수도 있고 반성적(계획적, 의도적)일 수도 있습니다. 행동을 자극하기도 하고 억제하기도 합니다. 우리는 운동과 같은 행동에 박차를 가하거나 흡연과 같은 특정 행동을 억제할 수 있습니다. 추후 [세션 12]에서 동기에 대해 포괄적으로 탐색해 볼 것입니다.

COM-B 프레임워크

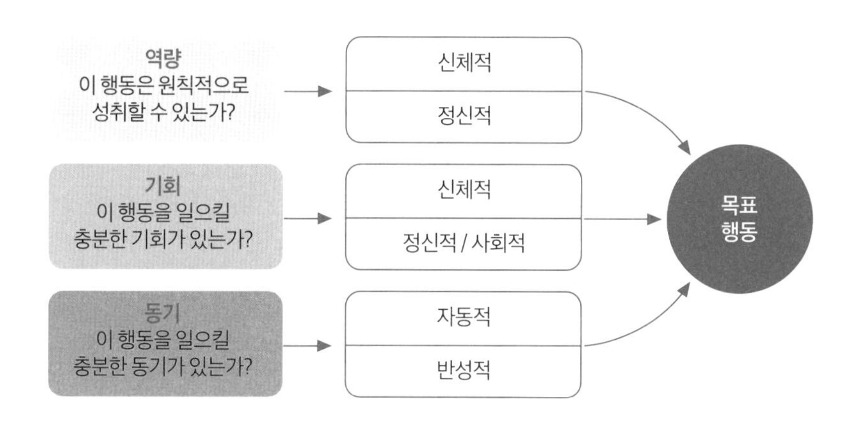

COM-B 탱고

우리가 하는 행동은 역량과 기회, 동기 사이에 벌어지는 상호 작용의 결과입니다. 예를 들어, 우리는 어떤 일을 할 수 있는 역량이 있고 기회가 주어지기 때문에 그 일을 하게끔 동기를 느낄 수 있습니다. 혹은 우리가 행동을 취한 후에 동기가 따르기도 해서, 행동이 동기에 영향을 미치기도 합니다. 역량과 기회, 동기 사이에는 탱고와 같은 역동적인 방식의 상호 작용이 벌어집니다.

여러분이 만들고 싶었던 습관을 떠올려 보세요. '매일 명상하기'라고 해 볼까요? 어떤 일을 할 수 있는 역량이 없다면 그 일을 할 가능성이 없죠. 명상을 시작하기 전, 명상의 기본을 먼저 파악해야 합니다.

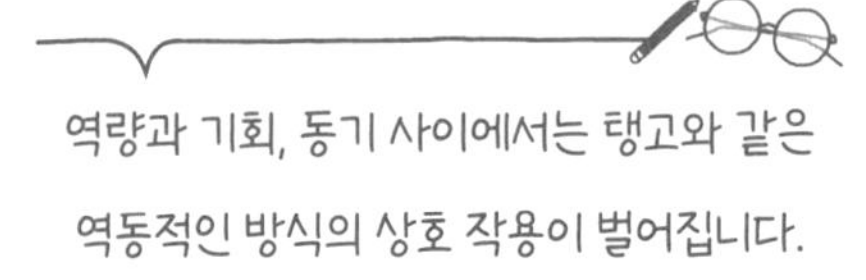

이 문제를 해결하기 위해 명상 능력을 높여줄 명상 가이드 앱을 다운로드 한다고 가정해 봅시다. 이제 명상법에 대한 지식을 갖추게 된 것이죠. 하지만 앱이 오작동하거나, 옆에서 아이들이 소란을 피우거나, 출근 시간이 되었다고 생각해 보세요. 이렇게 명상할 기회가 주어지지 않으면 명상을 할 수가 없지요. 높은 수준의 역량과 동기가 있더라도 명상할 기회가 없다면 명상을 못 하게 됩니다.

마찬가지로, 명상을 할 수 있는 충분한 능력과 기회가 있더라도 실행할 동기가 없으면 못 하게 되겠지요. 명상이 가져다줄 정신적, 육체적 건강에 대한 이점을 확신하지 못한다면 바쁜 일정 속에서 잠시 시간을 내어 명상에 집중할 동기가 부족할 것입니다.

행동의 발생은 역량과 기회, 동기 사이의 상호 작용에 달려 있으며, 행동을 실행 혹은 변경하려면 이 3가지 요소가 모두 존재해야 합니다. COM-B 프레임워크를 사용해, 특정 목표를 향해 행동하지 않는 이유를 정확히 파악하는 것은 매우 유용합니다. 어떤 구성요소 또는 요소 간의 조합이 달성하려는 변화를 방해하는지 알 수 있기 때문이지요. 예를 들어, 어떤 경우에는 역량

부족이 유일한 장애물일 수 있지만, 다른 경우에는 기회를 조정하는 것만으로 목표 달성을 충분히 할 수 있으며, 또 다른 경우에는 동기 부여가 필요할 수 있습니다. 혹은 세 구성요소 모두를 변경해야 할지도 모르지요.

자기 '행동 진단'하기

새로운 행동을 시작하든 오래된 행동을 버리든 간에, 행동 변화를 위한 첫 단계는 '행동 진단'을 실시하는 것입니다. 여기에는 다음의 질문이 수반됩니다.

- 이 행동의 현재 상태에 영향을 미치는 **요인**은 무엇인가?
- 원하는/원치 않는 행동의 발생/중단을 위해서는 **무엇을 바꾸어야** 하는가?

다음 단계는 그 행동에 대한 여러분의 역량과 기회, 동기 부여를 검토하는 것입니다. 예를 들어, 물을 더 많이 마시는 것이 목표라면 "물을 충분히 마시려 하는데도 불구하고 물 마시는 데 왜 어려움을 겪는 걸까?"라고 자문해 볼 수 있습니다. COM-B 분석은 다음과 같을 것입니다.

- 나는 물을 마실 수 있는 **역량**이 있는가? 물론 나는 물을 마실 신체적 능력과 지식이 있다.
- 물을 마실 수 있는 충분한 신체적, 사회적 **기회**가 있는가? 물을 충분히 마실 수 있는 환경이며 식수는 사회적으로 허용된다.
- 물을 마시려는 **동기**가 있는가? 흠, 아니, 아마도 그렇지 않은 것 같다.

이제 여러분은 물을 마실 수 있는 역량과 기회는 있지만, 물을 마시는 양을 늘리려면 동기 부여를 위해 노력해야 한다는 것을 알게 되었습니다. 그럼 다음 질문은 "무엇을 바꿔야 하는가?"입니다. 해결책은 매우 간단하죠. 물을 더 많이 마시려는 동기를 강화해야 합니다.

어떻게 하면 동기를 강화할 수 있을까요? 이에 관해서는 이번 세션의 후반부와 동기 부여에 관한 모든 내용을 다루는 [세션 12]에 걸쳐 자세히 살펴보겠습니다. 지금은 각 COM-B 구성요소를 변경하고 지속적인 습관 변화를 달성할 수 있는 능력이 여러분에게 있다는 점만 알아 두세요.

변화 일으키기

이번 세션의 마무리 활동은, 여러분이 실행하려는 행동이나 중단하려는 행동에 대해 자가진단을 완료할 수 있도록 도울 것입니다.

특정 행동을 실행할(또는 실행하지 않을) 역량, 기회 또는 동기가 부족하다는 것을 확인한 후에는 COM-B 시스템의 해당 구성요소를 늘리고 원하는 변화를 달성하기 위해 노력할 수 있습니다.

역량 극대화

신체적, 정신적 역량을 다음과 같은 방법으로 극대화해 봅니다.

- 변화를 위한 구체적인 목표와 계획을 세웁니다. 실행 의도('만약… 그렇다면' 계획, 93~94페이지)는 매우 효과적인 전략입니다.
- 행동을 실행하는 데 필요한 교육이나 훈련을 이수하여 기술을 향상시킵니다. 워크숍 참여, 온라인 자료 활용, 교육용 동영상 시청, 일대일 코칭 참여 등을 활용해 보세요.
- 습관 추적기를 사용하여 자신을 모니터링합니다(96, 99페이지).
- 마이크로 습관을 사용해 행동을 더 작고 관리하기 쉬운 작업으로 세분화합니다([세션 8] 참소).
- 서로를 지지하는 사회적 환경을 조성하고, 책임감 있는 사람을 찾아보세요. 가족이나 친구 또는 지지가 되는 동료 집단일 수 있습니다.

기회 극대화

물리적, 사회적 기회를 다음과 같은 방법으로 극대화해 봅니다.

- 목표를 행동으로 옮길 기회가 생기도록 하는 물리적 환경을 조성합니다. 예를 들어, 건강한 식습관을 기르고 싶다면 식료품 저장실의 눈에 잘 띄는 곳에 영양가 있는 식품을 배치하고 가끔 먹는 간식은 손이 닿지 않는 곳에 보관하세요. 독서를 더 많이 하고 싶다면 소파나 커피 테이블, 주방 카운터 등 눈에 잘 띄는 곳에 책을 놓아두세요.
- 해로운 습관을 유발하는 습관 신호를 피하세요(환경 재구성, 111페이지).
- 서로 지지가 되는 네트워크를 구성하거나 비슷한 목표를 가진 사람들과 교류하세요. 이를 통해 서로를 지지하는 환경을 조성하고 사회적 기회를 늘릴 수 있습니다.
- 주변에 변화를 주고 일상과 환경을 바꾸세요.
- 목표하는 행동을 실행하는 데 필요한 자원을 확보합니다. 예를 들어, 치실 사용 습관을 기르고 싶다면 욕실의 손이 잘 닿는 곳에 치실을 비치하세요.

동기 부여 극대화

목표 행동에 대한 동기를 높이거나 고치려는 행동을 지속하는 동기를 낮추려면 다음과 같은 전략을 활용해 보세요.

- 진행 상황에 대해 스스로 보상함으로써 긍정적 강화를 구축하세요. 보상은 행동에 상당한 영향력을 발휘합니다. 보상으로는 목욕하기, 영화 보기, 새 옷 사기 등 자신이 즐기는 활동을 합니다.
- 이러한 변화가 여러분의 삶에 어떤 도움이 될지 깊이 이해하여, 타당한 신념과 가치관을 함양하세요. 저는 수면이 건강과 전반적 웰빙에 중요한 역할을 한다는 것을 알기 때문에 수면 시간을 일정하게 유지하려고 노력합니다. 여러분이 꾀하는 변화를 다른 사람들이 지지한다는 사실을 이해하는 것도 중요합니다.

- 목표하는 변화를 자신에게 맞게 변경하여 개인화하세요. 목표 행동에서 개인적인 의미나 즐거움을 발견하는 것은 행동에 옮기려는 동기를 높일 수 있습니다. 수정하려는 행동에 일치하는 가치나 관심사를 파악하세요.
- 자기효능감을 높이고(139페이지), 실제로 자신의 삶에서 원하는 변화를 일으킬 수 있다는 자신감을 가지세요.
- 변화에 대한 긍정적인 감정을 키우세요. 신념을 바꾸는 것은 중요한 시작이지만 그 자체만으로는 충분하지 않습니다. 실행하려는 변화에 대해 진정으로 긍정적인 감정을 가져야 합니다.

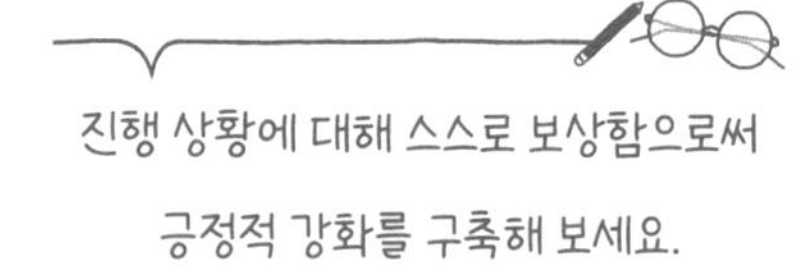

변화 지속하기

행동과 사고방식을 바꾸는 것은 어렵습니다. 그 변화를 유지하는 것은 더욱 어렵습니다.

눈에 보이는 실질적인 결실을 얻으려면 변화된 상태를 장기간에 걸쳐 유지해야 하는 경우가 많지요. 치실을 한 번 사용한다고 해서 구강 건강이 좋아지는 것은 아닙니다. 담배를 한 개비 줄인다고 해서 폐 기능이 향상되지는 않고, 한 번 걷는다고 해서 체력이 좋아지는 것도 아닙니다. 체력과 근력을 키우려면 꾸준한 신체 활동이 필요합니다. 시간이 지나더라도 유지되어야 하는 습관이랍니다. 열심히 노력한 결과가 뚜렷하게 나타나기까지 시간이 걸리기도 합니다.

그렇다면 어떻게 행동 변화를 유지하고 새로운 습관을 뿌리내리도록 할 수 있을까요? 의지력과 신중한 의사 결정에만 의존해서는 안 됩니다. 의지력은 일관성이 없고 고갈되기 쉬운 자산이며, 신중한 결정에는 의지력이 필요합니다. 초콜릿 시리얼이 퍽퍽한 오트밀 옆에서 여러분을 유혹하고 있다면, 건강한 아침 식사를 하려 해도 쉽지 않습니다. 초콜릿 시리얼이 이길 가능성이 높죠. 초콜릿 때문에요.

환경적 신호에 의존해야 합니다. 루틴과 보상, 인센티브를 설계하고, 행동이 자동적으로 습관화되도록 만들어야 합니다. 이를 위해 저는 초콜릿 시리얼을 찬장 뒤쪽으로 옮기고 전날 밤에 준비한 오트밀을 냉장고 선반 중 딱 제 눈높이에 맞는 칸에 놓아둘 것입니다. 또한 습관 추적기를 사용해 진행 상황을 스스로 모니터링하고, 건강한 아침 식사를 하고 난 후 내 몸이 얼마나 좋아졌는지 감사하는 시간을 갖도록 하겠습니다.

신호, 루틴, 보상. 이것이 습관 변화를 굳건히 하는 방법입니다.

요약

* 우리 행동과 의사 결정 과정은 다양한 요인에 의해 좌우됩니다. 크게 **역량, 기회, 동기 부여**$_{\text{COM-B}}$로 분류될 수 있습니다.
* COM-B 프레임워크는 모든 행동 변화에 역량과 기회 및 동기 부여가 어떻게 필요한지 설명합니다. 변화가 실현되지 않는다면, 이러한 요소 중 하나를 놓치고 있을 가능성이 높습니다.
* 행동 변화를 위한 첫 단계는 현재 행동의 원인을 조사하고 원하는 행동을 발생시키거나 없애려는 행동을 중단하기 위해 어떤 조정이 필요한지 고려하여 '행동 진단'을 실시하는 것입니다.
* 행동 변화를 유지하려면 환경적 요인에 의존해야 합니다. 루틴, 보상 및 인센티브를 설계하고, 행동에 자동성을 부여하여 습관화해야 합니다.

COM-B의 실재

여러분이 목표하는 행동 수정을 달성하기 위해 COM-B 프레임워크를 적용해 봅시다.

활동지는 drginacleo.com/book(한국어 번역본 프리렉 홈페이지 자료실 제공)을 통해 PDF 파일을 다운로드 후 인쇄하여 사용합니다. 간단히 노트나 일지에 다음 질문 및 진술에 대한 답을 적어도 좋습니다. 여러분이 시작하려는 행동과 중단하려는 행동에 대해 이 활동을 실시해 보세요.

우선 시작하거나 중단하려는 행동을 선택해 기록합니다. 그런 다음, 해당 행동에 대해 0~10점 척도를 사용해 각 질문에 대한 답을 표시합니다. 여기서 0은 매우 동의하지 않음, 10은 매우 동의함, 5는 중립입니다.[2]

이 활동에서 중요한 점은 여러분의 점수를 합산하는 것이 아니라, 각 질문에 대한 답변을 개별적으로 분석하는 것입니다. 0~3점은 낮은 수준의 역량, 기회 또는 동기를 나타내고, 4~6점은 중간 수준, 7~10점은 높은 수준을 나타냅니다.

1. 내가 선택한 습관을 기르거나 없애기 위해 내 행동을 바꿀 수 있는 '물리적' 기회가 있다.

충분한 시간, 필요한 자료, 알림 등 여러분이 선택한 행동을 실시 혹은 중단할 기회를 여러분의 주변 환경에서 찾을 수 있습니다.

2. 내가 선택한 습관을 기르거나 없애기 위해 내 행동을 바꿀 수 있는 '사회적' 기회가 있다.

여러분의 대인관계, 사회적 자극 및 문화적 규범으로부터 목표하는 행동을 할 기회를 얻을 수 있습니다. 친구 및 가족의 지원은 이런 사회적 기회의 예입니다.

3. 내가 선택한 습관을 기르거나 없애기 위해 내 행동을 바꾸고자 하는 '동기'가 있다.

동기란 의식적으로 계획하고 따져보는 행위로서, 무엇이 옳고 그른가에 대한 여러분의 믿음을 돌아보는 것이 그 예입니다. "나는 ~하고 싶은 욕구가 있다." 또는 "나는 ~을 할 필요를 느낀다."와 같이 동기를 구체화할 수 있습니다.

4. 내가 선택한 습관을 기르거나 없애기 위해 내 행동을 바꾸는 것은 내게 '자동적'인 일이다.

여러분이 굳이 생각하지 않거나 의식적으로 기억해 내지 않더라도 행하는 것, 여러분이 하고 있다는 사실을 깨닫기도 전에 하고 있는 것을 말합니다. 습관 발달 중 이 단계에서 10점이 되기는 어렵습니다.

5. 내가 선택한 습관을 기르거나 없애기 위해 내 행동을 바꿀 수 있는 '신체적' 능력이 있다.

여러분이 목표한 행동을 수행하는 데 필요한 신체적 기술, 힘, 에너지가 있음을 의미합니다. 이 진술에 매우 동의한다면 "나는 충분한 체력이 있다.", "나는 어려움을 극복할 수 있다." 또는 "나는 충분한 신체적 능력이 있다." 등으로 표현할 수 있습니다.

6. 내가 선택한 습관을 기르거나 없애기 위해 내 행동을 바꿀 수 있는 '인지적' 능력이 있다.

여러분이 목표한 행동을 수행하는 데 필요한 지식이나 심리적 전략, 그 활동에 필요한 사고 과정을 해낼 수 있는 힘 또는 체력이 있음을 의미합니다. 대인관계 기술, 기억력, 주의력, 의사 결정 능력 등을 예로 들 수 있습니다.

각각에 대한 답변과 그 이유를 더 깊이 생각해 적어 보세요. 여러분이 선택한 행동을 보다 효과적으로 시작하거나 중지하기 위해 점수가 중간 이하인 영역의 수준을 높일 수 있는 방법에 대해서도 적어 보길 바랍니다.

세션 12

동기 부여에 대한 오해와 진실

동기의 꽃말은 함흥차사네요.

여러분이 훌륭한 사람이 되고 싶어 하고, 장애물에도 굴하지 않으며, 흔들림 없는 의지로 목표를 추구하게 되는 것은 무엇 때문인가요? 이 질문의 중심에는 '동기 부여'라는 역학 관계가 있습니다. 개인적 성장이나 직업적 발전을 위해서든, 단순히 삶의 질을 향상시키려는 욕구든 간에, 우리가 좀 더 나아지려는 과정에서 동기란 핵심적인 필수 요소입니다. 동기는 우리가 앞으로 나아가고 실천하게 하는 가장 중요한 이유니까요.

이번 세션에서는 동기 부여 동인에 대한 과학적 원리부터 한 개인이 동기를 강화할 수 있는 실용적인 전략에 이르기까지 동기의 다양한 측면을 살펴봅니다. 또한 개인의 가치관과 신념, 경험이 성취를 향한 추진력에 어떤 영향을 미치는지 알아보겠습니다.

먼저 이 질문을 간단히 생각해 보시죠. 여러분이 행동하게 하는 것은 무엇인가요? 성공에 대한 열망인가요, 성취의 짜릿함인가요, 아니면 남을 돕는 만족감인가요? 잠시 시간을 내어 자신의 동기를 되돌아보고 그것이 자신의 선택과 행동에 어떤 영향을 미쳤는지 생각해 보세요. 동기를 탐구하는 이 여정을 시작할 때, 자신의 동기를 이해하는 것은 목표 달성을 위해 여러분의 힘을 활용하는 첫걸음이라는 점을 기억하세요.

동기란?

동기motivation는 심리학과 신경과학 양쪽 모두에 뿌리를 둔 복잡하고 다면적인 개념입니다. 기본적으로 동기는 뇌의 보상 회로를 자극하여 도파민과 세로토닌과 같은 신경전달물질의 분비를 촉발하여 쾌감과 만족감을 불러일으키는 과정을 수반합니다. 이러한 보상 경로는 우리가 목표를 달성하거나 성취에 대한 인정을 받는 등, 긍정적인 결과와 관련된 행동을 할 때 활성화됩니다. 그러나 동기를 결정하는 요인은 다양하고 복잡하며, 유전과 양육 환경, 사회 및 문화적 맥락에 이르기까지 많은 것에 의해 영향을 받을 수 있습니다.

심리학 교수인 더글러스 묵Douglas Mook의 정의에 따르면, 동기는 "특정 상황에서 특정 행동을 시작, 선택 또는 지속하는 이유"라고 합니다.[1] 간단히 말해서, 동기란 우리가 특정 방식으로 행동하는 이유인 것이죠.

동기 이론의 구성요소

동기 부여 과정은 크게 4가지 주요 범주로 나눌 수 있습니다. 이는 동기 이론의 주요 주제를 다루며, 동기 자체와 동기 부여가 어떻게 작동하고, 우리에게 어떤 영향을 미치는지 더 깊이 이해할 수 있게 합니다.

① **동기 우선순위: 우리 각자에게 동기를 부여하는 무엇, 우리를 움직이는 원동력**

② **동기 부여 과정: 각자의 동기 우선순위가 행동에 영향을 미치는 방식**

③ 동기 부여 변화: 시간과 경험에 따라 동기가 발전 · 진화하는 방식

④ 동기 부여 차이: 사람마다 그리고 인생 단계에 따라 달라지는 동기의 양상

다음 표는 동기 부여의 각 구성요소에 영향을 미치는 것들을 간략하게 설명합니다. 이러한 각 영향 요인은 더 세분화할 수 있습니다. 예를 들어, 생리적 요인에는 호흡, 갈증, 배고픔, 성욕, 위협, 통증 등이 있지요(자세한 분석은 부록을 참조하세요). 다만 지금은 각 요소를 자세히 살펴보는 대신, 동기 부여 수준을 이해하고 변화하기 위한 보다 실용적인 방법에 집중하고자 합니다. 이번 세션의 후반에는 우리 행동에 영향을 미치는 5가지 핵심 요소를 간략히 살펴보겠습니다.

동기 이론의 구성요소

	범주	의미	영향 요인
1	동기 우선순위	우리 각자에게 동기를 부여하는 무엇	생리적 요인 심리적 요인 사회적 요인
2	동기 부여 과정	각자의 동기 우선순위가 행동에 영향을 미치는 방식	본능 습관 욕구 선택
3	동기 부여 변화	동기 부여가 변화하는 방식	경험 연관 학습 합리화 성숙
4	동기 부여 차이	사람마다 그리고 인생 단계에 따라 달라지는 동기의 양상	우선순위 과정 변화

외부 영향과 내부 영향

동기는 외부 또는 내부적 요인으로부터 비롯될 수 있습니다. 외적인 힘, 다시 말해 **외재적 동기**란 금전적 이득이나 명성, 인정 또는 칭찬과 같은 외부 보상이나 결과가 동인이 되는 행동을 가리킵니다. 이는 자신의 외부에서 비롯되는 동기의 한 형태입니다.

대조적으로, 내적 힘 또는 **내재적 동기**란 성취감, 즐거움 또는 충족감과 같은 내적 보상이나 개인적인 만족에 의해 추진되는 행동을 말합니다. 내재적 동기는 우리 내면에서 비롯되는 동기 부여의 한 형태로서 일반적으로 자신의 관심사, 열정 또는 가치관에 의해 촉진됩니다.

외재적 동기는 하고 싶지 않은 일을 하기 위한 인센티브가 필요한 경우처럼 특정 상황에서 유용할 수 있는 반면, 내재적 동기는 보통 더 강력하고 지속 가능한 동기 부여의 원천으로 여겨집니다. 후자가 개인적인 만족에 의해 주도되며 외부 보상이나 결과에 의존하지 않기 때문이지요. 자녀에게 숙제를 끝내면 간식을 준다고 하면, 아이는 간식을 받으려고 숙제를 하게 될 가능성이 높습니다. 숙제를 끝내도 간식을 더 이상 주지 않으면 인센티브를 없애 버리는 상황이 되어, 아이는 또 다른 인센티브 없이는 숙제를 하고 싶어 하지 않을 것입니다.

저의 지인인 한 부부가 더 나은 식탁 예절을 보인 아들을 위해 마련한 보상 시스템에 관해 이야기해 준 적이 있습니다. "우리 아들은 식탁에 똑바로 앉고요, 완두콩이랑 방울 양배추도 잘 먹는답니다. 정말 매우 예의 바르게 행동하죠." 부부가 자랑스레 말했습니다. 이 가족이 외식을 하기 전까진 말입니다. 처음으로 멋진 레스토랑에서 식사를 한 날, 그 댁 아들은 주위를 둘러보더니 테이블에 있는 크리스털 잔을 집어 들고 "이 잔을 안 떨어뜨리면 몇

점이나 주실 건가요?"라고 했답니다. 이 사례는 아이들이 바람직한 행동을 형성해 가는 과정에서 외부 보상에 지나치게 의존하면 오히려 나쁜 결과를 낳을 수 있다는 것을 보여주는 기막히게 좋은 예시입니다.

여러 실험에서, 외부 보상으로 인한 행동 변화는 보상이 주어질 때까지만 통하며, 이는 성인과 아이 모두 마찬가지라는 이론이 입증된 바 있습니다. 유치원 아이들을 대상으로 한 어떤 실험에서는 아이들이 자유 시간에 노래나 그림, 블록 장난감 등 하고 싶은 활동을 자유롭게 하도록 허용했습니다.[2] 그 모습을 단방향 거울을 통해 관찰하던 연구진은 그림 그리기에 높은 관심을 보인 아이들, 즉 그림 그리기에 내재적 동기가 있는 아이들에게 초점을 맞췄습니다. 그들은 아이들에게 '잘 노는 아이Good Player' 인증서를 주면서 우수한 성과를 칭찬하는 보상을 도입했습니다. 당연히 그런 보상과 피드백을 아이들은 정말 좋아했지요.

연구자들은 2주 후에 이 보상을 중단했고, 아이들이 자유 시간 중 그림 그리기에 할애하는 비율을 관찰했습니다. 예상대로 아이들이 그림 그리기에 보이는 흥미는 연구 전보다 크게 감소해 절반 수준에 머물게 되었습니다. 외부 보상의 도입이 아이들의 내재적 흥미를 약화시켜, 즐거웠던 활동을 보상이 있을 때만 추구하는 활동으로 변질시켜 버린 겁니다.

이것이 바로 외적 동기의 한계입니다. 일단 인센티브가 사라지면 그 행동을 지속할 진정한 이유를 찾지 못하게 되기 때문이죠. 그러나 동기가 내재적일 때는 우리의 노력에 대한 몰입과 창의성, 인내심이 적극 발휘되어 궁극적으로 더 큰 성취와 만족감으로 이어집니다.

의식적 힘과 무의식적 힘

동기는 의식적 요인과 무의식적 요인 사이의 상호 작용에서 비롯됩니다.

의식적 요인에는 신중한 결정과 추론 같은 반성적 과정이 포함되는 반면, 무의식적 요인에는 감정이나 신념, 과거 경험 및 습관과 같은 자동적 과정이 포함됩니다.

동기는 어떤 느낌일까?

동기 부여의 구체적인 형태는 사람마다 그리고 상황마다 다를 수 있습니다. 일반적으로 동기는 의욕, 열정, 행동하려는 결심으로 나타나는 경우가 많습니다.

일단 동기가 부여되면, 에너지가 솟구치거나 우리를 앞으로 나아가게 하는 목표 의식이 고취됩니다. 당장의 일에 대한 집중력, 참여도, 헌신도가 높아질 수 있습니다. 목표를 향해 나아갈 때 만족감이나 성취감을 느낄 수도 있습니다.

동기는 의욕, 열정 그리고
행동하려는 결심과 같은 감정입니다.

반대로 동기가 결여되면, 해야 할 일에 지루함을 느끼고 적극적이지 않으며 무관심해질 수 있습니다. 어떻게 앞으로 나아갈지 막막하거나 확신이 없을지도 모릅니다. 진전이 없어 좌절감이나 실망감이 생길 수도 있지요. 또한 두려움, 우울증, 불안감이 우리 두뇌의 동기 부여 스위치를 꺼 버릴 수도 있습니다. '쇠약해지는 두려움', '마비시키는 공포' 또는 '심각한 불안'과 같은 표현을 들어 보셨을 것입니다. 동기는 우리가 앞으로 나아가게 하지만, 두려움과 불안은 우리를 꼼짝 못 하게 할 수 있습니다.

궁극적으로 동기 부여는 습관을 바꾸고 목표를 달성하는 데 도움이 되는 긍정적인 감정 상태입니다.

동기 부여라는 커다란 오해

누구나 충동 구매나 폭식, 소셜 미디어 스크롤 등 없애고 싶은 습관을 알고 있습니다. 참, 이런 행동에는 미루기나 곱씹어보기 같은 습관이 함께 나타나곤 합니다. 우리는 더 건강하고 행복하며 만족스러운 삶을 추구하며, 이는 모두가 공통적으로 원하는 바입니다. 이를 위해서는 새로운 습관을 형성해야 합니다. 그렇다면 우리가 원하는 일을 실천하는 것이 왜 항상 그렇게도 어려울까요?

일반적으로 행동에는 반드시 동기 부여가 필요하다는 오해가 있습니다. "새로운 취미를 시작하려는데, 의욕이 생기기를 기다리고 있다."라든지, "더 많이 저축하고 싶지만 의욕이 생길 때 시작하겠다."라는 말을 종종 듣습니다. 하지만 사실, 우리의 동기는 행동의 결과로 부여됩니다. 맞습니다, 행동이 우선이고 동기 부여는 나중에 뒤따라오는 것이죠. 행동은 동기 부여의 전제입니다. 다시 말해 삶에 변화를 원한다면 동기 부여 없이 행동을 취해야 할 때가 많다는 겁니다. 이 개념을 과학 논문에서 읽었을 때 저는 마치 한 대 맞은 듯한 기분이었습니다. 과거에 저는 동기라는 것이 꿀꺽 삼키면 되는 알약으로 출시되어 스스로 재촉하지 않아도 최고의 삶을 살 수 있게 되는 날을 꿈꾸었었지요. 하지만 동기란 언제든지 활용할 수 있는 자원이었던 것입니다. 우리는 첫걸음을 떼기만 하면 됩니다.

동기는 새해 첫 날 번개처럼 우리를 강타하는 것이 아닙니다.
그렇다고 매주 월요일 혹은 생일마다
발견할 수 있는 것도 아니지요.

새해 맞이 결심을 생각해 보면, 위대한 동기라는 잘못된 믿음이 어떻게 펼쳐지는지 알 수 있죠. 우리는 새해가 되면 목표 달성에 필요한 동기와 활력을 느끼는 어떤 초능력을 갖게 된다고 생각할 수 있습니다. 그러나 동기 부여는 1월이든 다른 어느 때든 갑자기 내리치는 번개 같은 것이 아닙니다. 월요일마다 충전되거나 생일이나 휴가에서 돌아올 때처럼 특별한 날에 찾아오는 것도 아닙니다. 여러분은 동기를 어떤 일을 하는 과정에서, 추진력에서, 행동에서 그리고 첫걸음에서 발견하게 될 것입니다.

헬스장에 가고 싶지 않은 적이 몇 번이나 있었는지 말로 표현할 수 없지만, 저는 헬스장에 갔고, 몸을 움직이기 시작하자마자 운동을 시작했습니다. 헬스장을 나가면서 '아, 운동하지 말걸…….'이라는 생각을 해 본 적이 없어요. 갈 때마다 너무 기뻤고, 그 만족감으로 인해 또 다른 날을 기약하게 된답니다. 천재는 타고나지 않습니다. 길러지는 것이지요.

과정? 상태? 아니면 특성?

주변을 보면, 다른 사람들보다 눈에 띄게 동기 부여가 강한 이들이 있습니다. 어쩜 그렇게 동기 부여가 잘되는지, 궁금한 적 없으신가요? 그건 단순히 변화를 추구하는 성향이 강하거나 인내심이 더 강하기 때문만은 아니랍니다. 동기는 과정과 상태, 특성이라는 서로 다른 3가지 방식으로 이해될 수 있습니다.

과정으로서의 동기

이 세션의 전반에 살펴본 것처럼 과정으로서의 동기는 우리 행동을 활성화하고 이끄는 두뇌의 과정입니다. 의식적 요인과 무의식적 요인이 우리 생각이나 감정에 따라 행동을 취하도록 영향을 미치지요. 이때 바로 우리는 목표를 설정하고 이를 달성하기 위한 조치를 취하게 됩니다. 예를 들어, 어떤 학생이 좋은 성적을 받고 싶어서 시험 공부를 하려는 동기를 가질 수 있습니다. 동기 부여 과정에는 학생이 목표를 설정하고, 이를 달성하려는 동기를 느끼고, 학습을 위한 조치를 취하는 것이 포함됩니다.

상태로서의 동기

상태로서의 동기는 우리가 경험하는 일시적인 측면으로, 특정 행동이 다른 행동보다 비교적 더 중요함을 나타냅니다. 상태 동기는 특정 행동을 수행할 때 어떤 장단점이 생기는가에 대한 자신의 생각에 따라 달라집니다. 또한 의도나 기준, 욕구, 필요성, 충동과 제약의 영향을 받습니다. 상태 동기는 순간적이라서 매일매일, 순간순간 달라질 수 있습니다. 예를 들어, 어느 날은 운동하려는 의욕을 느꼈지만 다른 날엔 덜할 수 있지요.

특성으로서의 동기

특성으로서의 동기란 특정 행동을 다른 행동보다 우선시하는 한 개인이 지닌 일관된 경향을 의미합니다. 특성 동기는 우리의 태도와 가치에 의해 형성됩니다. 다양한 상황에 따라 변동되지 않고 일반적으로 나타나는 동기 수준을 결정짓는 한 개인의 안정적 성격 특성으로 간주되지요. 예를 들어 저는 채소를 많이 먹는 특성 동기가 있는데, 이런 일은 매일 일어나고 있으므로 특별히 그럴 기분이 되어야 하는 일은 아닙니다. 채소의 장점을 잘 알고 있고 그 맛을 즐기기 때문에, 채식은 저의 생활 방식에서 일관된 부분인 거죠. 반대로 저는 명상에 대한 특성 동기가 없고 상태 동기가 있습니다. 명상은 제 삶에 간헐적으로 들어왔다가 나가고 있어서, 명상을 일상에 포함시키려면 의도적으로 노력해야 합니다.

내재적 동기 발견하기

[세션 5]와 이번 세션의 앞 부분에서 내재적 동기의 중요성과 가치에 대해 설명했습니다. 그럼 어떻게 해야 내재적 동기를 더 많이 키울 수 있을까요?

'**자기결정 이론**self-determination theory'은 인간의 동기와 성격에 관한 거시론입니다. 이 이론은 모든 인간이 자신의 성장과 발달의 기초가 되는 3가지 기본 심리적 욕구, 즉 자율성, 관계성, 역량을 갖고 있다고 가정합니다. 이 세 요소는 우리 안에 내재적 동기를 심어주는 데 필수적입니다.

✦ 자율성

여러분은 자신이 하는 일에 대해 발언과 선택의 자유가 있다는 믿음을 가져야 합니다. 목표를 여러분 자신과 여러분의 성공을 위해 꼭 필요한 것으로 구성해야 합니다. 다른 사람에게서 목표를 달성하는 방법을 지시받기보다는 스스로 목표를 달성하는 방법을 선택할 수 있어야 합니다.

제 친구들은 저에게 요가를 해 보라고 수년 동안 말해 왔지만, 저는 어쩐지 별로 내키지가 않았죠. 왜 그런지는 모르겠지만 말이에요. 아마도 신체 활동에 이왕 시간을 쓴다면 정말 열심히 운동한 느낌을 받고 싶었기 때문일 것 같아요. 기분 좋은 근육통과 빠르게 뛰는 심장을 느끼고 싶었던 것이죠. 그러던 어느 날, 저는 스트레칭을 하려고 집에서 요가 영상을 보았습니다. 그 순간 아니, 이게 웬일입니까? 전 어느새 요가 매트 3장을 보유하고, 하타와 아쉬탕가의 차이점을 말할 수 있게 되었으며, 요기니yogini가 되어 가고 있었습니다(정말 그렇다기보단, 요가를 진심으로 좋아하게 되었다는 말이에요). 이전과 이후에 달라진 유일한 점은, 요가를 하기로 자율적으로 결심했다는 것뿐이에요. 다른 사람을 위해서가 아니라 제 자신을 위해 내린 결정이었죠.

목표를 달성하는 방법에 대한 지침을 정확히 배우기보다는
목표를 달성하는 방법을 스스로 선택해야 합니다.

제가 임상영양사로 일할 때, 의사의 권유를 받은 환자들이 저의 진료실에 참으로 많이 왔었지요. 그 환자들이 오고 싶어 하지 않았단 것을 그들도 알고, 저도 알고 있었습니다. 그 분들은 단지 제게서 문진표 체크를 받고 의사에게 가서 "영양사와 상담하고 왔어요."라고 말하기 위해서만 오는 것 같았죠. 많은 분이 식단을 바꿀 준비가 되어 있지 않거나, 영양사와 상담할 필요성을 인식하지 못했습니다. 결과적으로 이 분들은 제가 상담했던 사람들 중 동기 부여가 가장 낮은 사람들이었는데, 전 그 점을 탓하진 않습니다. 비록 그 분들이 영양사 상담을 강요받은 건 아니지만, 스스로 원해서 온 것이 아니었으니까요.

여러분은 스스로의 목표에 대해 자율성을 갖고 있다고 생각하나요? 새로운 습관을 만드는 것이 여러분에게 중요한 이유를 곰곰이 생각해 보세요.

관계성

우리 모두는 본질적으로 소속감과 일체감을 느끼기 위해 주변 사람들과의 연결을 필요로 합니다. 자신의 행동이 타인에게 의미와 가치가 있다고 느끼면, 설령 자신에게는 가시적인 보상이 없더라도 동기가 커질 수 있습니다.

제가 살고 있는 지역에는 노숙자나 가정 폭력 피해자, 유가족, 재정적 어려움이 있는 연금 수급자, 안전한 거주지가 없는 사람들을 위해 매해 성탄절 점심을 마련하는 멋진 재단이 있습니다. 작년에는 약 700명에게 점심을 대접하고 선물을 나누기도 했어요. 놀라운 일이었죠. 수백 명의 자원봉사자들이 크리스마스를 포기하고 지역 사회에서 봉사한 것이니까요. 어떤 사람은 엘비스 프레슬리 성대모사로 참가자들을 즐겁게 했고, 식당이나 슈퍼마켓, 중소기업에서 기부한 음식이 있었고, 자원봉사자들이 요리한 식사가 제공되었답니다. 크리스마스를 앞두고 몇 주 동안 사람들이 기부한 선물들은 하나하나 정성스럽게 포장하고 라벨을 붙여 두었습니다. 모두들 배를 든든히 채운 채 집으로 돌아갔지요.

여기서 모든 사람은 자원봉사자와 초대받은 사람 모두를 의미합니다. 만약 누가 저에게 무더운 식당에서 7시간 동안 아무런 보상 없이 사람들에게 음식을 제공하며 일하라고 한다면 전 미친 사람 취급을 했겠죠. 그런 일을 할 리가 없으니까요. 하지만 전 매년 크리스마스마다 이 무료 급식소에서 자원봉사를 하고 있습니다. 이 일은 연중 가장 중요한 일이고, 사람들을 돕는 느낌이나 특별한 하루를 혼자 보낼 사람들과 연결되며 오는 아름다운 성취감 때문에 저는 그 날을 손꼽아 기다린답니다.

동기 부여 이론에서 관계성이란 사람들이 타인을 배려하고, 상호 작용하며, 연결되고, 서로를 위한 돌봄을 경험하려는 성향을 가리킵니다. 사실, 관계성을 포함한 목표가 많은 것도 아니거니와, 모든 목표에 관계성을 포함할 필요는 없습니다. 그렇지만 여러분이 더 높은 수준의 동기를 부여하는 곳은 바로 다른 이들에게 의미 있고 가치 있다고 여기는 목표임을 스스로 알게 될 겁니다. 단순히 건강을 위한 10km 달리기보다 누군가를 돕기 위해 성금을 모으는 10km 달리기에 훨씬 더 큰 동기가 부여되는 게 그 예지요.

다른 사람들에게 의미나 가치가 있다고 믿는 목표에 대해
더 높은 수준의 동기가 부여됨을 알게 될 것입니다.

역량

내재적 동기를 높이는 마지막 요소는 역량입니다. 역량이란 어떤 것을 능숙한 수준으로 해내는 경험을 의미하지만, 이것은 자기효능감 즉 성공의 가장 강력한 예측 변수에서 시작됩니다. 자기효능감이 커질수록 내재적 동기도 높아지죠. 무언가를 성취할 수 있는 자신의 능력에 대한 믿음이 강할수록, 여러분은 동기가 커지고 도전하게 됩니다. 또한 자신이 더 나아지고 있다거나 능숙도가 높아진다고 느낄수록, 그 일을 반복하려는 의욕이 더 강해집니다. 기술을 습득할 수 있다는 생각이 들수록 그 일에 계속해서 집중할 가능성이 높아집니다.

트레이너 선생님이 저의 데드리프트를 칭찬하거나, 남편이 제가 만든 바나나 빵을 최고라고 칭찬하면 긍정적인 피드백 루프가 만들어지고, 역량에 대한 저의 욕구가 충족되지요. 이 과정에서 저는 그 일을 다시 하고 싶다는 생각이 든답니다.

여러분은 자기의 목표를 달성할 능력과 역량 수준이 있다고 믿나요? 자신의 진행 상황을 측정해서 실력이 나아지고 있다거나 목표 달성에 가까워지고 있음을 어떻게 판단할 수 있을까요?

동기 부여에 영향을 미치는 요인 5

동기는 다양한 요인의 영향을 받는 복잡한 현상이지만, 여기 제시하는 5

가지 핵심 요인을 우선 살펴볼 필요가 있습니다. 여러분의 상황과 밀접하게 관련된 요소가 아마 있을 거예요.

1. 보상과 처벌

우리 두뇌의 보상 경로는 특정 행동을 하면 보상 또는 처벌이 따를 수 있음을 알려줍니다. 이는 강화 학습의 핵심이며, 우리가 받은 피드백에 따라 행동 빈도를 조절하려는 동기도 부여받게 됩니다.

강화는 긍정적이든 부정적이든 모두 행동을 증가시키는 데 도움이 되는 반면, 처벌은 긍정적이든 부정적이든 행동을 감소하게 합니다.

강화를 통한 행동 향상

- 정적 강화(+): 보상과 같이 긍정적인 것을 받게 되면 행동은 증가하게 되죠. 누군가가 "이 버튼을 누를 때마다 100달러를 주겠다."라 말하면, 여러분은 거기 서서 하루 종일 그 버튼을 누르고 있을 겁니다. 그 일을 하는 여러분을 위한 보상이 포함되어 있잖아요. 마찬가지로 일상에서 건강에 좋은 행동을 새로 시작했을 때, 여러분의 심신에 변화가 있다는 것을 알게 된다면 지금 하는 행동이 성과를 거두고 있다는 긍정적인 강화를 얻게 되겠죠. 이어서 그 행동을 유지하려는 여러분의 동기가 높아지게 됩니다.
- 부적 강화(-): 반대로 부적 강화는 부정적 요소를 제거하여 행동이 증가하는 경우 발생합니다. 예를 들어, 여러분이 헬스장에 등록하려고 할 때 홍보 기간에 가입비 200달러를 면제해 준다고 가정해 보시죠. 부정적인 요소, 즉 잠재적인 장벽이 제거되어 헬스장에 등록하려는 마음이 더 커질 것입니다.

처벌을 통한 행동 감소

- 정적 처벌(+): 이것은 부정적인 요소를 추가한 결과, 여러분의 행동이 감소할 때 발생합니다. 만약 여러분이 뜨거운 난로에 데어 화상을 입었다면,

다시는 그 불꽃에 손을 대지 않겠다는 동기가 생길 것입니다. 어떤 흡연자들은 '흡연자 기침'을 하게 될 때 흡연을 중단하려는 동기가 생겨난다고 보고하기도 합니다.

- 부적 처벌(-): 이는 긍정적인 요소를 제거하여 행동이 감소하는 경우입니다. 부모님이라면 아이에게 "형제/자매를 계속 때리면 장난감 안 줄 거야." 같은 말을 해 본 적 있으시겠죠. 여러 번 과속하면 운전면허가 정지됩니다. 제가 다크초콜릿을 과식하지 않는 이유는 다크초콜릿에 함유된 카페인이 숙면을 방해하기 때문이죠. 잠을 잘 못 잤을 때 다크초콜릿을 먹는 양이 줄어들곤 한답니다.

2. 변동 비율 강화

놀라운 실험 결과 중 하나는, 일시적으로만 보상받는 행동이 지속적 보상을 받는 행동보다 더 강하고 오래 가는 경향이 있다는 것입니다. 도박 게임에는 변동 비율 강화 요소가 포함되어 있어서, 슬롯머신을 당긴다고 늘 수익이 생기는 것은 아니랍니다. 비디오 게임도 마찬가지예요. 휴대폰 알림이 유혹적인 이유는 확인하기 전까지 메시지를 보낸 사람이 누군지 알 수 없기 때문입니다.

상상해 보시죠. 슬롯머신을 당길 때마다 이겼다고 가정하는 겁니다. 여러분은 지속적이고 예측 가능한 연승을 하고 있습니다. 그러다 다시 당겼는데 아무 일도 일어나지 않는다면, 아마도 기계에 동전이 떨어졌다고 생각하고 게임을 중단할 것입니다. 반대로 슬롯머신 게임에서 간헐적으로 승리하고 있었다면, 다시 당겼을 때 아무 일도 일어나지 않아도 아직 승리하기 전이라고 생각할 겁니다. 단지 주어지는 보상과 보상 사이에 존재하는 무작위 휴식 정도로 생각하겠죠. 더 이상 이기지 못한다 하더라도 오랫동안 주변에 머무르게 될 겁니다.

이것이 바로 변동 비율 강화가 특정 행동을 지속하려는 동기를 높이는 작동 방식입니다. 흥분과 기대감을 불러일으키는 것이지요. 변동 비율 강화가 가장 효과적인 경우는 보상이 개인에게 의미가 있고, 강화되는 행동이 그 사람의 내재적 동기와 일치할 때입니다.

동기를 높이기 위해 변동 비율 강화를 구현하는 뚜렷한 방법은 없습니다만, 분명 동기 부여 과정의 매우 흥미로운 측면입니다.

③ 목표

동기 부여는 개인의 가치와 목표에 크게 영향을 받습니다. 그렇기에 저는 이후 한 세션([세션 14])을 할애해 온전히 목표 설정만 다룰 예정입니다. 우리가 정말로 관심 있는 목표를 향해 노력하는 중이라면, 그 목표 달성을 위해 필요한 노력을 쏟으려는 동기를 더 강하게 느낄 것입니다. 목표의 존재는 다음과 같은 이유로 동기 부여에 큰 영향을 미칠 수 있습니다.

- 주의력과 집중력이 향상되도록 유도함.
- 행동하고 발전할 원동력을 제공함. 신체 및 정신적 과업 모두에 있어, 목표의 존재가 노력하는 수준을 높인다는 연구가 있음.[3]
- 하고 있는 일을 포기하기 전 좀 더 오래 견디게 함.
- 의도와 전략을 통해 더 나은 해결책을 찾게 함.

실행 의도를 더 자세히 만들면 만들수록 목표에 의한 동기 부여가 더욱 강화될 수 있습니다. 목표를 달성하기 위한 행동을 언제 어디서 할 것인지 구체적으로 계획하세요. 이전에 새 습관을 만들 때, 우리 역시 "내가 …할 때, 나는 ~할 것이다."와 "만약 …하면, 그때 ~할 것이다."라는 문장을 만들어 이 작업을 수행한 바 있습니다.

4. 도파민

두뇌에서 분비되는 주요 신경전달물질인 **도파민**dopamine에 대한 탐구 없이 우리 코스를 습관 변화에 관한 것이라고 할 수는 없을 것입니다. 도파민은 동기 부여, 보상, 관심 및 즐거움 경험에 중추적 역할을 합니다. 우리는 도파민에 대한 이해 덕분에 인간 두뇌의 내부 작용과 동기에 대한 심오한 통찰을 얻게 되었습니다. 신경전달물질은 뉴런이 서로 대화할 수 있게 하는 화학물질입니다. 자물쇠에 꼭 맞는 열쇠처럼 도파민은 수용체에 결합하는데, 이 수용체는 뉴런 발화 가능성에 영향을 미칩니다.

우리가 맛좋은 음식을 섭취하는 경우를 예로 들면, 두뇌는 음식 섭취 시 보상 경로의 일부인 '측좌핵nucleus accumbens'이라는 영역에서 도파민을 분비하기 시작합니다. 도파민 급증은 기분 좋은 감각을 불러일으키며 이것은 일종의 보상으로 작용하게 되죠. 그 쾌감을 다시 경험하려고 해당 행동을 반복하게 하는 동기를 부여합니다.

도파민은 흔히 약물 남용이나 도박 또는 중독성 있는 행동에서 관찰되는 '도파민 러시'와 관련된 쾌락에 이르는 통로로 묘사됩니다. 이러한 묘사는 도파민이 쾌락을 유발하는 화학물질인 것처럼 들리게 하지만, 더 정확한 표현은 도파민이 충동이나 '갈망'과 관련이 있다는 것입니다. 도파민은 즐거움 그 자체의 원천이라기보다는 욕망의 촉매제 역할을 합니다. 도파민은 기대감과 관련 있습니다. 미래에 얻을 보상을 향해 나아가게 하는 힘이죠. 따라서 초콜릿에 대한 갈망을 불러일으킬 수 있지만, 반드시 초콜릿 맛의 즐거움을 향상시키지는 못합니다.

도파민은 기대감에 관한 것이며,
미래에 주어질 보상을 향해 나아가게 하는 힘입니다.

흡연자를 대상으로 한 흥미로운 연구에서, 연구자들은 참가자들을 한 방에 모은 다음 담배를 제출하라고 했습니다. 참가자 절반에게는 20분 후에 밖으로 나가 담배를 피울 수 있다고 알려주었고, 나머지 절반은 첫 담배를 피우기 전까지 5시간을 기다리게 했습니다. 대기 시간 동안의 참가자 두뇌 활동과 기대 수준을 측정한 결과, 20분 후든 5시간 후든 관계없이 첫 담배를 피울 수 있는 시간에 가까워질수록 참가자들의 기대감은 점차 강해졌다고 합니다. 더 오래 기다려야 했던 그룹은 자신의 차례가 되기까지 4시간 30분 이상 기다려야 한다는 것을 알았기 때문에, 20분이 지난 시점에는 도파민이 급증하지 않았습니다. 이들은 침착하게 앉아 있었고 일상적인 두뇌 활동을 유지하고 있었습니다.

이윽고 지정된 흡연 시간이 다가오자 기대감에 참가자들의 두뇌 활동이 급증하여 그래프에 춤을 추듯 역동적인 움직임이 나타났습니다. 도파민은 보상을 인지하는 것뿐만 아니라 보상을 예측하는 데에도 도움을 줍니다. 참가자들은 흡연을 생각하고 흡연 관련 이미지를 보며, 기다리는 시간이 끝나고 첫 담배를 피우는 것이 어떨지 상상하기 시작했습니다. 실제로 이 사람들의 도파민 수치를 크게 높인 것은 흡연 행위가 아니라 기대감이었습니다.[4]

우리의 두뇌는 보상을 끊임없이 기대하며, 이는 우리의 생각과 행동에 영향을 미칩니다. 시각적 자극(예: 소셜 미디어 및 비디오 게임)부터 식사, 목표 달성, 타인과의 유대감 및 승리에 대한 기대감, 도박, 참신하거나 스릴 넘치는 활동, 성행위 또는 운동 경험(러너스 하이라고도 함) 그리고 새로운 지식 습득에 이르기까지 모든 활동이, 그 행동을 강화하는 도파민을 방출합니다.

독일에서 실시된 한 연구에서는 150명 이상의 게임을 가끔 혹은 자주 하는 청소년을 대상으로 MRI 스캔을 실시했습니다.[5] 평균 14세 정도인 참가자들의 두뇌는 한창 발달 중이어서, 신경 연결 방식에 변화가 예상되는 시기였습니다. 이 나이에 형성된 연결은 장기적 영향력을 발휘해 행동 방식은 물론 심지어 성격과 기질까지 영향을 미칠 수 있습니다.

이 청소년들은 보상이 주어지는 비디오 게임을 함으로써 도파민 분비를 촉진해 발달 중인 두뇌의 신경 연결을 형성하고 있었습니다. 본질적으로, 보상에 민감하게 반응하는 뇌의 특정 네트워크를 강화하고 있었던 것이죠. 게임의 즐거움은 주로 승리에 대한 기대와 같은 지속적인 불확실성에서 비롯됩니다. 게임을 자주 하는 사람들은 가끔 하는 사람들보다 뇌의 보상 중추가 더 큰 것으로 나타났습니다. 이 결과는 게임을 자주 하는 청소년이 가끔 게임하는 청소년과 동일한 수준의 보상을 얻기 위해서는 훨씬 더 많은 게임을 해야 함을 의미합니다.

도파민 수치를 높이는 모든 활동에는 중독 위험이 있음을 우리는 알고 있습니다. 연구에 참여한 청소년의 경우, 다른 활동에서 성취감을 찾지 못하고 비디오 게임에만 몰두한 경우 게임 중독이 될 가능성이 높았습니다. 그러나 스포츠나 음악을 즐기거나 다른 사회 활동을 하는 경우에는 비디오 게임이 큰 문제가 되지 않았지요. 이는 다양한 활동에서 균형을 잡고 즐거움을 찾는 일이 중요함을 다시 한번 강조합니다.

올라가는 것은 반드시 내려온다는 말이 있지요. 고통과 쾌락은 두뇌에 있는 시소와도 같습니다. 쾌락을 유발하는 도파민 시스템을 과도하게 자극하면, 시소의 한쪽 끝이 올라가는 것과 같아서 고통이 있는 다른 쪽 끝에는 내려가는 힘이 작용해 두뇌의 전반적인 기능이 동시에 약화되는 효과가 나타납니다.

도파민의 최고점과 최저점

도파민 수치는 각자의 동기나 추진력, 보상 및 쾌락 수준을 결정하는 척도로 작용합니다. 기준치에서 우리는 평온하고 만족스러운 상태를 경험합니다. 수치가 높아지면 에너지와 동기, 보람 있는 활동으로 인한 즐거움이나 만족감도 높아집니다. 반대로 수치가 떨어지면 피로감과 짜증이 늘고 의욕이 없어지게 됩니다.

도파민 수치는 파도 풀에서 관찰되는 물의 움직임과 비슷하게 변동합니다. 파도 풀을 본 적이 없는 분들께 설명하자면, 자연 수역에서 볼 법한 인공 파도를 생성하는 메커니즘을 갖춘 커다란 콘크리트 수영장이랍니다. 여기서 파도는 잔잔한 물결부터 크게 부서지는 파도까지 다양한 크기로 만들어집니다. 도파민 수치의 변동을 이해하려면, 파도가 클 때와 작을 때 파도 풀의 수위가 어떻게 달라질지 상상해 보세요.

파도가 작거나 산발적인 경우 파도 풀의 수위는 비교적 안정적으로 유지될 것입니다. 그러나 파도가 크고 빈번하다면 밖으로 유출되는 물이 있어 파도 풀의 기준 수위가 낮아질 테죠. 큰 파도가 계속 이어지면, 전체 수위는 점차 더 떨어지게 됩니다. 결국 큰 파도마다 풀의 수위가 내려갑니다. 이것이 바로 도파민이 작동하는 방식입니다. 도파민이 급격히 증가하면 시소 효과로 인해 기준 수치가 하락하게 됩니다. 최고점이 있으면 최저점이 있는 법이지요. 즐거움을 경험하면 고통을 겪을 때가 있고요. 활력과 의욕이 넘치던 상태였다면, 곧 피곤함을 느끼고 가만히 있고 싶은 상태로 변하게 되죠. 도파민 수치를 다시 끌어올리기 위해 인간은 도파민을 높이는 행동에 이끌리게 되는데, 사실은 결국 평온함과 만족감을 느끼기 위함입니다.

예를 들어, 휴대폰에서 문자 메시지 알림을 받고 즐거움을 느끼면, 두뇌에서는 시소의 균형을 다시 맞춰 안정된 상태로 가려는 반응이 일어납니다. 이것을 항상성이라고 하죠. 그런데 단순히 기준선, 즉 휴대폰 알림을 받기 전의 기분 상태로 돌아가는 것이 아니라, 기분이 이전보다 약간 더 나빠지는 통증 균형의 상태가 됩니다. 이것이 바로 여러분이 휴대폰 알림을 받을 때 벌써 다음 알림을 기대하고 있고, 케이크를 한 입 먹을 때 이미 두 번째 조각을 생각하게 되는 이유입니다.

신경과학 교수인 앤드류 후버만Andrew Huberman이 들었던 재미있는 예시를 제가 좀 바꾸어 이야기해 보겠습니다.[6] 지금 여러분이 배가 고프고 샌드위치가 먹고 싶다고 가정해 봅시다. 샌드위치에 대한 기대감으로 도파민 수치는 증가합니다. 그런 다음 시소 효과가 발생해 급상승했던 도파민은 기준선 이하로 내려갑니다. 모든 최고점에는 최저점이 있다는 것을 기억하세요. 도파민 수치가 낮아지면서 피로해지거나 기분이 우울해질 때, 그때가 바로 기분을 끌어올릴 무언가를 바라는 최저점입니다. 또다시 그 샌드위치를 찾는 욕구가 생깁니다. 도파민 수치가 도로 증가하고 기분이 좋아지기 시작하겠지요.

복잡해 보이지만 사실 간단합니다. 무언가에 대한 욕망은 도파민을 증가시키지만, 도파민 수치가 기준선 아래로 내려갈 때에는 다시 끌어올리려는 욕구가 발생하며, 그 결과 처음 원했던 것을 더 가지려는 동기를 강화시킵니다. 이것은 욕망과 추구를 다루는 놀랍도록 정교한 시스템이죠. 욕망은 도파민의 최고점을 부르고, 최고점은 최저점으로 이어지고, 다시 최저점은 보상이나 욕구를 추구하려는 동기를 강화합니다. 샌드위치에만 국한되지는 않지요. 커피나 물, 인간 관계, 성행위, 음악, 스릴 등 모든 것에 적용될 수 있습니다. 최고점이 높을수록 최저점은 깊어집니다.

고통-쾌락의 균형

고통과 쾌락의 균형은 우리가 부정적 감정을 경험할 때 기분이 좋아지려고 특정 행동을 하게 되는 이유를 설명합니다. 예를 들어 지루함이나 외로움을 느낀다든가 스트레스를 받으면 식탐이 늘 것이고, 소셜 미디어에 너무 오래 머무른다면 온라인 쇼핑에 돈을 펑펑 쓰게 될 수도 있습니다.

우리 두뇌는 시간이 지남에 따라 도파민에 둔감해질 수 있어서, 같은 수준의 보상을 얻기 위해 점점 더 많은 음식, 게임 또는 그 외 즐거움을 주는 모든 행동을 요구하기 시작합니다. 그래서 우리는 도파민이 분비되는 일을 할 때 반복하고 싶은 충동을 느끼게 되는 것이죠.

다음은 도파민 수치를 높이는 몇 가지 요인 예시입니다.

- 초콜릿 – × 1.5배
- 좋아하는 운동 – × 2배
- 성행위의 추구와 행위 – × 2배
- 얼음 목욕 또는 매우 차가운 물로 샤워 – × 2.5배
- 니코틴 흡연 – × 2.5배
- 코카인 – × 2.5배
- 암페타민 – × 10배

목록을 보면, 기분 전환용 약물이 왜 그토록 중독성이 강한지 알 수 있을 겁니다. 도파민 최고점이 너무 높아져 쾌감이 너무 부자연스럽게 올라가

면, 결국 도파민 하락의 폭은 더 커지고 우울함이 따릅니다. 우울증처럼 느껴질 수 있으며, 이에 기분이 되살아날 유일한 방법으로 또 다른 도파민 급증을 추구하는 것입니다.

자연스럽게 기준 도파민 수치 회복하기

도파민 수치가 낮을 때, 우리는 상당히 둔해질 수 있습니다. 기분이 가라앉고 다소 무기력해지지요. 활력을 되찾으려고 도파민 수치를 빠르게 높이는 방법을 찾는 것은 자연스럽습니다. 하지만 도파민을 급증하게 하는 쾌감을 좇는 대신, 그저 가만히 기다리는 것이 좋습니다. '저절로' 해결될 것이기 때문이죠. 도파민 수치는 최고점 이전의 기준 수치로 다시 돌아옵니다. 여러분도 단 음식을 갈망하다가도, 주변에 단 음식이 없으면 저절로 갈망이 사라진 경험이 있을 거예요.

이러한 지루한 감정을 받아들이고 그저 지나가게 한다면, 현대 사회에 만연한 문자, 알림, 경고음, 좋아요, 댓글, 전화 벨소리, 설탕, 무의미한 섹스, 스릴 등 도움이 되지 않는 자극에 대한 의존도를 줄일 수 있을 것입니다. 잠깐의 외로움이나 지루함을 느끼는 것은 괜찮습니다. 화장실에 휴대폰을 가져가 게임하는 것을 참는 일은 생각만큼 어렵지 않아요. 강박적 행동으로 어려움을 겪고 있다면, 그 불편함을 참고 인내해 보세요. 그럼 점차 더 단순하고 자연스러운 활동에서 만족감을 얻을 수 있으며, 이런 방법으로 여러분의 삶을 통제할 수 있게 된답니다. 찰나의 쾌락을 추구하기보다 더 건강한 도파민 균형을 촉진함으로써 말이죠. 필요하다면 상담 심리학자의 도움을 받으면 불편한 감정을 극복하는 데 도움이 될 수 있어요.

여기서는 도파민 수치를 자연스럽게 회복하기 위한 방법으로 과학적으로 입증된 몇 가지를 소개합니다.

- 양질의 수면을 충분히 취하세요. 수면은 아주 중요합니다. 수면 부족은 도파민 수치를 낮출 수 있지만, 충분한 휴식은 도파민 수치를 회복시킵니다.[7] 하루 평균 7~9시간의 수면을 취하는 것이 좋아요. 수면을 최우선으로 생각하세요.
- 요가 니드라drginacleo.com/book/yoganidra와 같이 이완이 잘 되도록 하는 깊은 휴식도 도움이 됩니다. 이 요가로 기본 도파민 수치가 무려 65%까지 증가하는 것이 입증되었다고 합니다.[8]
- 아침에 햇빛에 노출되는 것도 좋습니다. 기상 후 첫 8시간 이내에 2~10분 동안 햇빛을 쬐면 도파민 수치가 약 50% 증가할 수 있다고 합니다.[9] 잠에서 깨어난 후 일찍 햇빛을 볼수록 좋겠지요.
- 오후 10시부터 오전 4시 사이에는 밝은 조명을 피하세요. 밝은 빛은 우리 신체에서 도파민 수치를 낮추는 두뇌 영역을 자극한다고 합니다.[10] 이 시간대에 빛에 노출되는 것을 피할 수 없다면 가능한 한 조명을 어둡게 하세요.
- 심혈관 운동을 합니다. 심박수를 높이면서도 즐겁게 할 수 있는 신체 활동을 하면 기준 도파민 수치를 회복하는 데 도움이 될 수 있습니다.[11]
- 치즈, 대두, 쇠고기, 양고기, 돼지고기, 생선, 닭고기, 견과류, 계란, 콩 및 통곡물에서 발견되는 아미노산 티로신tyrosine이 함유된 음식을 섭취하세요.[12] 티로신은 도파민으로 전환될 수 있고, 체내 도파민 가용성을 높입니다.
- 자신이 견딜 수 있는 정도의 차가운 물로 1~3분간 샤워를 하세요.[13] 찬물 샤워는 기준 도파민 수치를 몇 시간 동안 엄청나게 증가시키는 것으로 알려져 있습니다.
- 카페인이 함유된 커피나 차를 마시세요. 도파민 수치를 다소 높이고 도파민 수용체 가용성을 증가시켜, 우리 몸이 순환하는 도파민에 더 잘 반응하게 해줍니다.[14] 단 카페인이 수면을 방해하지 않도록 오후 2~3시 이후에는 카페인을 피하는 것이 좋습니다.

5. 상반된 역학 관계

우리는 모든 습관이 신호와 루틴, 보상으로 구성된 습관 루프를 따른다는 것을 알고 있습니다. 즉, 습관은 어떤 형태로든 보상을 제공합니다. 늦잠 자는 습관은 수면과 전반적인 건강에 악영향을 미칠 수 있지만, 정말 좋아하는 TV 시리즈를 끝까지 보았다는 만족감을 보상으로 줍니다. 어떤 활동을 하려는 동기 부여 수준은 다른 활동을 하기 위한 동기 수준과 충돌할 수도 있습니다. 어떤 날은 수면을 우선시하고 싶은 마음이 더 강해지는 반면, 또 다른 날에는 수면보다 텔레비전 시청의 매력이 더 우세할 수도 있습니다. 다양한 요인이 동기를 차지하기 위해 경쟁하는 것이죠.

텔레비전에서 무료 영화를 쉽게 볼 수 있다면 여가 시간에 독서하기가 더 어려울 수도 있습니다. 이것은 제가 가진 독서 욕구가 변했기 때문이 아니라, 영화를 보면 더 적은 노력과 에너지만으로 보상을 얻게 되기 때문이죠. 마찬가지로, 냉장고에 케이크가 있고 배가 출출하다면 아마 과일 조각보다 케이크 조각에 손이 갈 가능성이 더 높을 것입니다. 솔직히 말해 저는 과일보다 케이크를 더 좋아하기 때문이죠. 특히 지쳐서 자아 고갈을 겪을 땐 더욱 그렇습니다. 독서와 영화 감상, 케이크와 과일 등의 정면 대결에서는 매력적인 상대가 승리할 가능성이 더 높습니다. 여러분이 주의를 기울이고 손에 쥔 선택지에 대한 생각을 바꾸지 않는 한 말이지요.

지렁이 스파게티, 진흙 초콜릿 그리고 가래침 치즈

여러분이 주어진 선택지에 얼마나 많은 가치를 두느냐는 여러분의 동기 부여에 큰 영향을 미칠 것입니다. 앞서 말했듯 저에게 케이크가 주는 보상 가치는 과일보다 높습니다. 케이크를 거부하는 대신 과일을 먹으려면, 제가 정말로 원하는 것을 부정하는 꼴이라 자제력이 급격히 떨어질 것입니다. 케이크가 저의 동기 수준에 영향을 미치지 않는 유일한 상황은 스펀지 케이크와 같이 제가 좋아하지 않는 종류인 경우뿐이죠. 스펀지 케이크는 안 먹지만, 치즈 케이크는 매일이라도 먹을 수 있답니다. 우리가 사물을 바라보는 방식이 바로 동기 부여에 큰 영향을 미치게 된다는 뜻입니다. 각자가 관점을 바꾸면 경험도 바뀝니다.

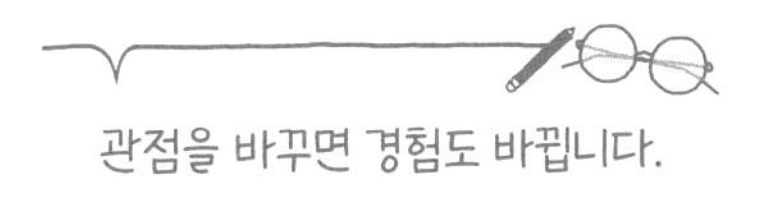

어느 날, 사무실 밖 잔디밭에 앉아 기분 좋게 점심을 먹고 있었는데, 한 노신사가 제 음식을 가리키며 "그 지렁이 맛있나요?"라고 물었습니다. 우리 어머니가 손수 만든 스파게티를 말하는 것일 리가 없었죠. 전 그 분의 말에 어리둥절하여 스파게티를 내려다보았습니다. 그 사람은 분명 시력을 잃었거나 뇌세포가 부족한 것이 틀림없다고 생각했습니다. 세상에 지렁이를 먹을 사람이 있겠습니까? 전 그의 웃는 얼굴을 올려다보며 천천히 "무슨 일이시죠?"라고 물었지만, 제 목소리에서 감정이 다 드러났답니다. 그 사람은 활짝 웃으며 자신감 넘치는 목소리로 "스파게티는 지렁이, 초콜릿은 진흙, 치즈는 가래랍니다. 전 그렇게 20킬로그램을 감량했어요."라고 이야기했습니다. 마치 시 낭송처럼 들렸습니다. "지렁이 스파게티, 진흙 초콜릿, 가래침 치즈."

'도대체 이 아저씨는 무슨 말을 하는 건가?' 전 생각했습니다. 제 표정엔 이런 혼란스러움이 다 드러났을 테죠(포커 게임을 하면 분명 망할 거예요). 그 신사는 제가 엄청나게 당황했음을 분명히 알아챘을 테고요. 그가 제 옆에 서더니 재차 설명하길, 자신은 과체중이고, 유혹을 뿌리치기 힘든 음식에 대한 생각을 바꿈으로써 그 음식에 더 이상 유혹되지 않게 되었다고 했습니다. 저는 속으로 그 문장을 되새겨 보았죠. 스파게티는 벌레, 초콜릿은 진흙, 치즈는 가래. 와우, 그 말은 심오한 지혜일 뿐만 아니라 관점에 대한 귀중한 교훈이었습니다.

제가 누텔라를 얼마나 좋아했었는지 떠올려 보았습니다. 눈에만 띄면 팔꿈치까지 넣을 기세로 누텔라 병을 휘저어 먹곤 했지요. 그러다 누텔라의 성분 분석표를 읽게 되었습니다. "설탕(56%), 식물성 지방, … 유화제, 향료." 그 어느 것도 매력적이지 않았어요. 누텔라는 더 이상 맛있는 초콜릿 맛으로 보이지 않았고 유혹적인 음식이 아니었습니다. 관점을 바꾸면 경험도 달라집니다.

기타 요인

앞서 다룬 주요 요인 외에, 동기 부여에 영향을 미치는 다른 요소를 꼽자면 다음과 같습니다.

- 피드백: 긍정적인 피드백 받기란 모두가 좋아하는 일이죠. 일을 잘했다거나 노력이 눈에 띄었다는 말을 듣는 것을 우리는 좋아합니다. 긍정적 피드백은 노력에 대해 좋은 느낌을 갖게 하여 하던 일을 지속하게 함으로써 강력한 동기를 부여합니다. 저도 남편이 집안일을 하게 하려고 긍정적인 피드백을 사용합니다(행동과학자의 특권이죠). "당신, 정원을 너무 잘 가꿨네요", "어제 저녁 식사 정말 맛있었어요", "빨래를 다 개어 놔서 고마워요." 마술처럼 잘 통한답니다.

- 환경: 우리가 처한 환경은 동기에 중요한 영향을 미칩니다. 우리가 목표를 달성하도록 지지하고 도움이 되는 환경이라면 목표를 향해 노력하려는 동기를 더 많이 갖게 됩니다. 반대로 적대적이거나 지지받지 못하는 환경에 있다면 동기는 줄어들 수 있습니다.

- 과거 경험: 강화 학습처럼, 과거의 경험은 현재 가진 동기에 영향을 미칠

수 있습니다. 특정 활동이나 과제를 할 때 긍정적 경험을 했다면, 나중에 그 일을 다시 하려 할 때 동기 수준이 높을 것입니다. 반면에 부정적인 경험을 했다면 그 일을 하려는 의욕이 떨어질 수 있겠지요.

- 감정: 흥분이나 열정과 같은 긍정적인 감정을 느끼면 동기가 더 높아집니다. 반대로, 불안이나 스트레스와 같은 부정적인 감정을 느낀다면 의욕은 급격히 떨어질 것입니다.

지금까지 살펴본 다양한 요인이 복잡한 방식으로 서로 상호 작용할 수 있으며, 인간은 서로 다른 요인에 의해 동기가 유발된다는 점을 기억하세요. 개성 있는 한 개인인 여러분에게 동기를 부여하는 요인이 무엇인지 이해하는 것은, 목표를 달성하고 하는 일에서 성취감을 얻는 열쇠가 될 것입니다.

요약

* 동기란 특정 방식으로 행동하게 되는 이유입니다.
* 동기는 의욕, 열정, 행동하려는 결심과 같은 감정입니다.
* 내재적 동기에는 **자율성**과 **관계성**, **역량**이 필요합니다.
* 동기 수준에 영향을 미치고 이를 바꾸는 요인은 많으며, 그런 요인은 매일 또는 순간마다 바뀔 수 있습니다.
* 우리는 어떤 행동을 취한 결과로서 동기를 갖게 됩니다. 행동을 취하기 전에 동기가 생겨나기를 기다려서는 안 됩니다. **행동은 동기 부여의 전제** 조건입니다.

무엇이 여러분에게 동기를 부여하나요?

노트나 일지를 꺼내서 다음 질문에 답하세요.

① 여러분이 살면서 행복을 느끼는 일을 생각해 보세요. 규칙적 운동, 과일과 채소 섭취, 일관된 취침 시간 유지, 규칙적인 독서 등, 이미 확립된 건강한 습관이 예가 될 수 있습니다. 여러분이 그런 활동을 하게 된 동기는 무엇입니까?

② 이제 일상에 도입하고 싶지만 아직 시작하지 않은 행동을 생각해 보세요. 그 행동을 하려는 동기가 없는 이유는 무엇입니까? 예를 들면, 상당한 노력이 필요하거나, 달성할 능력이 의심스럽거나, 너무 어렵다고 느낄 수도 있습니다.

동기 진단하기

이 활동을 통해 특정 행동을 시작, 유지 또는 중단하려는 동기가 얼마나 되는지 생각해 보길 바랍니다. 바꾸고 싶은 습관마다 이 과정을 반복하세요.

① 이 습관을 시작하면 어떤 장점이 있다고 생각합니까? 그 장점이 단점보다 더 큰가요?

② 필요한 경우 이 습관을 다른 습관보다 우선시할 의향이 있습니까?

③ 이 습관은 사회적으로 용인될 수 있다고 생각합니까?

④ 이 습관을 수행하기 위한 효과적인 전략이 있습니까?

⑤ 여러분은 스스로 이 습관을 수행할 능력이 있다고 믿습니까?

세션 13

행동 유연성

✦

오늘은 낯선 일 한번 해 볼까요?

지금까지 새로운 습관을 형성하는 것과 오래된 습관을 깨는 것의 미묘한 차이를 탐구해 보았습니다. 이제 방향을 돌려, 습관의 다른 측면을 알아보겠습니다. 우리가 지나치게 습관화되면 어떤 일이 일어나는지, 그리고 어떻게 해결할 수 있는지 살펴볼까요?

지나치게 습관적인 사람이 과연 있을 수 있나요? 간단히 말하면, 그렇습니다. 습관은 우리 삶에서 구조와 일상을 만드는 매우 강력한 도구이지만, 우리가 너무 경직되거나 유연하지 못하면 변화하는 환경과 새로운 경험에 적응하는 능력을 저해할 수 있습니다. 대개 우리가 하는 일들은 일상의 대부분을 차지하는 일이죠. 색다른 일은 가끔 하게 됩니다. 우리는 컴퓨터에 설치된 기본 인터넷 브라우저를 사용하고, 슈퍼마켓에서 늘 같은 순서로 걸어다니고, 같은 장소에 주차하며, 같은 경로를 택하고, 같은 음악을 들으며, 같은 채널을 시청하고, 같은 음식을 먹곤 합니다.

습관에 지나치게 의존하면 일상에서 마음챙김을 잃을 가능성이 높아져 습관적으로만 행동할 뿐 의도를 충분히 갖지 않을 위험이 있습니다. 결과적으로 자신에게 전혀 도움이 되지 않는데도, 오로지 그 행동이 자동적이고 무의식적이기 때문에 계속하게 되는 것입니다.

예를 들어, 늘 같은 음식을 먹거나 같은 장소에 가는 사람은 새로우면서 보람될지도 모르는 경험을 놓칠 수 있습니다. 마찬가지로 스트레스에 항상 같은 방식으로 반응하는 습관이 있는 사람은 새롭거나 예상치 못한 스트레스 요인에 대처하기 어려울 수 있겠지요.

이상적인 라이프스타일은 건강한 습관을 유지하는 것과 새로운 환경과 경험에 적응할 수 있는 유연성을 갖추는 것 사이에서 균형을 찾는 데 있습니다. 이번 세션에서는 그 균형을 달성하는 전략을 살펴보겠습니다.

습관화가 가져오는 결과

변화가 거의 없이 매일 같은 행동을 일관되게 반복하며 산다면, 어떤 일이 일어나는지부터 살펴보겠습니다. 일상에서 주의를 기울이지 않으면 우리는 지나치게 습관적으로 행동하게 되고, 터널 시야에 갇히며, 우리의 가치관 및 의도와 행동 사이에 괴리가 생겨나고 맙니다.

터널 시야

터널 시야tunnel vision는 기본적으로 정보에 대한 주의 부족 상태입니다. 터널 시야 속에서 우리는 새롭고 혁신적이며 더 효율적인 방법이 나타나더라도 기존 방식에 갇혀 버리게 될 수 있습니다. 대규모 조직에서는 흔한 일이지요. 일상적인 작업을 크게 향상시킬 수 있는 기술 발전에도 불구하고 익숙한 절차와 소프트웨어 시스템을 계속 사용하는 경향이 심심찮게 관찰되곤 합니다.

매일 같은 운동을 하고 동일한 아침 식사를 하는 이유는 건강에 도움이 되고 즐겁기 때문인가요? 아니라면, 혹시 더 즐겁거나 건강에 도움이 되는 다른 운동이나 메뉴를 시도해 볼 수 있을까요?

앞에서 밝혔듯이 저는 파워리프팅을 했었고 정말 좋아했습니다. 하지만 몇 년이 지난 후 운동 목표를 다시 생각해 보니, 제가 바라는 게 계속해서 근력을 강화하는 쪽은 아니더라고요. 이건 파워리프팅의 주된 특징이죠. 저의 운동 목표에는 이동성과 유연성 그리고 기능성을 높이는 것도 포함되어 있었습니다. 제가 새로이 인식한 운동 목표에 파워리프팅은 알맞지 않았던 것입니다. 하지만 재미있게도 저는 기능 훈련을 하면서도 파워리프팅의 원리를 자연스레 적용하곤 합니다. 그런 제게 남편은 모든 운동에서 무거운 웨이트를 드는 훈련을 시도할 필요는 없다고 계속해서 알려주고 있답니다.

괴리

습관화의 두 번째 결과는 우리의 태도, 가치, 의도와 우리의 행동 사이에 괴리가 생길 수 있다는 것입니다. 가치관이나 의도는 바뀔 수도 있으며, 지식 혹은 인식을 새로 얻을 수도 있지만, 습관은 변하지 않고 그대로 유지될 수도 있습니다.

예를 들어, 새로운 습관을 만드는 데 습관 추적기 사용이 중요하다는 것을 알면서도, 스스로의 의도와 행동 간 괴리가 있음을 알아차리지 못하면 습관 추적기를 꾸준히 사용하지 못할 수 있습니다. 마찬가지로, 자기 전에 하는 휴대폰 스크롤이 수면 질에 영향을 미칠 것이라는 것을 알면서도 여전히 습관적으로 스크롤을 계속합니다.

과도한 습관은 행동 경직성이 겉으로 드러난 것이지요. 이는 문제의 효과적 해결, 관점 전환, 업무 방식 개선, 생산성 극대화, 새로운 기술 습득, 창의력 발휘 혹은 타인과의 상호 작용 능력에 영향을 미칩니다. 행동 경직성은 혁신을 저해하고 목표 지향적 방식(지식과 의도에 따라 행동함)이 아닌 상황에 따른 방식(자동적 습관에 따라 행동함)으로 행동하게 합니다. 결과적으로 우리가 삶을 사는 방식, 자기 관리, 사회적 관계 맺기, 직업적 노력 등 다양한 측면에 영향을 미칩니다.

행동 유연성을 실천함으로써 터널 시야와 단절 현상을 막을 수 있다는 것은 참 다행스러운 일입니다. 견고한 습관을 갖더라도 삶의 여러 영역에서 유연한 행동 적응력을 키우는 일은 충분히 가능합니다.

행동 유연성

행동 유연성이란 "외부 또는 내부 환경의 변화에 반응해 자기 행동을 조정할 수 있는 능력"을 말합니다. 이는 늘 하던 대로 하기보다는 각 상황에 맞춰 효과적인 방식으로 대응할 수 있도록, 핵심 행동을 '유연하게' 조정하고 행동의 범위, 즉 레퍼토리를 넓히는 것으로 설명됩니다. 행동 유연성은 곧 우리의 적응력 수준입니다.

여기서 '레퍼토리'란 개인이 습관적으로 사용하는 기술이나 행동 유형이 얼마나 구색을 갖추고 있느냐를 가리키는 것이죠. 행동 레퍼토리가 늘어난다는 것은 우리가 자연스럽게 활용하는 행동의 범위가 넓어진다는 뜻입니다.

예를 들어, 다양한 의사소통 스타일을 가진 다양한 그룹으로 구성된 팀에서 일하고 있다고 상상해 보세요. 행동 유연성을 갖춘 사람은 동료의 다양한 의사소통 스타일을 인식하고 그에 맞게 적응하는 능력을 보여줄 것입니다. 어떤 팀원에게는 보다 직접적인 언어를 사용하는 반면, 다른 팀원에게는 보다 간접적이고 정중한 접근 방식을 택할 수 있습니다. 이러한 적응력 덕분에

팀 내 모든 구성원의 각기 다른 소통 방식에도 불구하고 효과적으로 소통하고 협업할 수 있습니다.

행동 유연성이 있는 사람은 여러 작업 간 전환이 능숙하고, 여러 프로젝트를 동시에 수행할 수 있으며, 작업 우선순위를 정할 수 있고, 변화하는 상황에 맞춰 접근 방식을 조정할 수 있습니다. 업무 환경이 역동적이어서 일의 우선순위가 자주 바뀌는 통에 적응해야 하는 문제들이 긴급하게 나타나는 경우, 이런 역량은 특히 유용합니다.

행동 경직성의 사례로 직장 상사를 생각해 봅시다. 독단적 리더십을 공격적으로 휘두르며 사업을 추진하고 목표를 달성하려는 상사들이 많겠지요. 이런 단호함은 일처리에 유리하지만, 핵심 팀원이 개인적인 문제를 안고 찾아온다면 사정은 달라집니다. 그 팀원에게 해결책을 들이미는 것은 효과적이지 않지요. 무관심하게 보일 테고, 새로운 문제가 발생할 수도 있습니다. 단호한 대응이 아니었다면 생기지 않았을 그런 문제죠.

이번에는 내성적이고 신뢰할 수 있는 사람을 생각해 봅시다. 이 사람의 삶은 체계적이고 안정적이며 꼼꼼하게 정리되어 있지만 마음 깊은 곳에서는 외로움을 품고 있습니다. 이 사람은 마음이 통하는 친구가 있지만, 커피 한 잔 마시자고 할 용기가 부족합니다. 그런 대담한 행동은 이 사람에게 익숙한 행동 레퍼토리를 벗어나는 것이기 때문이죠. 위험을 감수하길 꺼리는 탓에 잠재적인 소울메이트를 놓쳐 버릴 수 있습니다.

행동 유연성이란 행동 스펙트럼의 양쪽 끝을 모두 포용하는 것으로, 문제를 해결하는 새로운 방식에 열려 있는 태도입니다. 따라서 주장이 강한 상사가 행동 유연성이 있다면, 자신의 단호함을 누그러뜨리고 완곡한 방식을 택해 더 나은 결과를 얻을 수 있는 상황이 언제인지 알아차릴 수 있습니다. 마찬가지로 신중한 사람이 행동 유연성이 있다면 더 많은 기회를 모색하기 위해 계산된 위험을 감수할 수 있겠지요. 두려움은 일시적이지만 후회는 영원히 남기 때문입니다.

행동 유연성은 우리가 더 넓은 마음으로 다양한 상황을 받아들일 수 있도록 수용적 태도를 취하게 합니다. 이를 통해 우리는 사물을 다양한 관점에서 보고 본질적으로 더 나은 결정을 내릴 수 있습니다.

마지막으로 첫 시도를 해 본 것이 언제인가?

행동 유연성을 높이려면, 여러분이 거의 취하지 않는 행동의 특성을 알아차려야 합니다. 이는 특정 상황에서 여러분이 보통 행동하는 방식과는 상반될 겁니다. 예를 들어, 원래 수줍음이 많거나 내성적인 성향이라면, 좀처럼 목소리를 높이거나 대화를 시작하지 않을 수 있습니다. 이러한 패턴을 바꾸려면 반대로 하면 됩니다. 목소리를 내고, 대화를 시작하고, 의견을 공유하는 것입니다. 마찬가지로, 여러분이 다소 외향적인 사람이고 좀 더 유연한 행동을 하려고 한다면, 모임에 적극적으로 참여하기보다 경청하고, 조용한 역할을 맡고, 주변을 관찰하는 데 더 집중해 보세요.

주의할 점은 이게 말처럼 쉽지 않다는 것이죠. 우리가 타고난 성향과 친숙한 환경이나 상황은 편안함과 안정감, 예측 가능성을 줍니다. 새롭거나 낯선 것을 마주하면, 불확실성이나 불안, 심지어는 두려움을 유발할 수 있으며, 당연히 불편할 겁니다. 우리는 결국 습관의 동물이니까요. 두뇌는 익숙한 패턴과 루틴을 찾도록 설계되어 있으며, 그런 패턴에서 벗어나면 스트레스 반응을 일으킬 수 있습니다. 우리 두뇌는 변화라는 것을 안정과 보안에 대한 위협으로 여기기 때문이지요. 새로운 상황에 직면했을 때 어떻게 대응해야 할지, 무엇을 예상해야 할지 모를 수도 있습니다. 따라서 우리는 평소의 행동에서 벗어나길 주저하는 경우가 많습니다. 인간이 미지의 것에 대해 저항하는 것은 자연스러운 일입니다. 결국 통제력을 잃게 되기 때문입니다. 그 미지의 것이 선한 일이거나 혹은 이익을 가져오는 일이라 해도 말이지요.

여러분은 평판 좋은 회사에서 받을 수 있는 평균 연봉 5만 달러가 잠재적 수입의 상한선이라고 생각하며 살아왔을 수도 있습니다. 혹은 아주 오랫동안 자신은 원래 걱정이 많은 사람이라며 스스로 말하고 살아와서 걱정을 정체성의 일부라 받아들일지도 모릅니다. 다시 말해, '나는 누구인가'에 대한 불안과 두려움을 믿음 체계에 담아둔 셈이죠. 아니면 폐쇄적인 사회 환경이나 기존 신념을 강화하는 분위기에서 자랐을지도 모릅니다. 정치나 종교에 대해 도전하거나 새로운 의견을 낼 수 있음을 몰랐을 수도 있어요. 어쩌면 자신이 정리정돈을 잘하고, 패션 감각도 뛰어나며, 긍정적인 구석이 있고, 심지어 세계 여행을 떠날 수 있는 사람이라고 생각하지 않았을지도 모릅니다.

익숙하지 않은 일을 할 때면 불편과 불안을 느끼고 성격과 맞지 않다고 생각할 수 있습니다. 하지만 이것이 바로 중요한 지점입니다. 옛말에 있듯이, "항상 하던 일만 하면 항상 얻던 것만 얻게 될 것"입니다. 불편한 느낌은 새로운 것을 시도하거나 삶에 변화를 가져올 때 나타나는 자연스러운 측면입니다. 이러한 감정을 인정하고 받아들이는 동시에 안전지대를 벗어나는 모험을 통해 얻을 수 있는 잠재적 성장이란 혜택에 집중해 보는 것이 좋습니다. 연습하다 보면, 불편한 감정은 쉽게 다룰 수 있게 되고 결국에는 사라질 테니까요.

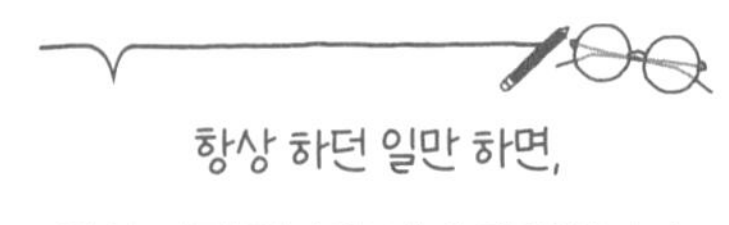

항상 하던 일만 하면,
항상 얻던 결과만 얻게 될 것입니다.

이 글을 쓰면서 떠오른 이야기가 있는데, 제 연구에 참가했던 알렉스의 사연입니다. 그 연구는 새로운 습관 만들기와 오래된 습관 깨기 중 어느 쪽이 장기적 체중 관리 및 전반적 웰빙에 효과적인지 알아보는 임상 실험이었습니다.[1] 오래된 습관 깨기 그룹('낯선 일 하기' 그룹)의 참가자들은 무작위 요일과 시간대에 문자 메시지를 받았습니다. 메시지에는 완수할 과제가 적혀 있었죠. "낯선 라디오 채널이나 음악 장르 듣기", "오랫동안 연락이 끊긴 친구나 친척에게 연락하기", "평소와 다른 길로 운전해 출근하기", "색다른 장소에서 점심 먹기" 등입니다. 참가자들은 12주 동안 아주 많은 과제를 받았답니다.

알렉스가 연구 종료 후 테스트를 받기 위해 연구실로 왔을 때, 그는 목발을 짚고 절뚝거리며 복도를 걸어가고 있더군요. 어떻게 다쳤는지 물었더니, 웃으며 이야기를 들려주었습니다. 알렉스는 낯선 일 하기가 너무 재미있던 나머지, 안 쓰던 손으로 식사하기, 살사 댄스 레슨 받기, 음악 레슨 받기 등 추가 활동을 무척 즐기고 있었습니다. 그러던 어느 날 아침, 청바지를 입으려다가 평소와 달리 오른쪽 다리부터 입어 보기로 한 거죠. 그만 균형을 잃고 바닥에 쓰러져 발목을 삐었답니다. 목발을 짚게 된 사연이지요. 알렉스는 이조차 너무 재미있어서 부상에도 불구하고 하우스메이트들과 함께 낯선 일 해 보기를 멈추지 않았습니다. 친구들은 청바지 낯설게 입기를 시도하지는 않았지만 말이죠.

저는 '낯선 일 하기' 그룹 참가자들의 경험을 자세히 탐구하기 위해 인터뷰를 진행했습니다. 어떤 참가자들은 색다른 일을 하는 것이 처음엔 약간 불편했었다고 밝히기도 했지만, 결국 모두가 자신의 안전지대에서 시나브로 벗어나게 된 것이 정말 좋았다고 입을 모았습니다. 직접 들어보시죠.

"이 프로그램을 통해 무엇이든 더, 더, 더 깊게 생각해 보게 되었고, 라이프스타일을 바꾸려면 어떤 일을 해야 할지 깨닫게 되었습니다. 사실 저는 문자로 받은 과제 외에 더 많은 활동을 적극적으로 찾아보았습니다. 제 일상에서 벗어날 소소한 게임을 만들 겁니다."

"'그래, 나도 그거 해 보고 싶어', '난 그거 할 만해', '그거 해 볼 테야'라고 생각해 봅니다. 그랬더니 '나는 10킬로미터(6마일)도 걸을 능력이 있어'라고 생각할 정도의 자신감이 생겼어요. 프로그램에 참여하기 전에는 별 생각 없이 '아, 이런 거 안 할래'라고만 했는데요."

"저는 여전히 색다른 일 하기를 시도하고 있습니다. 여전히 내 식습관과 운동 방식을 유심히 인식하고 있답니다. 세상을 보는 방식이 바뀌었어요."

"낯선 일을 해 보면 사고방식이 바뀝니다. 의식적이든 무의식적이든."[2]

이런 참가자들의 피드백도 매우 흥미로웠지만, 이들의 개인적 소감이 객관적인 측정 결과와 일치한다는 것은 더욱 신나는 일이었습니다. 평균적으로 볼 때, '낯선 일 하기' 그룹의 참가자들은 웰빙 감각, 변화에 대한 개방성 및 건강한 행동이 크게 증가했으며, 우울증과 불안 수준이 감소했습니다.

우리의 '낯선 일 하기'는 새 인연을 선사했습니다. 일례로 참가자 중 컵케이크를 구워 이웃에게 나눠 준 분은 그 이웃과 대화를 하다가 이제 가장 친한 친구가 되었답니다. 또 다른 분은 지역 무료 급식소에서 자원봉사를 하던 중 만난 자원봉사자와 사랑에 빠졌고 3년 후에 결혼했습니다. 정원 가꾸기에 소질을 발견한 분도, 살사 댄스에 대한 열정을 키우는 분도 있답니다. 이처럼 이야기를 거듭할수록, 낯선 일 하기란 여러 사람에게 마침내 자신의 삶을 살아가는 기분을 느끼게 하는 것으로 증명되고 있었습니다.

도대체 왜 유연성인가?

누구나 후회를 합니다. 대개 그러한 후회는 자신이 저질렀다고 느끼는 실수 때문이라고 상상합니다. 과도한 음주로 인해 부끄러워합니다. 나쁜 인간관계를 너무 오랫동안 지속했죠. 자녀에게 집착하기도 했고요. 아이스크림을 하나 더 먹고 배를 앓기도 합니다. 하지만 최근 연구에 따르면 인생의 후회는 자신이 취한 행동에서만 비롯되는 것이 아니라, 하지 않은 행동에서 비롯되기도 한다는 사실이 밝혀졌습니다. 잡지 않은 기회, 지원하지 않은 일자리, 말 걸어 보지 않은 사람, 가 본 적 없는 여행, 하지 않은 투자입니다. 후회는 우리가 잡지 못한 기회를 두고 하게 됩니다.

이 사실은 결국 여러분의 안전지대를 벗어나 자신의 내부에 있는 다양한 색상과 음영을 탐구해 보라는 긴급한 신호입니다. 낯선 일을 해 본다고 해서 특정 습관을 반드시 고친다는 보장은 없지만, 고착되어 있던 행동 패턴을 깨고 보다 광범위하게 바꾸는 데는 매우 효과적입니다.

우리가 색다른 일을 할 때 두뇌의 여러 영역과 신경 경로에 연쇄적인 변화가 일어납니다. 처음에는 계획과 의사결정을 담당하는 전전두엽 피질(의도적 두뇌)이 더욱 활성화되고, 이는 낯선 과제를 수행하는 최선의 방법을 찾으려고 애쓰는 과정에서 일어나는 일입니다. 그런 다음 두뇌의 보상 중추인 선조체striatum가 활성화되는데, 낯선 과제를 성공적으로 완수할 때 얻을 수 있는 잠재적 긍정 결과를 예상하기 때문입니다. 이러한 기대감은 흥분 혹은 노력을 지속하려는 동기를 불러일으킬 수 있습니다.

게다가 두뇌는 문제해결 전략에 대한 다양한 사고방식 간 전환을 포함하는 인지 유연성을 발휘할 수도 있습니다. 이러한 과정은 낯선 과제에 적응해 창의적인 해결책을 찾는 데 도움이 됩니다. 종합하면, 낯선 일 하기는 두뇌에 다양한 변화를 발생시킵니다. 새로운 기술에 적응하고 배우려 노력해야 하기 때문이죠. 이러한 변화는 처음에는 어렵게 느껴질 수 있지만, 궁극적으로는 인지 유연성을 높이고 새로운 신경 경로의 개발로 이어지게 됩니다.

낯선 일 하기는 단조로운 일상을 깨뜨리고 일상적인 습관에서 벗어나 도전하게 합니다. 이런 순간에 우리는 풍요롭게 펼쳐지는 삶의 경이로움을 경험하게 됩니다. 이것이 바로 낯선 일 하기가 웰빙과 행복, 회복력을 높이고 스트레스를 줄이는 것으로 입증된 이유입니다.[3] 불확실성 속에서 편안함을 느끼는 일은 아름답지만 흔치 않은 회복탄력성의 특징입니다. 불확실성을 견디는 사람들은 불안과 우울이 훨씬 적고, 스트레스가 많은 상황을 신속하게 헤쳐 나갈 수 있는 능력을 갖추고 있습니다. 반대로 불확실성을 견디지 못하는 사람은 불안과 우울 수준이 높아집니다.

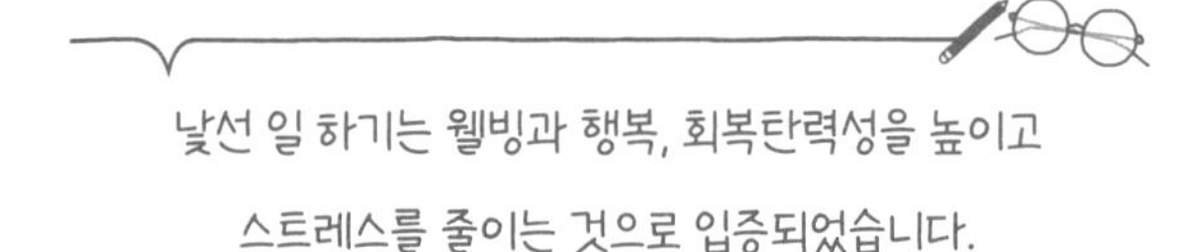

낯선 일 하기는 웰빙과 행복, 회복탄력성을 높이고
스트레스를 줄이는 것으로 입증되었습니다.

불확실성을 삶의 매혹적인 신비로움이라 여기고, 우리가 미래를 결정할 수 없음을 자유로 받아들이는 태도는 우리가 가져야 할 튼튼한 마음가짐입니다. 어떤 상황이든 자신이 통제하려고 하기보다는 호기심을 가지고 접근해 일이 되어 감에 순응할 때, 진정한 해방감을 느낄 수 있습니다.

여러분도 직접 해 보시길 바랍니다. 이번 세션의 마무리 활동은 낯선 일처리 방식 3가지를 이번 주에 해 보시도록 안내할 것입니다. 활동에 나와 있는 목록을 시도해도 좋고, 직접 생각해낸 활동에 도전해도 좋습니다. 이번 주에 저는 다른 경로로 운전해 출근했고, 평소엔 오전에 하던 운동을 오후에 했으며, 새로운 레시피로 요리했습니다. 마음챙김과 새로운 경험 그리고 궁극적으로 더 흥미롭고 만족스러운 삶을 위한 여유를 만들도록 일상을 조금씩 재구성하는 것이 목표입니다.

요약

* 습관은 우리 삶의 구조와 일상을 만드는 데 엄청난 힘을 발휘합니다. 하지만 지나치게 경직되거나 융통성이 없으면 변화하는 환경과 새로운 경험에 적응하는 능력이 제한될 수 있습니다.
* 이상적인 라이프스타일은 건강한 습관 유지와 새로운 상황 및 경험에 적응할 만큼의 유연성 사이에서 균형을 찾는 것입니다.
* 마음챙김이 없으면 과도한 습관적 행동으로 시야가 좁아지고, 가치관이나 의도와 실제 행동의 사이에 괴리가 생겨나게 됩니다.
* **행동 유연성**이란 내외부 환경의 변화에 맞춰 자신의 행동을 조정하는 것을 말합니다. 이는 늘 해왔던 방식에 의존하지 않고 자신의 핵심 행동을 '수정'하고 행동 범위를 확장해, 마주친 상황에 최적의 방식으로 대응하는 능력입니다. 즉 각자의 적응력입니다.
* 새로운 음식을 맛보거나 새로운 장르의 음악을 듣는 등, 일상생활과 일반적인 패턴을 조금씩 재조정함으로써 보다 유연한 행동을 연습할 수 있습니다.

낯선 일 하기

행동 유연성을 높이려면 자신이 좀처럼 하지 않는 행동 특성을 파악해야 합니다. 이것은 여러분이 특정 상황에서 일반적으로 하는 행동 방식과 반대되는 행동일 겁니다. 예를 들어 가던 식당에서만 식사하는 경향이 있다면, 낯선 식당을 선택하세요. 회의 중에 조용히 앉아 있는 편이라면, 자신의 아이디어나 의견을 공유해 행동 적응력을 높여 보세요. 여기서 핵심은 색다른 일을 하는 것입니다.

여기 제시된 활동 중 색다른 일을 해 보거나, 자신만의 아이디어를 만들어 보세요. 노트나 일지에 낯선 일을 3가지 골라 적어 넣고, 일주일 단위로 일정을 계획하세요.

To Do 리스트 예시

- 신문: 다른 신문사로 변경하기 혹은 구독 중단하기
- 잡지: 새 잡지 구입 후 읽기
- 라디오/팟캐스트: 다른 채널로 바꾸기 혹은 새로운 팟캐스트 듣기
- 음식: 한 번도 먹어 본 적 없는 음식 시도하기, 모험 즐기기
- 여행: 낯선 여행지로 떠나기, 익숙한 곳으로 가는 색다른 경로 탐색하기
- 공공 회의: 시청 등에서 열리는 공공 회의에 참여하기
- 스포츠: 요가, 탁구, 크리켓, 수영 등 안 해 본 종목 시도하기
- 그림 그리기: 펜, 연필, 페인트, 목탄 등 영감을 주는 매체를 통해 자기를 표현하기
- 스포츠 경기 관람: 스포츠 경기장에 가서 직접 경기 보기
- 자선 활동: 지역 단체를 선택해 봉사 활동하기
- 집안일: 설거지든 DIY든 하지 않던 일 해 보기
- 읽기: 평소에 읽지 않던 책 골라 읽기(무명의 책일 수도 있고 가벼운 신변잡기 잡지일 수도 있음)
- 글쓰기: 어떤 길이든, 어떤 주제든 적어 보기
- 운동: 하지 않던 형태의 신체활동 해 보기
- 영화: 혼자 영화 보기
- 연락하기: 오랫동안 연락하지 않던 친구나 친척에게 전화 걸기
- 쇼핑: 색다른 가게에 가 보기

세션 14

좋은 목표, 나쁜 목표

올해도 어김없이 헬스장에 기부했어요.

하나 고백할게요. 어떤 책이든 목표에 관한 챕터가 나타나면, 전 한숨만 쉬고 읽지 않습니다. 울타리에 칠한 페인트가 마르는 것을 지켜볼지 목표 설정에 관한 학회에 참석해 발표를 들을지 선택하라고 한다면, 전 아마 전자를 선택할 것입니다. 목표 설정이란 누구나 수없이 들어 본 아주 초보적인 주제인걸요. 그러나 습관 바꾸기는 변화를 꾀하며 새로운 일을 하려는 욕구에서 출발하는 것으로서, 목표 설정이 필수적입니다. 그러니 혹시 여러분이 저와 같더라도, 조금 참고 저와 함께 해 주세요. 사실 목표 세우기에는 재미있고 도움되는 세부적인 사항이 많고, 그 미묘한 차이를 이해하느냐 마느냐가 성패를 가르는 데 영향을 미친답니다.

누구나 목표를 세우지만, 그중 달성하고 유지하는 목표는 얼마나 될까요? 새해가 되어 세운 결심은 대부분 2월쯤 잊어버립니다. 그 목표는 다음 해로 이연되죠. 그렇다면 목표를 세우는 것이 의미가 있기나 할까요? 대답은…… 물론 그렇습니다. 일단 변화가 습관이 되면, 이것을 유지하기 위해 반드시 목표가 필요하지는 않습니다(뒷부분에서 자세히 살펴보도록 하죠). 하지만 변화를 시작하려면 목표가 반드시 필요하고, 목표가 없으면 길을 잃기 쉬우며 정처 없이 헤매다가 다음 발걸음마저 확신을 갖기 어려워집니다.

이 세션에서는 효과적인 목표 설정을 돕는 증거 기반 전략을 몇 가지 살펴보겠습니다. 이 전략을 통해 여러분은 훌륭한 목표를 세울 수 있고, 이는 경력부터 인간 관계, 건강, 재정, 사고방식 등 그 어떤 인생의 영역에서든지 성공 가능성을 높여줄 것입니다. 우선 목표 설정에 있어 '해야 할 일'과 '하지 말아야 할 일'을 살펴보겠습니다. 저는 이걸 각각 '목표 설정의 핵심'과 '목표 설정의 함정'이라고 부릅니다. 목표를 능숙하게 구현한다면, 목표는 매우 강력한 동기 부여자가 됩니다. 여러분에게 영감을 불어넣고 집중력을 높이며 성취를 촉진할 것입니다.

배경지식을 조금 드리기 위해, 목표가 무엇인지 정의하는 것부터 시작해 보겠습니다. 목표의 정의를 개념화하는 일은 1970년대에 이루어졌으며, 오늘날 연구자들도 당시의 정의에 동의합니다. 목표란 "특정한 숙련 수준을 지정된 시간 내에 달성하기 위한 행동 대상 또는 목적"입니다.[1]

목표는 매우 강력한 동기 부여자가 됩니다.
여러분에게 영감을 불어넣고 집중력을 높이며
성취를 촉진할 것입니다.

어떤 목표는 결승선이 있습니다. 프로젝트를 완료하거나 중요한 마일스톤에 도달하는 것과 같이 명확한 종료점이나 결과물이죠. 또 어떤 목표는 뚜렷한 종료점 없이 끊임없이 지속되기도 합니다. 매일 하는 명상이나 의사소통 기술 연마 같이, 개인적 성장이나 자기 계발 노력에 초점을 맞춘 것들이죠.

이러한 지속적인 목표는 어떤 최종 결과에 도달하는 것이 아니라, 시간이 지남에 따라 발전하고 지속적으로 개선하는 것에 더 가깝습니다. 비슷한 종류의 목표로 건강한 습관을 확립하고 장기적으로 유지하는 것이 있습니다. 균형 잡힌 식단을 먹고 규칙적으로 운동하는 것이죠. 이러한 유형의 목표는 늘 현재진행형이라 눈에 보이는 결승선이 없을 수도 있습니다.

목표는 왜 중요할까?

목표는 성취의 필수 요소입니다. 뚜렷한 방향을 제시하고 특정한 과제에 우리의 주의 집중을 모아주기 때문이죠. 목표가 있어야 새로운 행동을 시작하기도 하고, 시간이 지나서도 그 행동을 지속할 동기가 생겨납니다. 그렇게 또 더 나아가게 됩니다. 목표가 없다면 더 높은 성취를 바라거나 도달하지 못한 채, 그저 표류하는 삶을 살게 될지 모릅니다.

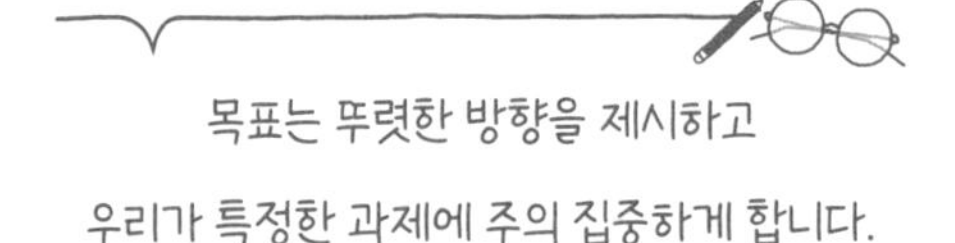

목표는 뚜렷한 방향을 제시하고
우리가 특정한 과제에 주의 집중하게 합니다.

목표는 몇 가지 중요한 메커니즘을 통해 우리의 행동에 영향을 미칩니다.

- 방향 지시: 목표와 관련 있는 활동에 집중력과 에너지를 쏟도록 하는 동시에, 목표와 관련 없는 활동으로부터 주의를 돌립니다. 이러한 방향에 대한 영향력은 인지적, 행동적 수준에서 발생합니다. 연구자들의 관찰 결과를 예로 들면, 사람들이 운전 실력과 관련된 여러 방면에 대한 피드백을 받았을 때, 목표한 영역에서는 향상된 행동을 보이고 그렇지 않은 다른 영역에서는 성과가 없었다고 합니다.[2]
- 에너지 제공: 목표는 정신적으로나 육체적으로 활력을 불어넣어 더 높은 수준의 동기 부여를 이끌어냅니다.

- 인내심 강화: 목표는 우리가 하려는 행동을 계속하게끔 합니다. 연구 실험에서 과제를 완수하겠다는 구체적 목표가 있는 참가자는 목표가 없는 참가자보다 훨씬 오랫동안 과제 수행을 계속했습니다.[3] 마찬가지로 목표는 예상치 못한 어려움을 만났을 때 견디게 합니다. 결과를 염두에 두었을 때 그 결과를 달성하기 위해 더 오랫동안 노력하게 되기 때문이죠.
- 보람과 성취감 향상: 목표를 성공적으로 달성해서 끝내주게 좋은 기분과 성취감을 느낀다고 생각해 보세요. 그 기분이 바로 보람입니다. 그런데 똑같은 성공을 했더라도 그것이 목표가 아니었다면 성취감을 느끼지 못할 수도 있습니다. 예를 들어 매주 한 챕터를 읽겠다는 독서 목표를 세워 달성했다고 상상해 보세요. 기분이 좋을 것입니다. 아무 목표 없이 책을 그만큼 읽었을 때와 비교해 보세요. 독서한 것에 대한 기분은 좋을지 모르지만, 계획한 일을 성취함으로써 느끼는 성취감은 그다지 뚜렷하지 않을 수 있지요. 스스로 설정한 목표를 달성하면 자신감과 자기효능감이 형성되고, 보람과 성취감이 향상되면서 습관을 강화하고 두뇌를 재구성하게 됩니다.

어떤 행동이 습관적인지를 판단하는 주요 척도는, 목표가 없더라도 그 행동을 지속하는지 여부입니다. 이것을 '**목표 독립성**goal independence'이라고 합니다. 목표 독립성에 도달하려면, 목표를 갖고 그 목표가 자동 습관으로 전환되도록 충분한 일관성을 유지하는 것이 우선 필요합니다. 파블로 피카소의 유명한 말이 있지요. "목표는 계획이라는 수단을 통해서만 달성될 수 있습니다. 그 계획을 자신이 굳게 믿어야 하고 그 계획 하에 적극적으로 행동해야 합니다. 이것 외에 성공으로 가는 길은 없습니다."

목표 설정의 3가지 기본 원칙은 다음과 같습니다.

① **목표는 없는 것보다는 있는 것이 낫다.**

② **목표는 두루뭉술한 것보다 구체적인 것이 낫다.**

③ **목표는 달성하기 쉬운 것보다 어려운 것**(달성 가능한 범위에서)**이 낫다.**

이어지는 목표 설정의 핵심과 함정을 읽을 때, 이 원칙들을 명심하길 바랍니다.

목표 설정의 핵심 잡기

아마 **SMART 목표**에 대해 들어 보셨을 것입니다. 제가 매우 좋아하는 개념이죠. SMART 목표는 구체적이며 측정 가능하고, 현실적으로 달성 가능하며, 더 큰 목표나 우선순위와 관련성이 높고, 완료하는 구체적 기간이 설정된 목표를 말합니다. 저는 여기에 좀 더 보태어 목표 설정에 필수적인 도구와 기술에 대해 설명하겠습니다. 제가 수십 년간의 연구를 통해 선별한 팁이지요. 그중 앞 세션에서 이미 다룬 몇 가지는 살짝 언급만 하겠습니다만, 새로 소개할 팁들과 함께 '효과적인 목표 설정'이라는 큰 범주로 묶어서 기억하는 것이 중요합니다.

다음 목표 설정의 핵심 사항들을 읽어 나가면서, 여러분이 현재 갖고 있는 목표가 각 핵심 요소에 부합하는지, 혹은 개선이 필요한지 평가해 보세요.

1. 결정

목표는 선택하고 결정하는 일로 시작됩니다. 영어 단어 'decision'은 라틴어 '데키데레decidere'에서 유래한 것으로 'de-'는 '끊음'을 의미하고 'caedere'는 '자르다'나 '치다'를 의미합니다. 결정을 내릴 때 우리는 다른 선택지나 다른 방식의 행동을 '차단'하게 되죠.

결정을 내리는 행위는 결의를 다짐, 절차를 수립함, 의견에 동의함, 결론을 내림, 상황 분석 후 결정함, 갈등을 해결함, 그리고 여러 선택지 중 한 가지를 정함 등을 포함합니다. 결정을 내린다는 것은 우리가 그 결정에 따른 행동을 하는 과정에 자신을 구속한다는 것이며, 일종의 헌신과 책임입니다.

목표와 성과 사이의 관계는 우리가 목표에 전념할 때 가장 강력해집니다. 우리가 목표와 관련된 행동에 책임을 다하고 헌신할 때 목표를 달성할 가능성이 훨씬 더 높다는 뜻이지요.

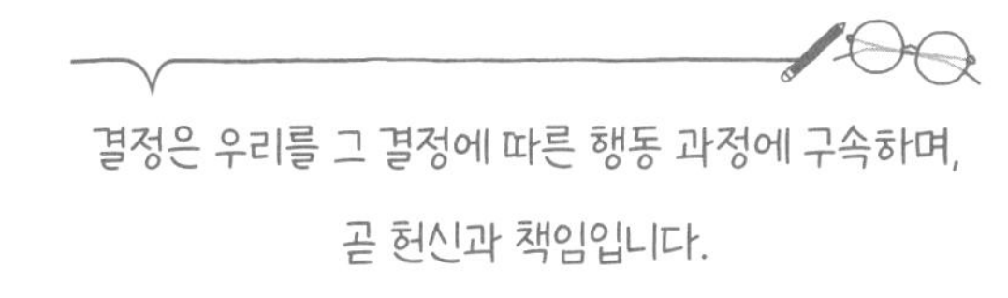

목표에 책임을 다하게 하는 요소는 크게 두 범주로 나눠지는데, 모두가 알법한 내용입니다.

① **목표가 가져오는 결과나 보상이 자신에게 얼마나 중요한가**

② **목표를 달성할 수 있다는 본인의 믿음, 즉 자기효능감이 얼마만큼인가**

구체적인 결정을 내릴 때, 우리는 깨고 싶은 습관의 자동성을 약화시키고 만들고 싶은 습관의 자동성을 강화할 수 있습니다.
자, 목표를 달성하려는 결심을 확실히 하셨나요?

2. 피드백

목표를 달성하려는 노력을 효과적으로, 지속 가능하게 계속하려면, 어느 정도 진전되고 있는지 눈으로 확인할 수 있어야 합니다. 진행 상황을 추적하는 방법을 모른다면, 전략을 조정해 목표 달성에 이르는 일이 어렵거나 불가능해집니다. 예를 들어, 하루에 나무 40그루 심기가 목표인데 나무를 몇 그루 심었는지 알 길이 없다면, 여러분이 목표에 도달했는지도 알 수 없겠지요.
우리는 목표에 미치지 못했다는 사실을 깨닫게 되면 보통 노력을 더 쏟거나 전략을 변경합니다. 피드백은 목표의 효과를 조절하는 데 중요합니다. 목표만 가질 때보다 목표와 피드백이 조합되면 훨씬 더 효과적이기 때문이지요.

피드백은 형태와 규모가 다양합니다. 시각적으로는 습관 추적기로 진행 상황을 확인하고, 체중계로 체중 변화를 체크하며, 은행 계좌의 잔고 변화를 확인할 수 있죠. 아니면 친구나 동료로부터 격려의 말을 듣거나, 자신의 마음가짐 변화를 스스로 알아차리는 형태가 되기도 합니다.

저의 경우에는, 배신 트라우마와 광장 공포증을 회복하는 동안 조그마한 성취라도 인정하려고 노력했어요. 처음으로 공황 상태에 빠지지 않고 쇼핑 센터를 걸어 다닌 것, 처음으로 사무실까지 운전해 간 것, 일주일 내내 영양가 있는 아침 식사를 한 것처럼 말이죠. 몇 년이 지난 지금도 저는 여전히 이전의 위축된 모습과는 확연히 달라진 제 모습을 인정하며 스스로의 발전을 자각하고 있답니다.

이런 행동은 제가 올바른 방향으로 가고 있으며 진전이 있음을 상기시켜 줍니다. 다이어트 포기를 결심했을 때도 마찬가지였어요. 일반 우유와 오트밀 한 그릇을 먹고는 스스로 무척 자랑스러웠던 기억이 납니다. 다이어트하는 저라면 감히 저지방 아닌 우유에 손을 대지 않을 것이기 때문이죠.

여러분의 현재 모습은 여러분의 가능성을 제한하지 않습니다. 단지 현 시점의 여러분이 어떤 사람인지 알려주는 스냅샷일 뿐입니다.

목표 달성 과정에서 어떤 방식으로 피드백을 받기로 선택했든지 간에, 신중하고 일관성 있게 받도록 해 보세요. 최종 목적지에 언제 도달할 것인지만 생각하지 말고, 목표를 향해 가는 과정에서 거치는 모든 작은 단계, 모든 진척, 사소한 변화 하나하나를 확인하세요. 이러한 긍정적인 강화는 여러분의 인내심, 동기, 자기효능감을 크게 향상시켜 궁극적으로 성공에 이르게 할 것입니다.

적절하고 일관된 피드백을 여러분에게 제공할 준비가 되셨나요?

3. 내재적 동기

우리는 이제 동기란 내재적 동기와 외재적 동기로 이분화된다는 것을 알고 있습니다. 내재적 동기는 활동 자체가 주는 흥미와 즐거움, 그리고 개인적인 보상에서 비롯됩니다. 반면 외재적 동기는 금전적 보상이나 타인의 인정, 기대 부응, 처벌 회피와 같은 외부의 보상을 얻고자 하는 욕구에서 얻어집니다.

내재적 동기의 역할은 어떤 과제를 달성하려는 동기를 높이는 데 그치지 않습니다. 외재적 동기와 달리, 의지를 강화하고 지속적인 행동 변화를 만드는 데도 필수적입니다. 외재적으로 동기 부여된 행동은 단순히 목적을 위한 수단으로 간주되므로, 사람들은 그런 행동을 하려는 경향이 낮아집니다.

목표를 달성하는 데 필요한 매일의 행동에 주의를 기울여 보세요. 이러한 행동을 꾸준히 하다 보면 성취는 자연스레 따라옵니다. 여러분이 만들어 가고 있는 의식과 루틴에 집중하면 결과는 제자리를 찾아갈 것입니다.

목표를 이루고 싶다는 동기를 내재적으로 받고 있나요? 무엇이 여러분의 목표 달성에 대한 열망을 불러일으키는가요?

4. 자기효능감

이전 세션에서 자기효능감은 자신의 능력에 대한 믿음, 특히 어려움을 극복하고 주어진 과제를 성공적으로 완수하는 능력에 대한 자신감을 의미한다고 설명했습니다. 자기효능감은 성공의 가장 강력한 예측 요인이며 목표를 설정하고 실천하는 데 필수적입니다. 목표를 달성할 수 있는 능력에 대한 믿음을 갖는 것이 중요하므로, 자신이 진정으로 달성할 수 있다고 믿는 수준으로 목표를 조정하세요.

자기효능감 외에 성공률을 높이는 방법은 목표 설정에 대해 낙관적으로 접근하는 것입니다. 연구에 따르면 희망과 낙관주의(자기효능감에 의해 촉진됨) 같은 요소는 목표 관리에 상당한 역할을 합니다.

흡연자 600명을 대상으로 한 연구에서 연구자들은 자기효능감이 금연 결심에 영향을 미친다는 것을 발견했습니다. 자신이 금연할 수 있다고 믿었던 참가자들은 금연을 결정했습니다.[4] 참가자들이 금연을 지속하도록 이끈 것은 금연 결과에 대한 만족감이었습니다. 우리는 목표를 달성하면 좋아하긴 하지만, 목표를 이루려는 시도는 그것을 달성할 수 있다는 믿음이 있어야만 시작할 것입니다.

에베레스트 등반 훈련을 받으면 심혈관 건강과 체력에 큰 도움이 되겠지만, 저는 고산병에 걸리고 해발 8,849미터(29,032피트)를 오를 자신이 없습니다. 하지만 저는 제가 살고 있는 골드코스트 근처의 산맥에서 반나절 하이킹을 할 자신감은 있습니다. 저는 그 목표를 달성할 능력이 있음을 진심으로 믿는답니다. 전에도 해 본 적이 있고 앞으로도 분명히 해낼 수 있습니다. 궁극적으로 목표에 전념하려면 우선 목표를 달성할 수 있는 나의 능력을 믿는 데서 출발해야 합니다.

여러분은 자신의 목표를 달성할 능력이 있다고 진심으로 믿으시나요?

5. 난이도

목표는 어려우면서도 달성 가능한 수준이어야 합니다. 어려운 일을 성취했을 때 어떤 느낌인지 생각해 보세요. 성취감, 자기 만족감과 함께 자부심을 느끼게 될 겁니다. 또한 도전적 목표는 평소 하던 대로 해선 이룰 수 있는 것이 아니므로 동기를 강화하게 됩니다. 목표를 달성할 기술과 전략을 개발하게 되고, 그러다 영감을 받고 추진력을 얻게 되는 것이지요.

그러나 목표를 너무 크게 잡아 지나치게 어려워지고(자신의 기술 수준이나 능력을 넘어서는 목표), 그 결과 이를 달성하지 못한다면, 불만과 좌절감, 패배감을 느낄 수 있습니다. 따라서 목표의 난이도는 너무 까다로운 것과 너무 쉬운 것 사이에 적절한 지점을 찾아 유지해야 합니다.

한 연구에서, 연구원들은 최선을 다하라고 독려하는 것보다 목표를 특정 난이도로 설정하는 것이 지속적으로 더 나은 성과를 낳는 것을 관찰했습니다.[5] 연구진은 사람들이 최선을 다하라는 메시지를 받으면 최적의 성과를 내지 못하는 경우가 많다는 결론을 내렸지요. 이는 최선을 다한다는 목표에는 외부 기준점이 없기 때문에 자의적으로 정의 내려지기 때문입니다. 이렇게 되면 성공적이라고 받아들일 수 있는 수행 수준의 범위를 아주 넓게 적용하게 되죠. 목표가 구체적으로 특정된 경우엔 그렇지 않은데 말입니다. 저의 최선과 여러분의 최선은 다를 수 있습니다.

하나 더, 목표가 구체적이라 해도 반드시 최상의 성과를 낳는다는 보장은 없습니다. 구체성이 난이도 측면에서는 다양하기 때문이죠. 하지만 성과를 측정할 때 목표가 구체적이면, 달성되리라 예상되는 것을 명확히 함으로써 성과 변동을 줄여줍니다. 가장 중요한 것은 적절한 도전 수준을 결정하는 것입니다. 제가 제안하는 방법은 달성할 수 있다고 생각하는 범위 내에서 적당한 목표부터 시작해 점차 난도를 높여 가는 것입니다.

인간은 '성취' 그리고 '성취에 대한 기대'로 동기를 부여받습니다. 이런 이유로 도박꾼들이 끊임없이 슬롯머신 앞으로 돌아오는 것이죠.

여러분의 목표는 달성 가능하면서도 적절한 수준의 난이도인가요?

6. 복잡성

목표의 복잡성은 난이도와 밀접하게 관련되어 있습니다. 복잡한 목표에는 상당한 기술과 집중력이 필요한 과제가 수반됩니다.

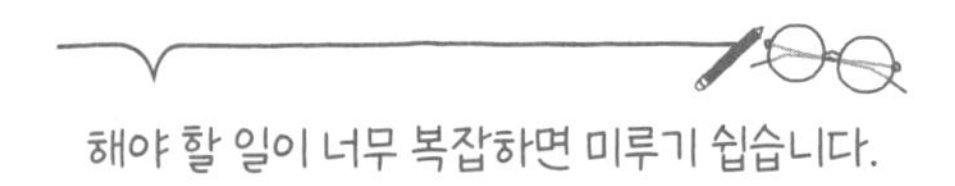

해야 할 일이 너무 복잡하면 미루기 쉽습니다.

목표가 합리적 수준의 난이도를 갖는 것도 중요하지만, 지나치게 복잡해서는 안 됩니다. 지나치게 복잡한 과제는 자신감이나 생산성, 동기를 약화시킬 수 있습니다. 해야 할 일이 너무 복잡하면, 우리는 시도부터 미루기 쉽습니다.

의욕이 왕성한 사람이라도 목표가 자신의 기술 수준에 비해 너무 복잡하면 열정을 잃을 수 있지요. 가능하다면 복잡한 목표를 더 작고 달성 가능한 과제로 세분화하는 것이 좋습니다. 예를 들어, 롤러블레이드를 처음 접하지만 능숙하게 타고 싶다면, 화려한 묘기를 시도하기보다는 롤러블레이드 타기 자체를 연습하는 것이 목표여야 합니다. 건강에 좋은 음식 만들기가 목표라면, 복잡한 레시피를 따르기보다는 간단하고 만들기 쉬운 조리법을 선택해 보세요.

여러분의 목표는 얼마나 복잡한가요?

7. 비용 계산

비용 계산은 우리가 배울 가장 중요한 개념 중 하나입니다. 목표를 설정하는 것과 실제로 그 목표를 달성하기 위해 필요한 조치를 취하는 것은 또 다른 문제입니다. 비용을 계산하려면 자신이 설정한 목표를 실제로 달성하는 데 필요한 것이 무엇인지 따져 보아야 합니다.

편안함이 선택을 좌우하는 경우가 종종 있지요. 낯선 것들이 객관적으로 더 좋더라도, 우리는 익숙한 것들을 선택하고 그렇지 않은 것을 거부합니다. 대개, 현상을 유지하는 일이 불편해질 때까지 삶에서 변화를 자제하게 됩니다. 모든 변화에는 비용과 희생, 적응이 따릅니다.

예를 들어, 제가 수면의 질이 건강과 웰빙에 얼마나 중요한지 알고 있기 때문에 수면 개선을 목표로 삼았다고 가정해 봅시다. 더 나은 수면을 취하기 위해 희생해야 할 점을 따져 본 다음, 저는 다음과 같은 일들을 해야 한다고 알게 되었습니다.

- 카페인 섭취 줄이기
- 알코올 섭취 줄이거나 피하기
- 취침 2시간 전부터는 스크린 보는 것 자제하기(휴대폰, 컴퓨터, TV 포함)
- 취침과 기상 시간을 매일 비슷한 시간으로 하기
- 암막 커튼 설치하기
- 사회생활로 인한 변수 고려하기

저는 참을 만한 가치가 있는 일이라고 판단하는 경우에만 목표를 고수하는 경향이 있습니다. 가만히 있을 때 불편함이 변화의 불편함을 능가하지 않는 한 아무 일도 일어나지 않습니다.

여러분이 새로운 삶을 살기 위해서는 과거의 삶을 희생해야 합니다. 최소한, 변화는 자신의 안전지대와 확립된 방향 감각, 익숙함을 포기하기를 요구합니다. 시간과 에너지, 심지어는 사회적 관계도 바뀔 수 있습니다. 그러나 궁극적으로는 더 이상은 자신이 아닌, 다른 사람을 위해 만들어진 모습을 버리는 것입니다.

목표를 달성하기 위해 무엇을 희생하고 버려야 할지 따져 보면, 변화에 필요한 노력이 얼마나 클지 예측할 수 있고, 변화의 과정을 현실적으로 생각하게 됩니다.

여러분의 목표를 달성하려면 어떤 것을 감수해야 하나요? 목표 달성의 결과를 생각할 때 그러한 희생은 가치가 있을까요?

목표 설정의 함정 피하기

목표 달성을 위해 출발점에 서면, 결승점에 도달하고 싶지요. 원하는 결과를 얻으려는 의지에도 불구하고 결코 도달할 수 없다고 느껴진다면, 이보다 실망스러운 것도 없을 것입니다. 여러분의 성공률을 높이도록, 흔히 마주칠 수 있는 목표 설정과 관련된 함정과 이를 피하는 방법을 알려드리겠습니다.

지나치게 크고, 멀고, 많은 것

목표 설정에서 가장 흔한 함정은 지나치게 야심적이거나 너무 무리한 것, 혹은 너무 많은 목표를 설정하는 것입니다. 이러한 경우, 목표 리스트는 현실적으로 달성 가능한 범위의 희망찬 목록이 아니라 산타에게 바라는 크리스마스 선물 목록 같은 것이 되겠죠. 우리 두뇌가 한 번에 실행할 수 있는 변화가 최대 3가지이므로, 스스로 목표 수를 3개로 제한하면 해당 목표를 달성할 가능성이 높아지며 두뇌의 부담을 덜 수 있습니다.

성취도가 높은 분들은 이 수치를 싫어할지도 모르겠네요. 저도 그랬었기 때문에 두뇌 시스템을 약간 속여, 5가지의 비교적 사소한 습관 달성을 목표로 삼아 보았죠. 그렇게 터무니없진 않았답니다. 매일의 목표는 아침 식사 전 물 2잔 마시기, 5분 명상하기, 감사한 일 3가지 적기, 30분 이상 몸 움직이기, 과일 한 조각 먹기였죠. 신경과학과 습관 변화에 대한 지식에 비춰 볼 때, 이 5가지 습관 정도는 쉽게 달성할 수 있다고 생각했습니다. 습관 추적기를 사용하여 진행 상황을 기록했는데, 일주일 정도 지나자 이 습관 중 일부만 며칠에 한 번씩 실천하고 있음을 알게 되었죠. 이 5가지 습관을 실천할 때 일관성을 유지하기 어려웠다고 말할 수 있습니다. 일주일 더 애써 보았지만, 마찬가지의 불일치가 발생했습니다.

솔직히 말하자면, 5가지 습관을 실천하는 것은 부담스럽고 정신적으로도 힘든 일이었습니다. 인정하고 싶지 않지만 정말 그랬습니다. 이 계획이 실패였기 때문에, 5분 명상하기를 목록에서 지우고 4가지로 줄였습니다. '4가지 작은 변화는 충분히 감당할 수 있겠지.'라고 생각했어요. 하지만 몇 주가 지났을 때, 저는 여전히 모든 습관을 매일 실천하지 못했고, 모두 다 하는 것을 귀찮게만 느꼈습니다. 모두 제 건강과 웰빙에 도움이 되는 일들이었지만, 즐겁지만은 않았죠.

그래서 전 과학적 증거에 따라 하루에 3가지 습관으로 줄였습니다. 새로운 습관을 매일 꾸준히 해내고 습관 추적기를 알차게 채우기 위해, 제가 해야 할 일은 단지 그뿐이었습니다. 지금까지도 저는 그때의 3가지 습관을 유지하고 있답니다. 여기서 얻을 수 있는 교훈은 정보를 처리하고 변화를 구현하는 능력이 상당히 높은 사람이라 할지라도 과학을 이길 수는 없다는 것입니다. 우리 뇌는 한 번에 3가지 이상의 변화를 처리할 수 없어요.

그러니 자신의 마이크로 습관을 설정하고, 작은 것부터 시작하여 일상화되면 그 작은 습관들을 층층이 쌓으세요. 단순해야 행동이 변한다는 점을 기억하세요. 빠르게 발전하고 싶은 마음은 굴뚝같지만 너무 빨리 너무 많은 것을 서두르지 않는 것이 중요합니다. 여러분이 장기적인 목표를 갖고 있음을 기억하고, 두뇌와 신체에 필요한 새로운 신경망을 연결할 시간을 충분히 주도록 하세요. 꾸준히 노력하면 새로운 습관은 제2의 천성이 되어 여러분의 목표를 달성하게 될 것입니다.

유발 요인 연결 없음

목표를 습관 유발 요인, 즉 트리거와 연관시키지 않고 설정하려면, 지속적인 기억과 의도, 의지력이라는 일시적이고 고갈될 수 있는 자원에 의존해야 합니다. 장기적으로 볼 때, 우리는 의지나 자제력에 의존할 수 없습니다. 그러므로 만들려는 습관이 유발 신호를 만날 때 자동으로 활성화되도록 신호-반응 연관성을 만들어야 합니다. 이렇게 해야 우리가 자제력이 부족하거나 피곤할 때에도 계속해서 습관을 수행할 수 있습니다. 신호와 반응, 보상이 바로 장기적이고 지속 가능한 변화를 이끌어내는 공식입니다.

요약

* 목표는 이루고자 하는 결과를 달성하는 데 필요한 동기와 인내, 집중력을 불러일으킵니다.
* 적절한 목표 설정은 심신의 활력을 불어넣어 목표하는 행동을 지속할 수 있는 인내심을 키워줍니다. 또한 동기를 부여하고 보람과 성취감을 높입니다.
* 목표 설정의 핵심은 구속력 있는 결정 내리기, 진행 상황 점검하기, 내재적 동기 부여하기, 자기효능감 높이기, 적정 난이도의 도전 받아들이기, 복잡성 인정하기, 그리고 필요한 노력과 비용 계산하기 등입니다.
* 목표 설정에 있어 흔한 함정은 지나치게 야심차거나 너무 멀거나 너무 많은 목표를 설정하는 것입니다. 또한 목표를 유발 요인과 연결 짓지 않는 것입니다(신호-반응 연결고리를 생성하지 않음).

목표 설정의 핵심 실천하기

자, 이제 앞서 읽은 목표 설정의 핵심을 실천에 옮겨 볼 시간입니다. 이번 마무리 활동은 목표를 구체화하는 데 도움이 될 것입니다. 여러분의 목표가 여러분에게 중요한 의미를 지니고 있음을 확인하고 그 목표를 달성하는 것이 자신의 잠재력을 최대한 발휘할 수 있는 길임을 깨닫는 것은 큰 동기 부여가 될 수 있습니다.

노트나 일지를 꺼내 보세요. 3가지 목표를 하나씩 떠올리며, 다음 질문에 최대한 성실하게 응답하세요.

- 이 목표를 달성하려는 확고한 결정을 내렸습니까?
- 어떻게 진행 상황을 측정할 예정입니까? (어떻게 피드백을 얻을 계획입니까?)
- 이 목표를 달성하려는 내재적 동기가 있습니까?
- 이 목표를 달성할 수 있다고 진심으로 믿습니까?
- 이 목표는 충분히 어려우면서 실현 가능한 것입니까?
- 이 목표가 지나치게 복잡합니까?
- 이 목표를 실현하는 데 필요한 희생은 무엇입니까? 결과와 견주어 볼 때 그러한 희생은 할 만한 가치가 있습니까?

당신의 목표는 REAL한가요?

목표 달성에 대한 동기를 유지하기 위해, 다음 네 질문에 대한 답을 노트나 일지에 적어 보세요.

설정한 목표가 REAL한지, 즉 '관련성relevant, 향상enriching, 일치성aligned, 영감light you up'을 충족하는지 확인할 필요가 있습니다. 각각의 목표에 대한 네 질문의 답은 명확하게 '그렇다'여야 합니다. 그렇지 않다면, 목표를 재검토하여 여러분이 기대하는 결과나 여러분의 가치관과 일치하도록 재조정할 필요가 있습니다.

- **관련성**: 이 목표는 여러분이 이루고자 하는 전반적인 결과와 관련이 있고 적절합니까?
- **향상**: 이 목표를 달성하면 삶의 질이 향상됩니까?
- **일치성**: 이 목표가 여러분의 가치관이나 신념에 부합합니까?
- **영감**: 이 목표는 여러분에게 영감을 줍니까? 그 목표를 달성할 생각을 하면 신이 납니까?

세션 15

좌절 대처법

앗, 또 실패했는데요,
어떡하죠?

좌절이란 인생의 일부분입니다. 문제는 좌절을 '겪느냐 마느냐'가 아니라 '언제' 겪느냐인 것이죠. 따라서 습관 변화의 마지막 세션으로, 피할 수 없는 장애물에 부딪혔을 때 무엇을 해야 하는지 파악하고, 빠르게 궤도에 재진입하게 하는 5가지 핵심 전략을 살펴보겠습니다.

성공은 선형적인 과정이 아니다

실패는 매우 흔하고 자연스러우며 늘 있을 법한 일입니다. 삶에 곡절이 있다고 해서 실패자가 되는 것은 아니며, 그저 인간다운 면일 뿐입니다. 세상에서 가장 성공한 사람들 역시 실수와 역경을 겪습니다. 그 사람들이 다른 사람들과 다른 것은 역경을 피할 수 있었기 때문이 아니라, 인내하고 진로를 조정해 회복할 수 있었기 때문입니다.

아마도 해리포터 시리즈의 저자 J.K. 롤링 이야기는 익히 들어 보셨을 겁니다. 대학을 졸업한 후 롤링은 작가로서 성공을 거두기 위해 고군분투했다지요. 비정규직으로 일하는 미혼모로서 롤링은 복지 혜택에 의지해 어린 딸을 키우며 살았습니다. 출판사로부터 받은 수많은 거절에도 불구하고 롤링은 작가가 되겠다는 꿈을 결코 포기하지 않았습니다.

롤링이 첫 번째 책인 《해리포터와 마법사의 돌Harry Potter and Philosopher's Stone》을 쓰기 시작하던 해, 다발성 경화증을 오래 앓던 어머니를 여의었습니다. 그 후 몇 년 동안 계속해서 글을 썼고, 에이전트를 구한 후에도 여전히 역경을 견뎌야 했습니다. 롤링의 첫 책은 12개 출판사에서 거절을 당한 끝에야 겨우 블룸즈베리Bloomsbury에서 출간되었죠.

이러한 비극과 어려움에도 불구하고 롤링은 포기하지 않았고, 책은 대성공을 거두며 영향력 있는 비평가들의 호평과 열성적인 팬층을 확보했습니다. 롤링은 계속해서 6권의 동 시리즈 책을 출판하게 되었고, 해리포터라는 프랜차이즈는 소설 이후 영화와 테마파크, 각종 상품을 탄생시키면서 문화적 현상이 되었습니다.

오프라 윈프리Oprah Winfrey의 이야기도 떠오르는군요. 오프라는 미시시피 농촌 지역의 가난한 가정에서 태어나 어린 시절 내내 수많은 역경을 겪었습니다. 제 역할을 하지 못하는 가정 환경에서 자랐고, 성적 학대를 받았으며, 그 외에도 혼자 해결해야 하는 여러 시련을 헤쳐 나가야 했습니다. 이러한 어려움에도 불구하고 오프라는 저널리즘에 대한 열정을 키웠고, 22세에 볼티모어의 한 방송에서 뉴스 앵커 자리를 얻었습니다. 그러나 몇 년 후 오프라는 "텔레비전 출연 부적합"이라는 이유로 직장에서 해고되었어요. 포기하는 대신 오프라는 그 경험을 학습 기회로 삼아 시카고의 한 아침 토크쇼 진행을 맡았습니다. 이 쇼가 대성공을 거두었고, 매력적인 성격과 공감 가는 스토리텔링 능력 덕분에 오프라는 곧 주간 텔레비전 방송계에서 사랑받는 인물이 되었습니다.

1990년대 중반 오프라는 광우병에 관한 에피소드 방송 후 쇠고기 업계로부터 소송을 당하는 또 다른 좌절을 겪었습니다. 이 소송은 6년 동안 지속되었고, 수백만 달러의 비용이 들었지만 오프라는 물러서지 않았고 결국 법정에서 승소했습니다. 이러한 역경에도 불구하고 오프라는 자신의 미디어 제국을 계속 키워 나갔고, 결국 자신만의 텔레비전 네트워크를 개국했습니다. 오늘날 오프라는 토크쇼 역사상 가장 성공한 영향력 있는 인물 중 한 명입니다.

롤링과 오프라의 이야기는 역경에 맞서는 회복력과 인내, 결단력의 힘을 입증합니다.

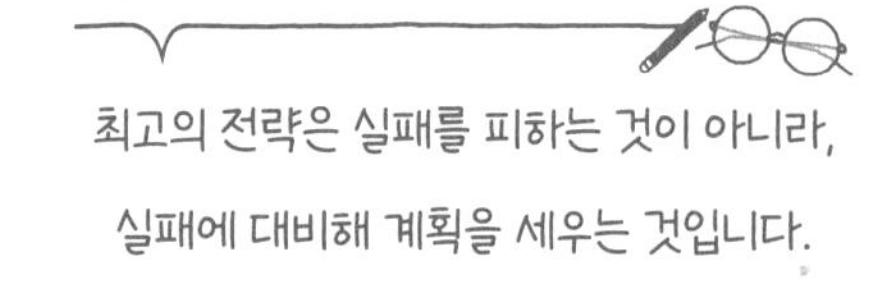

최고의 전략은 실패를 피하는 것이 아니라,
실패에 대비해 계획을 세우는 것입니다.

습관을 바꾸고 일상생활을 일부 재구성하는 과정은 앞으로 두 걸음 나아가고 뒤로 한 걸음 물러서는 과정이 될 수 있습니다. 성공과 궤도 이탈의 차이는 다시 일어서느냐, 그리고 언제 어떻게 그렇게 하느냐에 달려 있습니다. 최고의 전략은 실패를 피하는 것이 아니라 실패에 대비해 계획을 세우는 것입니다.

좌절 회복 전략 5

그럼 본격적으로 역경 이후 궤도에 다시 진입하기 위한 5가지 주요 전략을 자세히 살펴보겠습니다. 바로 회복탄력성, 일정 관리, 일관성, 자기효능감, 자기 연민입니다.

1. 회복탄력성

회복탄력성은 어려움을 견뎌내거나 좌절의 순간에서 빠르게 회복할 수 있는 능력을 말합니다. 그 사람이 얼마나 강인한지를 나타내죠. 회복력이 있는 사람이라고 해서 스트레스나 정서적 격변, 괴로움을 겪지 않는다는 뜻은 아닙니다. 회복탄력성은 좌절에 적응하고 그 이후 제자리로 다시 돌아가는 능력을 의미합니다.

습관 변화가 단 한 번의 손쉬운 노력으로 일어난다면, 우리 모두는 지금 최고의 삶을 살고 있을 것이며, 가장 건강한 신체와 사고방식을 갖추고 있을 것입니다. 우리는 충분한 수면과 영양분, 물을 취하고 있을 것이며, 규칙적으로 명상과 독서를 할 것이고 배가 고플 때에만 먹을 것입니다. 그러나 변화는 그렇게 쉽사리 이루어지지 않습니다.

아기는 걷기 전에 기어다닙니다. 우리는 아기가 처음 기기 시작하면 박수를 보내죠. 일어서는 법을 터득하고 첫 발을 내딛는 법을 배우면서 많이 넘어지고 구르기도 합니다. 한번 아기가 일어서서 걸음 떼기를 성공했다고 하여, 그 이후에 서고 걷는 모든 시도가 성공한다는 뜻은 아닙니다. 더 많은 넘어짐과 구름이 있겠지요. 그 모두는 걸음을 배우는 과정의 일부이고 우리는 그런 실패를 예상합니다.

이것이 바로 습관 변화가 일어나는 방식입니다. 새로운 습관을 기르기 시작하면 잠시 동안은 잘 지킬 테지만, 직장에서 어려움이 생기거나 몸이 아플 때도 있을 것이고, 이에 습관을 잠시 잊어버리곤 예전의 패턴으로 돌아갈 수도 있습니다. 그러면 다시 마음을 가다듬고 새로운 습관을 다시 시작하세요. 이번에는 습관 행동을 하는 데 시간이 조금 더 걸릴 겁니다. 이런 순환 과정은 계속될 것입니다. 인생에는 늘 수많은 어려움이 도사리고 있으니까요.

새로운 습관을 중단했다가 다시 시작할 때면 처음부터 다시 시작하는 것처럼 느껴질 수도 있습니다. 그렇지만 사실은 새로운 습관에 좀 더 익숙해져서 다음 번에는 한결 쉽게 하게 된답니다. 습관을 반복할수록 자동화는 강해지고 신경 경로는 단단해집니다.

공자는 "사람의 가장 위대한 영광은 한 번도 넘어지지 않음이 아니라 넘어질 때마다 다시 일어서는 데에 있다."고 말하며, 성공을 위해 우리 모두가 겪는 인생 여정을 설명했습니다. 또한 공자는 회복탄력성의 중요성도 강조했습니다. 넘어질 때마다 일어나는 것, 좌절을 성공하지 못했거나 실패했다는 신호가 아니라, 배우고 성장하며 한 인간이 발전할 수 있는 기회로 여기는 것, 이것이 바로 회복탄력성의 본질입니다.

전구를 발명하려고 천 번을 시도하고 실패했던 토마스 에디슨의 감동적인 이야기를 생각해 보세요. 한 기자가 "천 번 실패했을 때 기분이 어땠나요?"라고 묻자, 에디슨은 "저는 천 번 실패한 것이 아닙니다. 전구는 천 개의 단계를 거친 발명품이었습니다."라고 했죠. 에디슨은 실패로 보이는 시도 중 그 어느 것도, 단 한 번도 실패로 보지 않았습니다. 각각의 시도를 성공을 위한 디딤돌로 여긴 것이죠. 이는 회복탄력성의 놀라운 예입니다.

변화를 성공 또는 실패라는 이분법적 방식으로 보기 쉽습니다. 그러나 잠시 늦춰진 것을 실패로 간주하거나 포기할 이유로 삼아서는 안 됩니다. 그 대신, 중단된 지점을 통찰을 얻는 기회로 보세요. 실수가 일어난 이유와 다음 시도에서 실수를 피할 방법을 최대한 솔직하게 고민해야 합니다. 여러 연구에서 지속적으로 이러한 종류의 사고방식을 갖는 것은 뿌리 깊은 습관을 바꾸는 데 매우 중요하다는 결과가 나타났습니다. 중독 분야에서 치료를 '재발

방지relapse prevention'라고 부르곤 하는 이유도, 치료란 부정적인 것을 예방하는 것만큼이나 긍정적인 것을 강화하는 것임을 인정하기 때문이죠.

회복탄력성을 실천하기 위해서는, 좌절한 후 다시 일어서기까지 하루 더, 일주일 더, 한 달 더 기다리지 마세요. 오늘, 지금, 당장 빨리 바로 일어나세요. 한 끼를 과식했다면 '오늘 하루 망쳤으니 내일 다시 시작하는 게 좋겠다.' 보다는 '과식했지만 괜찮아. 그런 일은 때때로 일어날 수 있어. 남은 시간이라도 음식을 살피고 내 몸을 존중하자.'라고 생각해 보세요. 여러분의 생각과 태도는 생리학적 반응을 좌우합니다. 여러분이 주변 상황에 어떤 의미와 해석을 부여하느냐에 따라 스트레스의 영향이 달라지듯, 좌절을 어떻게 보느냐는 여러분의 선택입니다. 그것은 실패인가요, 아니면 성공하는 방법을 배우는 기회인가요?[1]

2. 일정 관리

'모 아니면 도'라고 생각하는 사람이 있습니다. 저도 늘 그런 식의 사고방식을 갖고 있었는데, 어느 날 저에게 전혀 도움이 되지 않는다는 것을 깨닫게 되었죠. 저는 정말 엉망이었습니다! 20대 초반에 다이어트 계획을 세웠던 때가 생각나는군요. 어머니께서 사과를 주셨는데, 그걸 먹고 나서야 그 날 식단에 사과가 없다는 것을 깨달았답니다. 그 뒤로 하루 종일 계획을 지키지 못한 제 자신을 자책하며 보냈습니다. 실패했다는 생각이 들었죠. 사과 대신 머핀이나 도넛을 먹었다면 도대체 어땠을까요? 이제 제게 '모 아니면 도' 같은 극단적 사고방식이 없어서 정말 다행입니다. 저를 변화시킨 논리는 이렇습니다. 목표 달성을 가로막는 건 한 번의 실수가 미치는 영향이 아닙니다. 제 궤도로 빨리 돌아오지 못하는 것이 누적되어 나타나는 영향입니다.

하루 밤을 샌다고 해서 건강에 큰 영향을 미치진 않습니다. 계획한 운동한 번을 빼먹는다고 해서 건강이 나빠지는 것은 아닙니다. 하지만 충분한 수면을 장기간 취하지 못하고 몸을 전혀 움직이지 않는다면, 건강하려는 목표를 달성하기가 훨씬 더 어려워질 것입니다.

이런 복구 전략은 아무리 작은 행동이라도 일정을 지키는 방법을 찾는 일에 관한 것입니다. 미아라는 매우 바쁜 스케줄을 가진 내담자가 있었습니다. 미아는 장시간 근무하고 있었는데, 건강을 더 우선시하고 싶었답니다. 어느 날, 미아는 퇴근 후 30분 동안 달릴 것을 계획했습니다. 하지만 일이 너무 많았고, 회의는 늦어졌으며, 시간 가는 줄도 몰랐던 것이죠. 시계를 보니 친구들과 약속한 저녁 식사 전에 미아가 계획한 달리기를 할 수 있는 시간이 15분밖에 남지 않았습니다.

이 시점에서 미아에게는 이 상황을 바라보는 두 선택지가 있습니다.

① '15분은 달리기를 하기에 충분하지 않아.' 미아는 남은 시간을 일을 마무리하는 데 쓰는 것이 더 낫다며 스스로를 설득합니다.

② '15분은 생각했던 만큼 달리기엔 부족한 시간이지만, 웨이트 운동을 하면서 몸을 움직이기에는 충분한 시간이잖아.' 미아는 계획했던 운동량을 줄였지만, 퇴근 후 운동을 하겠다는 자신의 목표를 고수합니다.

만약 미아가 두 번째 선택지를 택했다면, 정신과 신체 건강의 측면에서 큰 성공입니다. 여기서 미아가 얻은 것은 엄청난 운동이 아니라, 일정을 준수하여 퇴근 후 몸을 움직이는 습관을 강화했다는 점입니다. 이렇게 하면 두뇌의 신경 경로가 강화되어 다음 번 퇴근 후 운동하는 것이 더 쉬워질 것입니다.

제가 파워리프팅을 시작했을 때, 트레이너는 일주일에 3번의 아침 운동을 포함한 훈련 일정을 알려주었습니다. 저는 감기가 심하게 걸리기 전까지 몇 주 동안 운동을 지속했습니다. 감기에 걸렸을 때 몸 상태는 엉망이었고 쉬어야 한다는 것을 알았지만, 저는 아침 운동을 하는 동력을 잃고 싶지 않았습니다. 아직 시작한 지 오래되지 않은 습관이었고, 한번 빠지게 되면 운동 리듬을 되찾는 데 시간이 꽤 걸릴 것임을 알았기 때문이죠. 그래서 평소 운동 시간에 알람을 맞춰 놓았고, 운동복을 입고 콧물을 흘리며 체육관으로 운전해 갔습니다. 저는 차에서 내리지 못하고 잠시 주차했다가 바로 집으로 되돌아가 침대에 눕고야 말았습니다. 그렇게 파워리프팅을 할 수는 없었지만, 준비하고 체육관에 가는 일정은 계속했습니다. 감기가 다 나았을 때, 체육관에 가는 일은 쉬웠습니다. 매일 아침 체육관에 갔기 때문에 습관을 강화할 수 있었으니까요.

계획한 대로 습관 행동을 완전히 수행할 수 없다면, 할 수 있는 한 최소한의 노력이라도 들여 일정을 지켜 보세요. 이 전략은 생각보다 훨씬 빨리 여러분이 제 궤도를 되찾게 합니다. 닥칠 만한 어려움을 몇 가지 떠올려 보세요. 그 어려움에도 불구하고 습관 행동을 계속 해낼 수 있는 계획을 세우는 것이 중요합니다. 예를 들어, 건강식으로 저녁 식사를 하고 싶지만 야근해야 하는 경우 어떻게 할 수 있을까요? 제가 야근이 많던 시절에는 냉동실에 직접 만든 도시락 몇 개를 준비해 두었습니다. 또한 필요할 때 갈 수 있는 집 근처 건강식 테이크아웃점을 봐 두었죠. 이번 세션의 마무리 활동은 목표를 향해 가는 과정에 발생할 잠재적 어려움을 목록화하고, 일정을 지켜낼 대책을 생각해 보는 기회가 될 것입니다.

3. 일관성

일관성의 중요성에 대해서는 이미 살펴보았지만([세션 10] 참조), 일관성도 건강한 습관의 비결이므로 여기서 잠깐 언급하겠습니다. 일관성은 장기적인 변화를 달성하기 위한 가장 중요한 전략입니다.

그냥 하세요. 가능한 한 자주 하세요. 제2의 천성처럼 느껴질 때까지 계속 하세요. 끊임없이 하되 조금씩 더 해 보세요. 필요하다면 목표를 바꾸기도 하고, 마이크로 습관을 더욱 작게 나누어 보세요. 습관 행동을 격려하고 일관성을 유지하는 것이 새로운 습관을 위한 뇌의 신경 경로를 구축하는 방법입니다.

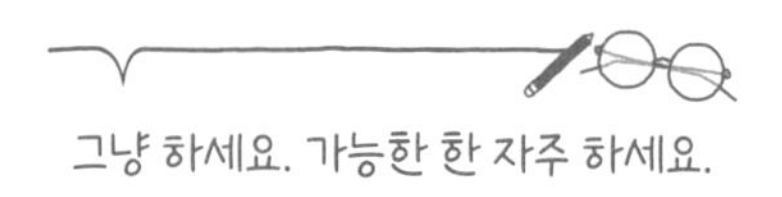

그냥 하세요. 가능한 한 자주 하세요.

성공하려면 강도가 아닌 꾸준함이 중요합니다. 그러니 계속해서 노력하세요.

4. 자기효능감

[세션 8]에서는 동기 부여와 성공을 가장 강력하게 예측하는 요인이 자기효능감, 즉 우리가 설정한 목표를 달성할 수 있는 자신의 능력에 대한 믿음임을 강조했습니다. 자기효능감은 자신의 능력에 대한 자신감과 확신입니다. 자신이 설정한 목표를 달성할 '수' 있고 달성하게 '될' 것이라고 절대적으로 믿는 것이죠. 자기 자신과 목표를 달성할 자신의 능력을 믿을수록 성취할 가능성이 높아집니다.

최근 저는 의료진의 행동 변화 방법을 주제로 한 임상연구 세미나에 참석했습니다. 지식과 기술, 의지, 사회적 영향력 등을 포함한 다양한 영역 중 단연코 강력한 주제는 자기효능감이었습니다. 특정 수술을 오랫동안 집도해 온 외과 의사는 최신 연구에서 소개한 효과적인 기술을 알고 있더라도, 자신이 성공적으로 실행할 수 있다고 믿지 않으면 늘 하던 수술 방식을 고수할 것입니다.

자기 믿음을 가지면, 자신의 실수를 포용할 여유를 얻게 되고, 좌절을 일시적 장애물로 있는 그대로 받아들임으로써 좌절에 대처할 수 있게 됩니다. 하루도 거르지 않고 여러분이 세운 목표에 집중하여, 재검토하고 수정해 보세요. 그 목표를 달성하는 자기 모습을 아주 자세하게 그려 보세요. 긍정으로 찬, 힘을 주는 확언들을 읽어 보세요. 긍정의 메시지는 한계를 짓는 믿음을 무너뜨리고 힘을 주는 믿음을 북돋아 줍니다. 시간을 두고 꾸준히 반복하면 두뇌는 자기 능력을 제한하는 낡은 신념을 재구성하기 시작할 것이고, 이윽고 새롭게 힘을 부여받은 신념이 여러분의 '뉴 노멀'이 될 것입니다. 우리는 우리가 될 수 있다고 믿는 사람이 됩니다.

박사 과정을 시작하기 몇 년 전, 저는 '히피' 시절을 지내고 있었습니다. 사실 저는 여러 인생 단계를 거쳤습니다. 스케이트 소녀 시절, R&B 시절, 로드트립 시절 그리고 히피 시절이었죠. 이 히피 시절에 저는 유기농 면으로 만든 옷을 입고, 지역 유기농 농산물 시장을 자주 찾았으며, 콩고기 버거를 먹었고, 증류수만 마셨답니다. 저는 "여러분의 생각과 신념이 현실을 만든다", "선언하면 이루어진다", "집중하면 끌어당길 수 있다"와 같은 말을 하는 사람들을 만났습니다. 비전 보드, 확언문, 자기 선언문 같은 것들도 보았는데, 엉터리라고 무시해 버렸습니다. 저는 열심히 노력하고, 자신을 내세우며, 원하는 것을 얻기 위해 발버둥치는 것만 믿었습니다. 운명과 천명을 믿었고, 우리가 집중하는 것만으로도 삶에 어떤 것들을 끌어들일 수 있다는 생각은 한순간도 하지 않았습니다. 전혀 이해가 되지 않았으니까요. 어떤 것을 원한다면, 열심히 노력해서 그것을 얻어야 했습니다. 하지만 놀라운 반전이 있었습니다.

신경과학에 대한 관심이 커지면서, 저는 '망상활성화계$_{RAS}$'라는 개념을 접하게 되었습니다. 뇌간에 위치한 RAS는 각성이나 주의력, 의식을 조절하는 데 중요한 역할을 하는 뉴런 네트워크입니다. 대략 새끼 손가락 정도의 작은 크기에도 불구하고 우리 삶에 미치는 영향은 매우 큽니다. RAS는 신체의 다양한 부위로부터 감각 정보를 받고는, 의식적 인식과 의사 결정을 담당하는 대뇌피질로 신호를 보냅니다. 또 RAS는 관련이 없거나 불필요한 정보를 걸러내어 우리가 중요한 세부 사항에만 집중하게 합니다. 컴퓨터와 마찬가지로 두뇌에도 필터 기능이 있습니다. 이 기능은 우리가 집중하는 대상 그리고 더 중요하게는 우리가 동일시하는 대상에 따라 프로그래밍됩니다. 이것이 바로 많은 이가 '패러다임'이라고들 부르는 것의 기반입니다.

RAS는 여러분이 티셔츠를 새로 구입하려고 할 때, 갑자기 그 티셔츠를 입고 있는 사람들을 많이 보게 되는 이유를 설명해 줍니다. 새 휴대폰을 구입하면 같은 모델의 휴대폰이 더 자주 눈에 띄기 시작하지요. 시끄러운 방에서도 왜 자신의 이름은 또렷하게 들을 수 있는지도 말해 줍니다. 기본적으로 RAS는 우리가 중요하게 여기는 것, 정체성과 신념에 부합하는 것의 우선순위를 정해 집중적 관심을 유도하는 필터 역할을 합니다. 방대한 양의 일상 정보를 끊임없이 선별해서 우리에게 중요하다고 판단되는 것만 보여주는 것이죠.

따라서 과거에 자신이 부족하다고 믿게 된 경험이 있다면, RAS는 그 관점으로 이후의 모든 경험을 필터링하고 해석합니다. 여러분이 부족하다는 생각을 뒷받침하는 정보를 적극적으로 찾는 거죠(비록 사실과 다르더라도 말입니다). 여러분의 신념 체계는 자신이 RAS를 조정한 방식과 세상을 보는 관점에 따라 더욱 확고해지고 강력해집니다.

여러분이 비관주의자이고 부정적인 생각에 기울어지는 경향이 있다면, 이는 RAS 필터가 일이 잘못될 것이라는 믿음을 뒷받침하는 부정적인 데이터를 제공하도록 설정되어 있기 때문일 겁니다. 마찬가지로 여러분이 낙천주의자이고 긍정적인 사고에 기울어져 있다면, RAS가 정보를 필터링해서 어려움과 문제점 대신 가능성과 기회의 세상을 보여주기 때문입니다. 목표를 달성할 기회와 해결책, 이유를 찾는 일에 초점을 맞추도록 RAS를 조정한다면, 그러한 신념에 부합하는 데이터를 여러분은 보게 될 것입니다.

그래서 과학적 연구 결과에서도 알 수 있듯이, 우리의 생각과 믿음은 자신의 현실을 형성하는 잠재력을 지닙니다. 히피 문화가 옳았군요. 자신이 목표를 달성할 수 있다는 믿음이 있으면, 여러분의 두뇌는 그 믿음을 뒷받침할 것입니다. 성공할 수 있고, 성공하게 될 모든 이유를 강조함으로써 말이죠. 다음 단계는 여러분이 성공으로 이어지는 행동을 취하도록 동기를 부여하는 것입니다. 일관된 생각은 신념이 되고, 신념은 행동으로 이어지고, 행동은 결과를 낳습니다. 따라서 우리의 생각과 신념, 정체성, 행동 및 결과 사이의 관계는 복잡하고 다면적일지라도, 분명 우리 생각과 신념, 정체성이 우리의 행동과 선택에 영향을 미치고, 이는 결국 우리가 인생에서 마주하는 결과에 영향을 미친다고 결론지을 수 있습니다. 무언가에 대해 꾸준히 생각할 때, 그것은 우리의 세계관을 형성하고 행동을 이끄는 신념으로 발전합니다. 이러한 행동은 우리의 신념과 행동을 반영하는 결과로 이어지는 것이죠.

RAS를 재설정하고 재구성하는 방법으로는 시각화와 확언, 마음챙김 등이 있습니다. 이러한 전략을 지속적으로 실천함으로써 우리는 사고방식을 보다 긍정적으로 발달시킬 수 있고, 자신이 설정한 목표를 달성할 수 있는 능력이 실제로 자신에게 있음을 인정하는 데 주의를 기울일 수 있습니다.

자기효능감 확언

다음은 RAS를 형성하고 자기효능감을 높이는 데 도움이 될 수 있는 긍정적인 확언의 몇 가지 예입니다.

- 나는 건강하다.
- 나는 가치 있다.
- 나는 사랑스럽다.
- 나는 자신 있다.
- 나는 할 수 있다.
- 나는 내 몸에 좋은 음식을 먹는다.
- 나는 회복탄력성이 있다.
- 나는 내 건강을 돌본다.
- 나는 능력이 있다.
- 나는 강하다.

긍정의 힘은 반복과 확신에 있습니다. 자기효능감 확언을 지속적으로 실천함으로써 우리는 사고방식을 바꾸고 자신의 능력에 대한 자신감을 강화할 수 있습니다.

이러한 자기효능감은 헌신을 북돋고, 행동과 끈기를 자극하며, 좌절에도 불구하고 계속해 나갈 힘을 줍니다. 이분법적 사고를 없애기 때문이지요. 자기효능감을 실천하려면 목표를 달성할 수 있고, 그렇게 될 것이라는 믿음과 기대를 품으세요. 이것은 여러분이 가져야 할 강한 마음가짐입니다.

5. 자기 연민

좌절을 극복하는 마지막 전략은 '**자기 연민**self-compassion'입니다. 제가 가장 좋아하는 전략이죠. 자기 연민은 친구에게 베풀 친절함과 온화함, 보살핌으로 자기 자신을 대하는 것입니다. 가장 의미 있고 성공적인 변화는 자기 혐오가 아닌 자기 사랑과 자기 연민에서 비롯되는 경우가 많습니다.

여러분에게 좋아하는 것을 모두 나열하라고 요청할 때, 자기 자신을 언급하기까지 얼마나 많은 시간이 걸릴까요? 자기 연민은 "자, 계속해…… 오늘도 알람을 15분 더 미루는 거야." 같은 자기 방종이 아니며, 자기를 불쌍히 여기는 것도 아닙니다. 자녀를 사랑하는 부모가 "그래, 네 마음대로 해라."라고 말하지 않는 것처럼 말이지요. 그것은 보살핌과 보호가 아니잖아요. 자녀를 사랑하는 부모는 경계와 규칙을 정하지만, 그 모든 것은 배려와 보호의 마음에서 나옵니다.

자기 연민은 우리가 본질적으로 불완전하게 타고난 인간이며, 우리 모두가 이런 여정을 헤쳐 나가고 있음을 인식하는 것입니다. 몇몇 저명한 글로벌 조직에서 워크숍과 기조 연설을 한 적이 있습니다. 특히 고위 관리자나 숙련된 전문가들을 대상으로 진행할 때, 저는 맨 처음에 모두 일어서도록 한 다음 인간적인 경험을 공유하는 일로 시작하곤 합니다. 그들에게 하려던 일이 아닌 다른 일을 하게 된 적이 있는지, 자제력을 더 키우고 싶었던 적이 있는지, 원치 않는 습관을 떨쳐버릴 수 없어서 힘들었던 적이 있는지 묻고, 그렇다면 자리에 앉으라고 요청합니다. 한 번도 빠짐없이 100%의 참가자들이 적어도 하나 이상의 질문에 공감하고 자리에 앉더군요. 우리 모두 넘어지고, 비틀거리며, 더 잘하고 싶고, 더 나아지기를 원합니다.

크리스틴 네프Kristin Neff가 저서 《러브 유어셀프Self-compassion》에서 설명하길, 자기 연민이란 "자신을 매우 소중히 여기고 자신의 장기적인 웰빙을 돌보는 것"이랍니다.[2] 케이크 한 조각을 즐기는 것이 방종이 아닌 자기 배려의 형태가 되어야 합니다. 하지만 케이크를 통째로 먹는 것은 잠재력을 최대한 발휘하는 것을 방해합니다.

한 순간의 자기 연민이 하루를 바꿀 수 있습니다.
그러한 순간이 모이면 삶의 궤도를 바꿀 수도 있습니다.

자기 연민은 공감과 친절, 용서, 배려, 상냥함, 그 밖에도 수용과 포용을 위한 여러 가지 유사어들을 포함합니다. 하루아침에 모든 목표를 달성할 필요는 없습니다. 그리고 현재 자신의 위치를 부끄러워할 필요도 없습니다. 여러분이 집중해야 할 일은 가려는 곳에 더 가까이 다가가게 해 줄, 오늘 할 작은 행동 한 가지뿐입니다. 천천히 그리고 부드럽게, 한 번에 한 걸음씩 나아간다면 여러분은 목표에 다다를 수 있는 능력이 있고, 언제고 그렇게 될 것입니다.

자기 연민의 반대편에는 자기 비판이 있습니다. 불행, 삶에 대한 불만, 자기 파괴와 밀접하게 연관되어 있지요. 여러분이 무언가를 사랑하지 않는다면, 그것을 돌볼 의욕이 생기지 않을 것입니다. 스스로를 실패자라고 낙인 찍는다면, 그 생각과 일치하는 방식으로 행동하게 될 것입니다. 좌절이 성공 여정의 흔한 요소라고 인정하면, 삶의 스트레스에 대처할 수 있을 뿐만 아니라 스트레스에 맞서 성공할 수 있는 힘을 얻게 될 것입니다. 자기 연민은 긍정적 감정을 불러일으키고, 자신의 내재된 가치를 인정하기 때문에 자신을 친절하게 대하고 싶은 욕구를 심어 줍니다.

자기 연민과 자기 비판

자기 연민	자기 비판
· 자신의 불완전함을 포용하고 실수를 배우고 성장하는 기회로 인식함 · 자신의 성취보다 스스로가 훨씬 더 가치로운 존재임을 이해함 · 성취감을 추구함	· 자신의 실수를 실패로 여기고 부정적인 자기 대화에 갇힘 · 자신의 성과와 드러나는 성공을 기준으로 스스로의 가치를 평가함 · 완벽함을 추구함

자기 연민은 관대함의 실천입니다. 자기 연민을 통해 우리는 그 순간의 고통을 마음으로 받아들이고, 그에 대한 응답으로 자신을 친절과 배려로 대하는 것입니다. 불완전성은 인간의 보편적 특성임을 기억하면서 말이지요. 한 순간의 자기 연민이 하루를 바꿀 수 있습니다. 그런 순간이 모이면 인생의 궤도를 바꿀 수 있습니다.

추진력을 더하는 방법

이분법적 사고에서 벗어나도록 최선을 다하세요. 습관을 고치려다 몇 번 실수하는 것은 불가피함을 인정하고 전략을 세우는 것 그리고 실제로 실수를 했을 때 좌절감과 실패감을 느끼지 않도록 예방하는 것은 서로 다른 문제입니다.

천천히 그리고 부드럽게, 한 번에 한 걸음씩 나아가세요.
여러분은 목표에 다다를 능력이 있고, 또 그렇게 될 것입니다.

낡은 습관으로 되돌아가는 자신을 발견하면 '과연 내가 이걸 할 수 있을까?' 하는 의구심이 들 수도 있습니다. 자신에 대한 의심이 생기고 포기하고 싶은 마음이 들 수도 있겠지요. 대신에 여러분, 그럴 때는 지나간 성공에 집중해 보세요. 탄산음료를 끊으려 했는데, 사흘 연속으로 성공했다면 그 자체로 큰 성과입니다. 넷째 날에 탄산음료를 마셔 버려서 하루 종일 실패한 기분으로 보낼지도 모릅니다만, 하루 지키지 않았다고 해서 지난 사흘의 성공이 무산되는 것은 아닙니다. 또 스스로 선택해 다시 시작할 수 있음을 기억하세요.

완벽을 고집하기보다는, 그저 정해진 방향으로 나아가는 추진력을 목표로 삼으세요. 최종 목표와 아직 갈 길이 멀다는 데에만 사로잡히기보다는, 그 목표를 향해 가까워지는 모든 작은 노력도 가치 있고 칭찬받을 만한 일임을 잊지 마세요.

요약

* 좌절은 인생에서 자연스럽고도 예측 가능한 부분입니다. 좌절을 피하는 것이 아니라 빠르게 회복하는 것이 중요합니다.
* 다음 5가지 증거 기반 회복 전략은 제 궤도로 신속하게 돌아가는 데 도움이 됩니다.

  ① 회복탄력성

  ② 일정 관리

  ③ 일관성

  ④ 자기효능감

  ⑤ 자기 연민
* 완벽함보다는 정해진 방향으로의 추진력을 목표로 삼으세요.

회복탄력성을 위한 전략

목표 달성을 방해하는 여러 가지 잠재적인 장애물을 미리 생각해 보는 편이 좋겠습니다. 일정을 놓치지 않고 새로운 습관 행동을 꾸준히 실천할 수 있는 실현 가능한 방안의 목록을 작성해 보세요.

여러분의 실천 의도를('만약 …하면 ~하겠다' 계획) 세워볼 수 있습니다. 이 방법은 [세션 5]의 새로운 습관 만들기 활동에서 세웠던 "만약 …하면[잠재적 장애물], ~하겠다[가능한 해결책]"와 비슷합니다. "만약 …하면 ~하겠다" 계획을 여러 가지 가질 수도 있습니다. 습관을 만들어 가는 과정에서 마주칠 장애물은 여럿 있을 수 있기 때문입니다.

다음 예를 참고해, 각 목표 달성을 가로막는 잠재적인 장벽을 분석하고 가능한 해결책을 노트나 일지에 적어 보세요.

목표 예시: 건강한 저녁 먹기

만약(잠재적 장애물)...	…그렇다면(가능한 해결책/대안 행동)
만약 야근해야 해서 건강식을 해 먹을 수 없다면	미리 집밥을 만들어 냉동해 뒀다가 해동해서 먹겠다.

랩업

우리의 힘

웬걸, 실타래 끝에는 제가 있네요.

자, 코스가 거의 끝나가는 지금, 우리를 여기까지 이끈 여정을 함께 되짚어보고 싶습니다. 전 세션에 걸쳐 우리는 습관의 과학, 습관을 갖는 이유 그리고 새로운 습관을 만들고 낡은 습관을 깨는 데 사용하는 실용적인 전략을 탐구했습니다. 행동을 좌우하는 두 가지 힘, 즉 의도와 습관에 대해 우리는 이해하게 되었습니다. 의도란 신중한 결정을 내리는 반성적 뇌이고, 습관이란 순간적, 자동적, 무의식적으로 행동하는 충동적 뇌입니다.

습관이 우리의 일상과 건강, 생산성, 인간 관계, 정체성을 어떻게 형성하는지도 살펴보았습니다. 또한 습관의 메커니즘과 신경과학을 이해함으로써, 의도적 선택을 해서 각자가 바라는 최종 결과를 가질 수 있다는 점을 배웠습니다. 주어진 대로 사는 것이 아니라 직접 디자인하는 대로 삶을 살아가는 것이지요.

우리 코스의 핵심은 습관이 운명이 아니라는 것을 알아차리는 데 있습니다. 인간이 습관의 동물일지는 모르지만, 여전히 변화를 만들어 갈 힘이 있습니다. 체중 감량, 금연, 운동량 증가, 생산성 향상, 그 무엇을 원하든지, 목표와 열망을 이루게 하는 습관을 만들어 갈 방법은 배울 수 있습니다. 쉽지는 않겠지만, 가능합니다. 현재 여러분이 갖고 있는 습관은 하나하나 바꿀 수 있습니다. 성공이란 마지막에 도달할 목표나 결승선이 아니라, 만들어 가야 할 시스템이자 개선해 나갈 변화무쌍한 과정입니다.

새로운 습관을 만드는 비결은 일관성과 맥락 의존적 반복입니다. 무언가를 일관성 있게 수행하면 시간이 지남에 따라 실행은 더 쉬워지고 자동화됩니다. 그 습관은 우리 삶에 스며들어 제2의 천성이 되죠. 이렇게 만들어진 습관은 우리 삶에 유리할 수도 불리할 수도 있습니다. 긍정적인 습관을 만들려면 작게 시작하세요. 사실 아주 작은 마이크로 습관으로 시작해야 합니다. 일관성에 집중하고, 그냥 하세요. 역경이 나타나면 자신을 아끼는 태도로 스스로를 위로하며 인내심을 가져야 합니다. 큰 목표를 세워놓고 최선을 기대하는 것은 무의미합니다. 우리는 추진력을 만들어내고 자기효능감과 변화에 대한 의지를 강화하는 작은 승리가 모이는 시스템을 만들어야 합니다.

또 다른 중요한 교훈은 습관이란 늘 어떤 계기에 의해 유발된다는 점입니다. 습관은 맥락 의존적이기 때문입니다. 우리가 처한 환경이나 사회적 규범 및 문화적 가치 등이 우리가 만들고 유지하는 습관에 영향을 미칩니다. 습관을 바꾸고 싶다면 행동을 유발하는 신호와 보상을 알아차려야 합니다. 건강하지 못하고 비생산적인 습관에 빠지게 하는 유발 요인을 파악하고 그러한 패턴을 무너뜨리는 전략을 구사해야 합니다. 한편으로 새로운 습관 형성과 유지를 돕는 환경을 조성해야 합니다.

제가 습관 연구에서 얻은 가장 강력한 통찰은, 아마도 우리 모두가 공통된 인간적 경험을 공유한다는 점입니다. 우리는 혼자 싸우지 않습니다. 어느 나라 어느 동네에 살든, 모두들 버리고 싶은 습관이 있고 만들고 싶은 습관이 있으며, 그 과정에서 어려움을 겪습니다. 저 역시 평생을 습관 변화 연구와 실천에 몰두해 왔지만, 여전히 좌절에 맞닥뜨리곤 합니다. 아직도 하려던 행동 말고 다른 행동을 하고 마는 일을 겪습니다. 여러분처럼 저도 인간이죠. 너무 오랫동안 우리는 의지력과 자제력을 이용하려고 애썼습니다. 이제 우리는 의지력이 고갈될 수 있는 유한한 자원이며 오랫동안 의지력에 의존할 수는 없음을 알게 되었습니다. 그러므로 여러분의 일상에서 줄곧 하고 싶은 행동을 습관으로 만들어야 합니다. 습관이 되면 실행하려는 자제력이 필요 없기 때문이지요.

코칭을 마무리하면서 마지막으로 한 말씀을 드리고 싶습니다. 습관은 단지 목적을 위한 수단이 아닙니다. 습관은 여러분이 어떤 사람인지, 무엇을 소중히 여기는지를 반영합니다. 습관은 여러분의 인생 이야기를 들려줍니다. 새로운 삶을 만들기 위한 단 하나의 걸음도 여러분의 현재 순간을 바꿀 것이며, 한 걸음 한 걸음 모이면 여러분의 인생 궤도를 바꾸게 될 것입니다. 좋은 습관을 기르면, 여러분의 건강이나 인간 관계, 생산성만 향상되는 것이 아니라, 여러분이 가진 잠재력을 드러내 실현시킨 새로운 사람이 됩니다. 마찬가지로, 도움이 되지 않는 습관을 버리는 행위는 단지 부정적인 행동을 없애는 것이 아니라 여러분이 바라는 삶, 여러분이 누릴 자격이 있는 삶을 사는 자유를 갖게 되는 것입니다.

긍정적인 습관으로 가득 찬 삶을 사는 것보다 더 자유로운 것은 없습니다. 제 바램은 이제 여러분이 습관의 힘을 받아들이고 그것을 이용해 여러분만의 '습관 혁명'을 일으킬 힘을 갖게 되는 것입니다. 작은 것부터 시작해 일관성을 유지하고, 더 큰 일을 할 수 있는 자기효능감을 기르도록 합시다. 우리 행동을 이끄는 상황과 유발 요인에 주목합시다. 그리고 우리가 계속 올바른 길을 가도록 지원하는 공동체를 만들어 봅시다. 이 전략들 그리고 변화에 대한 열정만 있다면, 우리는 삶을 변화시킬 수 있습니다. 한 번에 하나의 습관으로 말이죠!

부록

동기 이론의 세부 사항

여기 제시된 표는 동기를 부여하고 우선순위를 결정하는, 동기의 각 구성 요소에 영향을 미치는 요인들을 강조합니다. 아울러 우선순위가 행동에 미치는 영향, 동기가 변화하는 방식, 사람마다 다른 동기의 양상 등도 정리되어 있습니다.

이 정보는 특정 행동을 수행하고자 하는 우리의 욕구에 영향을 미치는 요인이 무수히 많음을 보여줍니다.

1 동기 부여 우선순위

무엇이 우리에게 동기를 부여하고 우선순위를 결정하는가?

생리학적 요인	심리적 요인	사회적 요인
호흡 갈증 허기 성욕 위협 고통 탐구 휴식	감각적 쾌락 안락함 안전감 소유 자극 충족감 안도 놀이 역량 일치감	소속감 존중감 지위 인정받음 유대감 영향력 호혜성 정의감 공감/연민

2 동기 부여 과정

우선순위가 어떻게 행동에 영향을 미치는가?

생리학적 요인	심리적 요인	사회적 요인
뉴런 활성 시냅스 활성 호르몬 활동	사고 느낌 연상 비교 결합	확산 사회적 영향력 의사소통 모방

3 동기 부여의 변화

동기는 어떻게 변화하는가?

생리학적 요인	심리적 요인	사회적 요인
신경가소성 성숙 구조적 변화	연상 학습 귀납법 연역법 분석 인지부조화 감소 불화 습관화 민감화/감작 동일시	문화 진화 집단 역학

4 동기 부여의 차이

사람마다 동기의 양상은 어떻게 달라지는가?

생리학적 요인	심리적 요인	사회적 요인
유전 (유전과 관련된 생명 현상) 후성유전 (DNA 서열의 변화 없이 유전자 발현이 조절되는 현상) 성숙 (생물체가 성장하고 발달하여 완전한 형태에 이르는 과정) 연결성 (생물체 내 구조들이 서로 연결되어 있는 정도) 구조적 차이 (생물체의 구조적 형태나 모양에서 나타나는 차이) 기능적 차이 (생물체의 기능적인 측면에서 나타나는 차이)	성격 기질 정체성 개인적 규칙 태도 욕구 목표 가치관 취향 습관	연결성 규범 문화

감사의 말

이 책을 만드는 데 도움을 주신 많은 아름다운 분들께 말로 다할 수 없이 감사드립니다.

먼저, 집필 과정의 모든 단계를 함께 걸어준 사랑하는 남편 미치에게 고마운 마음을 전합니다. 미치, 당신의 무한한 지지와 격려가 내 길잡이가 되어 주었어요. 당신은 이 책의 페이지들을 완성할 수 있도록 필요한 모든 역할을 해 주었고, 가장 열렬한 치어리더이자 신뢰할 수 있는 비평가, 인간 테스트 파일럿이었으며, 지칠 줄 모르는 친구이자 헌신적인 편집자였지요. 당신의 사랑과 관심은 끊임없는 힘과 영감의 원천이었습니다.

우리 부모님, 롭과 네바인께. 제가 인생에서 성공하라고, 그럴 수 있는 모든 기회를 주시려고 무수히 많은 희생을 치르신 걸 알아요. 생각하면 지금도 눈물이 납니다. 부모님의 무조건적인 사랑과 저에 대한 변함없는 믿음이, 이 책을 비롯해 제가 이룬 모든 성취의 토대가 되었어요. 항상 제가 호기심을 잃지 않도록 격려해 주시고, 배움에 대한 열정을 불태워 주셔서 감사합니다.

저는 부모님께, 부모님의 사랑과 지도에 영원히 감사할 거예요.

가장 친한 친구들! 모니카와 테니엘에게. 내가 몰두하는 여느 프로젝트와 아이디어가 그랬듯, 너희는 이 창의적인 여정에 동행하며 모든 산과 계곡을 함께 여행해 왔지. 의심의 순간에는 위안을, 승리의 순간에는 축하를 건네준 너희는 내 원더우먼이야. 항상 곁에 있어 주고, 내 횡설수설에 귀기울여 주고, 솔직한 의견을 말해 주어 고마워. 내 열망을 열정적으로 지지하고, 무조건적으로 지원해 준 너희가 있어 이 꿈을 현실로 만들 수 있었어.

에이전트 시모네에게. 시모네, 우리가 처음 만난 날부터 제 안에 책이 있다고 믿어 주었지요. 당신이 없었다면 이 책은 제 머릿속을 떠도는 단어들로 그치고 말았을 것입니다. 저에 대한 신뢰, 당신의 비전과 통찰력, 모두 고맙습니다. 특히 제가 (한계를 넘을 수 있도록) 안전지대 끝으로 나아갈 수 있도록 강하고도 부드럽게 밀어붙여 주신 점, 정말 감사드립니다. 당신은 제 여왕이에요.

제 편집자들, 니콜라와 브리아나부터 출판사 머독북스Murdoch Books의 편집장이자 만능 구루인 제인까지, 모두의 탁월함을 향한 변함없는 헌신에 감사드립니다. 여러분의 인도와 전문 지식이 제 내러티브를 응집력 있는 최상의 형태로 완성해 주었습니다. 여러분 각자가 이 프로젝트에 보여준 귀중한 관점에 진심으로 고마움을 전합니다.

아울러 습관에 대한 이해의 길을 닦고 이 책의 탄탄한 틀을 제공해 준 선구적인 연구들과 헌신을 아끼지 않은 연구자들께 진심으로 감사의 말씀을 전합니다. 비록 그들의 이름을 모두 알 수는 없지만, 모두의 노력은 제가 얻은 지식과 통찰에 심오한 영향을 미쳤습니다. 저는 인간 행동을 이해하려는 그들의 끊임없는 노력과 습관 연구에 대한 공헌에 아주 큰 빚을 지고 있습니다.

마땅히 잠시 시간을 내어 독자 여러분께 감사 인사를 드리지 않는다면 실례가 될 겁니다. 여러분의 호기심과 열정, 저와 함께 이 문학적 여정을 떠나려는 의지가 없었다면, 이 책은 그저 한 페이지의 단어들에 불과했을 거예요. 제 글에 집을 주고, 이 페이지들에 생명을 불어넣어 주셔서 진심으로 감사드립니다. 부디 이 책이 여러분께 깨달음과 성찰, 영감의 순간을 선사했기를 바랍니다. 또한 여러분의 선입견에 도전하고, 호기심에 불을 당기며, 놀라운 우리 두뇌에 대한 여러분의 이해를 깊게 해드렸기를 바랍니다. 독자로서 여러분의 참여는 제게 근사한 선물입니다. 여러분의 성원에 한층 더 낮은 자세로 다시 한번 감사드립니다.

마지막으로, 이 책이 나오기까지 보이지 않는 곳에서 도움을 주신 분들께도 마음 깊이 감사의 말씀을 드립니다. 크든 작든 여러분의 공헌은 이 책을 세상에 가져오는 데 중요한 역할을 했습니다.

진심 어린 감사를 담아,

지나Gina